bem-estar
nas escolas

H279b   Hargreaves, Andy.
        Bem-estar nas escolas : três forças que motivarão seus alunos em um mundo instável / Andy Hargreaves, Dennis Shirley ; tradução: Luís Fernando Marques Dorvillé ; revisão técnica : Gustavo Severo de Borba. – Porto Alegre : Penso, 2023.
        xxvi, 186 p. ; 23 cm.

        ISBN 978-65-5976-016-9

        1. Educação e ensino. 2. Didática. I. Shirley, Dennis. II. Título.

CDU 37.01

Catalogação na publicação: Karin Lorien Menoncin – CRB 10/2147

ANDY HARGREAVES / DENNIS SHIRLEY

bem-estar
nas escolas
três forças que motivarão
seus alunos em um mundo instável

Tradução
Luís Fernando Marques Dorvillé

Revisão técnica
Gustavo Severo de Borba

*Decano da Escola da Indústria Criativa da Universidade
do Vale do Rio dos Sinos (Unisinos).
Mestre e Doutor em Engenharia de Produção pela Universidade
Federal do Rio Grande do Sul (UFRGS).
Visiting scholar na Escola de Educação do Boston College,
EUA, e na University of Ottawa, Canadá.*

Porto Alegre
2023

Obra originalmente publicada sob o título *Well-being in schools: three forces that will uplift your students in a volatile world*
ISBN 9781416630722

Translated and published by Grupo A Educação S.A. with permission from ASCD. This translated work is based on *Well-being in schools: three forces that will uplift your students in a volatile world*, by Andy Hargreaves and Dennis Shirley © 2022 ASCD.
All Rights Reserved. ASCD is not affiliated with Grupo A Educação S.A., or responsible for the quality of this translated work.

Gerente editorial
Letícia Bispo de Lima

Colaboraram nesta edição:

Coordenadora editorial
Cláudia Bittencourt

Capa
Paola Manica | Brand & Book

Leitura final
Giovana Silva da Roza

Editoração
Ledur Serviços Editoriais Ltda.

Reservados todos os direitos de publicação, em língua portuguesa, ao
GRUPO A EDUCAÇÃO S.A.
(Penso é um selo editorial do GRUPO A EDUCAÇÃO S.A.)
Rua Ernesto Alves, 150 – Bairro Floresta
90220-190 – Porto Alegre – RS
Fone: (51) 3027-7000

SAC 0800 703-3444 – www.grupoa.com.br

É proibida a duplicação ou reprodução deste volume, no todo ou em parte, sob quaisquer formas ou por quaisquer meios (eletrônico, mecânico, gravação, fotocópia, distribuição na Web e outros), sem permissão expressa da Editora.

IMPRESSO NO BRASIL
PRINTED IN BRAZIL

Autores

Andy Hargreaves é diretor do Change, Engagement, and Innovation in Education (CHENINE), na University of Ottawa, Canadá, professor pesquisador na Lynch School of Education and Human Development, no Boston College e Professor Honorário na Swansea University, no Reino Unido. Ele é cofundador e presidente do ARC Educational Project, um grupo de países comprometido com a excelência, a equidade, o bem-estar, a inclusão, a democracia e os direitos humanos em educação, amplamente definidos. Ele foi presidente do International Congress for School Effectiveness and Improvement de 2017 a 2019, e conselheiro educacional para a primeira-ministra de Ontário entre 2015 e 2018, sendo atualmente conselheiro da primeira-ministra da Escócia. É Doutor Honorário em Educação pela University of Hong Kong e pela University of Uppsala, na Suécia. Também é membro associado da Royal Society of Arts.

Andy atuou como consultor da OCDE, do Banco Mundial, de governos, universidades e sindicatos de professores de todo o mundo. Seus mais de 30 livros receberam muitas premiações – incluindo o prestigiado Grawemeyer Award in Education, em 2015, por seu livro *Professional capital* (escrito com Michael Fullan). Ele recebeu premiações nos Estados Unidos, no Reino Unido e no Canadá por serviços prestados à educação pública e à pesquisa na área de educação. Andy é classificado pela publicação *Education Week* como um dos principais estudiosos com maior influência no debate sobre políticas educacionais nos Estados Unidos. Em 2015, o Boston College lhe concedeu o Excellence in Teaching with Technology Award.

 **Dennis Shirley** é membro associado da Duganne Faculty e professor de educação na Lynch School of Education and Human Development, no Boston College. Dennis dedica a sua vida ao avanço do ensino e da aprendizagem dos estudantes, para que eles assim possam se desenvolver, onde quer que estejam.

Dennis liderou e aconselhou muitas iniciativas de mudança educacional. Ele foi o principal investigador da Massachusetts Coalition for Teacher Quality and Student Achievement, uma rede de melhoria do ensino com financiamento federal que envolveu 18 escolas urbanas, 7 instituições de ensino superior e 16 organizações de base comunitária. Realizou estudos aprofundados sobre as inovações escolares na Inglaterra, na Alemanha, no Canadá e na Coreia do Sul. Dennis é professor visitante na Harvard University, nos Estados Unidos, na Venice International University, na Itália, no National Institute of Education, em Singapura, na University of Barcelona, na Espanha, e na University of Stavanger, na Noruega. Algumas de suas iniciativas recentes incluem inovações múltiplas no ambiente digital, um mestrado *on-line* em Perspectivas Globais: Ensino, Currículo e Ambientes de Aprendizagem pesquisando sobre a fronteira humanos-tecnologia na educação e no trabalho, apoiado por uma Bolsa Richard von Weizsäcker da Bosch Foundation, em Berlim, Alemanha. Ele é membro associado da Royal Society of Arts.

Seu livro anterior a este é *The new imperatives of educational change: achievement with integrity*. Ele é Doutor pela Harvard University.

***

Bem-estar nas escolas: três forças que motivarão seus alunos em um mundo instável é o quarto livro que Andy e Dennis escreveram juntos. Seu livro anterior foi *Cinco caminhos para o engajamento: rumo ao aprendizado e ao sucesso do estudante*.

Para todos os professores, administradores e outros educadores que fizeram tudo ao seu alcance para manter 1,6 bilhão de crianças do mundo engajadas em seu aprendizado, apesar de terem sido afastadas da escola por semanas e até meses a fio durante a pandemia do coronavírus

Agradecimentos

Somos gratos a muitas pessoas por nos terem convidado para trabalhar com elas sobre bem-estar. Michelle Forge e Michael O'Keefe, do Conselho de Diretores de Educação de Ontário (CODE), nos pediram para realizar uma pesquisa sobre o consórcio de 10 distritos de Ontário que eles organizaram e lideraram. Shaneé Washington-Wangia, Chris Bacon e Mark D'Angelo atuaram em nossa equipe de pesquisa do Boston College e ajudaram a desenvolver nosso pensamento em relação a questões de inclusão e identidade. Danette Parsley, Mike Siebersma, Matt Eide e outros membros da equipe de liderança do projeto NW RISE expandiram nossos horizontes sobre as recompensas e desafios de melhorar a educação para estudantes em comunidades rurais remotas no Noroeste do Pacífico. Somos gratos à nossa equipe de pesquisa neste projeto que, em diferentes momentos, incluiu Elizabeth Cox, Michael O'Connor e Minjung Kim.

A reitora da Universidade de Stavanger, Elaine Munthe, na Noruega, gentilmente nos convidou para sermos professores visitantes de 2014 a 2020, quando trabalhamos com ela e seus colegas, bem como com educadores de escolas públicas nos municípios vizinhos de Rogaland e Sandnes. Aprendemos muito com as formas discretamente deliberadas e colaborativas com que os noruegueses organizam suas escolas e sua sociedade, especialmente no que diz respeito a se desenvolver na natureza.

Um tópico em nossa discussão sobre bem-estar é a tecnologia. Andy é o diretor da CHENINE (Mudança, em inglês Change, Engajamento e Inovação em Educação: www.chenine.ca) na Faculdade de Educação da Universidade de Ottawa. A CHENINE aborda como a tecnologia digital está apresentando oportunidades e riscos para estudantes e professores durante e após a pandemia de covid-19. Ele gostaria de agradecer aos seus colegas Amal Boultif, Phyllis Dalley, Megan Cotnam-Kappel, Michelle Hagerman, Joel Westheimer e Jessica Whitley por suas muitas contribuições para seu pensamento sobre essas questões que são apresentadas ao longo deste livro.

Dennis gostaria de agradecer a seus colegas da Fundação Bosch, em Berlim, pela concessão de uma Bolsa Richard von Weizsäcker para estudar o impacto da digitalização da aprendizagem na mudança educacional e no futuro do trabalho. A equipe, composta por Sandra Breka, Jannik Rust e Madeleine Schneider, tem apoiado generosamente sua pesquisa.

x Agradecimentos

Em diferentes momentos, este livro faz referência a outros artigos de pesquisa que publicamos juntos e separadamente. Partes de nossos escritos aqui se basearam nessas fontes. Agradecemos a permissão para sua reutilização[452]. Nossas discussões sobre bem-estar durante a pandemia global de covid-19 também se baseiam em editoriais da mídia que escrevemos em tempo real enquanto o coronavírus se manifestava e somos gratos pela permissão para incluir também esse material[453].

Por fim, estendemos nossos agradecimentos a nossas esposas, Pauline e Shelley. Elas têm sido nossas companheiras há muitas décadas e somos gratos por suas muitas contribuições para o desenvolvimento de nossas ideias. Este é o quarto livro que escrevemos juntos e não há como continuarmos sem seu apoio constante. Quando John Donne escreveu que "nenhum homem é uma ilha", ele deve ter pensado em pessoas como nós!

Apresentação à edição brasileira

EDUCAÇÃO DEMOCRÁTICA SE FAZ COM BEM-ESTAR SOCIAL

O círculo vicioso da educação tem nos levado para um espaço onde as crianças desaprendem, os currículos são instrumento para testes e a sala de aula um espaço para o mal-estar.

Essa frase pode parecer forte, mas está bastante próxima da realidade que vivemos em muitas escolas. A relação linear, imposta nas décadas de 1970 e 1980, entre educação e prosperidade econômica limitou os caminhos para a formação de cidadãos integrais.

Essa instrumentalização da educação se desenvolveu a partir de políticas públicas que buscaram levar a competitividade organizacional para dentro das escolas. Em países como os Estados Unidos, testes padronizados para os estudantes permitiam identificar as escolas que estavam preparando "melhor" os alunos e apoiavam, assim, um processo de alocação de recursos para aquelas com maior sucesso. Esse processo foi adotado por muitos países e estados, inclusive aqui no Brasil. A lógica do teste-padrão, identificada por pesquisadores como Hargreaves e Shirley como datada e do século XX, ou mesmo do século XIX, tomou conta de nossas escolas e promoveu a falsa compreensão de que a evidência da aprendizagem está no teste padronizado.

O efeito desse tipo de política pode ser percebido nos grandes elementos promotores da educação, e descritos em Borba *et al.* (2016)*: currículo, espaços de aprendizagem, pedagogia, relação entre professores e alunos.

Em escolas que entenderam a adaptação e o sucesso nos testes como necessários, os currículos ficaram mais estreitos e focados em temas "que caem no teste", as práticas pedagógicas limitaram-se à absorção das questões que interessam para o bom desempenho no teste e os espaços se restringiram a formatos que promovem a memorização: menos interação, menos construção coletiva e mais aulas expositivas.

---

* BORBA, G.; ALVES, I.; WOLFFENBUTTEL, A.; DAMIM, C. *Um olhar sobre a experiência da sala de aula na perspectiva do design estratégico*. Editora Unisinos, 2016.

xii Apresentação à edição brasileira

Assim, a relação entre professor e aluno, mediada pelo assunto, se deteriorou, gerando desinteresse por parte dos estudantes.

Parece razoável pensar que não existe aprendizagem sem engajamento e que a educação não pode estar a serviço estritamente do mercado. Precisamos reconhecer os alunos em sua potência, a cada fase de seu processo de aprendizagem, como pessoas integrais.

É a partir dessa compreensão que este livro apresenta para os leitores uma temática de grande relevância para o debate escolar: a retomada, especialmente em um período pós-pandemia, do bem-estar de alunos e professores.

Neste novo livro, os pesquisadores Andy Hargreaves e Dennis Shirley apresentam um aprofundado estudo teórico e prático, indicando caminhos para que os estudantes aprendam e a educação gere mais do que desenvolvimento econômico para algumas pessoas e países. Andy e Dennis apontam três forças para a busca do bem-estar nas escolas e provocam o leitor a questionar o *status quo*, a cultura de testes e a lógica tradicional de educação. A proposta de Doutrina da Prosperidade, definida pelos autores como "uma crença no valor de prosperar em todos os aspectos da vida, não apenas nos econômicos", parece um caminho para a transformação da sociedade, a partir de uma ressignificação dos processos de educação.

Por meio deste livro provocador e recheado de estudos científicos e evidências, podemos compreender nosso papel como agentes transformadores sociais a partir da educação. Precisamos avançar e construir caminhos coletivos, que beneficiem a todos.

Gustavo Severo de Borba
Diretor do Instituto para Inovação em Educação e
Decano da Escola da Indústria Criativa da Unisinos

"A educação é o ponto em que decidimos se amamos
o mundo o suficiente para assumirmos a responsabilidade
por ele e, com isso, salvá-lo da ruína que,
não fosse pela renovação, não fosse pela chegada
dos novos e dos jovens, seria inevitável".

—Hannah Arendt

Prefácio:
Vida longa e próspera

Se você tivesse que escolher entre ser saudável ou ser bem-sucedido, o que escolheria? Claro que a maioria de nós não gostaria de ter de escolher. Quem não preferiria ser saudável e bem-sucedido? Porém, e se você fosse realmente obrigado a escolher um em vez do outro?

Bem, se olharmos para a maioria das políticas educacionais desde os anos 1990, podemos imaginar que sucesso é o que realmente importa e, às vezes, praticamente *tudo* o que importa. As notas nos testes, os resultados nos exames e as comparações internacionais de desempenho educacional têm todos exaltado as pontuações em alfabetização, matemática e ciências como o elemento mais importante da educação. Houve algumas tentativas de atualizar essas métricas com competências do século XXI ou competências globais, mas mesmo essas têm sido impulsionadas principalmente pelas necessidades econômicas e modernas de mão de obra.

O foco em resultado, sucesso e alto desempenho na educação e na economia tem sido como uma história interminável sobre o que é mais importante na educação e na vida. A saúde e o bem-estar têm parecido um luxo que nossa escassa atenção e nossos recursos nem sempre podem pagar.

Os primeiros anos da década de 2020 mudaram tudo isso. Eles ficarão gravados indelevelmente em nossas memórias para o resto de nossas vidas. Esses foram os anos em que a pandemia de covid-19 ceifou milhões de vidas, desestruturou economias, roubou dos jovens mais de um ano de aprendizado regular e mergulhou famílias e comunidades em depressão, ansiedade, pobreza e isolamento.

A covid-19 virou de pernas para ar os nossos pressupostos sobre o que é importante nas escolas e na sociedade. A fantasia de que a aprendizagem podia ser acessada em dispositivos eletrônicos a qualquer momento, em qualquer lugar, e de que os muros das escolas no século XXI desabariam foi confrontada com o simples fato de que as crianças precisam de apoio por inúmeras razões, inclusive para que seus pais possam trabalhar. A pobreza que a pandemia expôs e exacerbou tornou muitas crianças vulneráveis a insônia, estresse, violência e abuso. Uma pesquisa realizada no Reino Unido, por exemplo, relatou um aumento das questões relacionadas à saúde mental e ao bem-estar de pelo menos um em cada três crianças e jovens dos 4 mil que a responderam[1].

Nem todos sofriam por estarem em casa. A paz e o contentamento chegaram às crianças que até então eram alvo de intimidação e *bullying*. Aquelas que tinham dificuldade em ficar sentadas e concentradas durante horas a fio em um ambiente de sala de aula normal podiam agora se mexer e andar à vontade. Ninguém sentiu falta dos rituais terríveis de preparação para os testes. Embora muitos estudantes que se aproximavam do fim do ensino médio estivessem preocupados com o modo como seriam classificados e como isso afetaria o seu futuro, não houve relatos de que tenham ficado ansiosos após os exames estressantes.

O bem-estar já não se encontrava mais sentado na parte de trás do ônibus escolar. Estava no lugar do motorista. Como os professores poderiam levar comida às crianças em situação de pobreza quando as refeições na escola já não estavam mais disponíveis? O que as escolas poderiam fazer para acompanhar as crianças mais vulneráveis e suas famílias, que poderiam estar lutando com dificuldade, se envolvendo ou sendo envolvidas em batalhas intensas pela guarda de seus filhos, por exemplo? Cada vez mais lideranças escolares e do sistema educacional começaram a perceber que, quando as crianças e as famílias estavam entendendo como aprender a partir de dispositivos (ou outras formas) em casa, era o momento de abandonar as planilhas e de parar de se preocupar com as crianças que ficavam para trás em suas escalas de desempenho. Em vez disso, era melhor garantir que as crianças estivessem pelo menos aprendendo alguma coisa, que estivessem gostando do que faziam e que permanecessem ocupadas de maneira produtiva, seja conversando com os pais, participando em atividades familiares ou apenas brincando juntas.

Foi preciso tudo isso para que os legisladores e o público despertassem e reconhecessem o que o famoso psicólogo Abraham Maslow havia destacado em 1943 – que antes das pessoas se envolverem em possibilidades de crescimento pessoal e "autoatualização", como ele chamou, elas precisavam estar seguras e fisicamente bem[2]. Como os nossos próprios pais muitas vezes nos lembraram, a saúde é tudo.

Na verdade, nos cerca de cinco anos anteriores à pandemia, a maior parte dos sistemas educacionais já tinha começado a prestar muito mais atenção ao bem-estar dos seus estudantes. Um olhar no Google NGram Viewer deixa evidente que, embora o termo bem-estar tenha uma história de 70 anos, a frequência de sua utilização aumentou após 2010 (ver Figura P.1).

A crescente atração por bem-estar e saúde é evidente na vida cotidiana. Nós a constatamos na abertura de *spas* e centros de bem-estar nas grandes avenidas e nos *shoppings*; em relógios inteligentes que contam as nossas calorias e os nossos passos; em aplicativos que mostram os nossos padrões de sono e ritmo cardíaco; em obsessões por dieta e nutrição; em *websites* de celebridades que dão conselhos de saúde e indicam produtos de bem-estar no mercado[3] e no *boom* dos livros de autoajuda que abordam temas como: dominar as emoções, mudar pequenos hábitos e até mesmo sobre como respirar[4]!

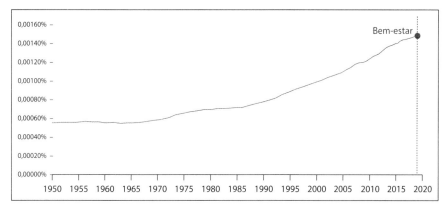

Figura P.1 Variação da frequência de uso do termo bem-estar, 1950-2019.
Fonte: Retirada de Google Books, NGram Viewer para o termo "bem-estar". https://books.google.com/ngrams/graph?content=well-being&year_start=1950&year_end=2019&corpus=26&smoothing=3.

De um modo diferente, o crescente destaque e o surgimento do interesse pelo bem-estar também têm sido evidentes nas escolas. Na investigação que apresentamos neste livro, os educadores relataram que as crianças estavam entrando na escola menos preparadas para aprender em comparação com as gerações anteriores.

As crianças tinham dificuldade em escutar, fazer fila e se revezar quando tinham que fazê-lo. Morder, chutar e outros comportamentos antissociais pareciam mais frequentes. Muitos jovens alunos pareciam apresentar os sinais iniciais de inquietação, incapacidade de concentração e déficits gerais de atenção. Os níveis de ansiedade e depressão aumentaram em todas as faixas etárias, desde crianças pequenas até jovens adultos.

Os professores perceberam a origem dessas mudanças. Mais crianças viviam no limiar da pobreza ou em famílias em que a necessidade dos pais de trabalhar em dois ou três empregos no mercado atual fazia com que elas ficassem sozinhas por mais tempo. As crianças estavam mais conectadas à tecnologia, mas nem sempre de uma maneira adequada. Os *videogames* e as redes sociais estavam consumindo a vida de muitas crianças com horas excessivas na frente das telas. Os pais sobrecarregados de trabalho e com agendas lotadas tinham pouco ou nenhum tempo para organizar ou acompanhar alternativas. Alguns pais ocupavam seus filhos com dispositivos digitais em vez de conversar com eles. Um surto de refugiados de países em guerra ou em conflito também levou um número crescente de crianças com pouca ou nenhuma experiência de escolarização para as salas de aula dos países que as receberam. Os professores tiveram de aprender a lidar com as manifestações emocionais e comportamentais de alunos traumatizados por violência, luto, desalojamento, medo e caos que haviam vivenciado em seus antigos países.

As crianças estavam sofrendo, e seus professores estavam lutando contra essa situação. Escolas, sistemas legislativos e fundações começaram a responder, levando a uma explosão de iniciativas, programas e publicações sobre aprendizagem social e emocional (ASE). O vocabulário profissional dos professores se expandiu, incorporando termos como mentalidade de crescimento (*growth mindset*), regulação emocional e atenção plena (*mindfulness*). As políticas educacionais passaram a atribuir alta prioridade ao bem-estar. Os líderes políticos e seus conselheiros econômicos começaram a insistir que a sociedade tinha objetivos mais importantes do que o crescimento econômico. A qualidade de vida e as políticas que a sustentavam deveriam ser as principais prioridades, disseram eles. Essa era a visão defendida pelo Sr. Spock, da série *Jornada nas estrelas* original, quando desejava às pessoas "vida longa e próspera" – não para ficarem ricas, mas para florescerem como seres humanos[5].

Após 40 anos perseguindo números maiores em tudo, desde a produtividade econômica até os resultados dos testes dos estudantes, estamos agora testemunhando o surgimento de uma nova maneira de pensar sobre o que é mais importante em nossas vidas. Essa é uma espécie de Doutrina da Prosperidade – uma crença no valor de prosperar em todos os aspectos da vida, não apenas nos econômicos. Prosperidade, nesse sentido, é sobre o desenvolvimento integral da criança, e não apenas das partes da criança que podem se lembrar de pedaços de conhecimento, passar em testes e eventualmente conseguir empregos. Prosperidade é ter um senso de propósito e significado na vida, é sentir-se pleno e ser também uma força positiva para o bem na vida de outros.

A QUESTÃO DO BEM-ESTAR

Diante desses avanços, este livro sobre bem-estar é por acaso oportuno, pois não nos propusemos a escrever sobre bem-estar ou mesmo a pesquisar sobre o assunto. Em vez disso, nos estágios iniciais de um projeto com 10 dos 72 distritos escolares em Ontário, Canadá, o governo da província divulgou um relatório que identificava como suas prioridades quatro pilares como políticas[6]. Um deles era melhorar o bem-estar dos estudantes. Como parte de nosso relacionamento de colaboração, os distritos nos pediram para avaliar seus esforços para a promoção do bem-estar dos estudantes em resposta à nova orientação política[7].

Este livro se baseia no que descobrimos, apresentando argumentos, evidências, exemplos e implicações sobre como podemos e devemos abordar as questões do bem-estar das crianças nas escolas. Nossa intenção não é acrescentar mais um aos muitos livros sobre bem-estar que focam em como fazer, com uma série de ideias e estratégias específicas a respeito do que os professores podem fazer em suas salas de aula atualmente. Em vez disso, queremos proporcionar uma compreensão mais profunda e acessível do tema do bem-estar e da ASE, bem como das principais ideias por trás deles. Nesse sentido, nos baseamos não apenas em nossas próprias evidências, mas também em pesquisas e escritos sobre bem-estar em várias disciplinas.

Usando essa abordagem interdisciplinar, nosso livro se propõe a estimular novos pensamentos e a desafiar as ideias existentes sobre bem-estar e ASE. Ele apresenta exemplos inspiradores de iniciativas de bem-estar em ação. Examina a relação entre bem-estar e sucesso dos estudantes. Define novas direções ousadas para o bem-estar. Ele também levanta questões críticas sobre a agenda do bem-estar – não para miná-lo, mas para assentá-lo em bases mais sólidas. Ao longo dos capítulos, mostramos que o bem-estar e a ASE não são apenas questões psicológicas, mas também se relacionam com a forma como nossas instituições e sociedades aumentam ou restringem o bem-estar de todos.

O livro está organizado em oito capítulos. O capítulo de abertura explora e explica o que a maioria das pessoas quer dizer quando fala de bem-estar. Ele conecta interpretações psicológicas do bem-estar à compreensão do papel que ele desempenha no mundo. O capítulo se encerra descrevendo três programas e políticas que abordam esses aspectos micro e macro do bem-estar em conjunto. São abordadas as relações entre processos interpessoais, como *bullying* e empatia nas escolas, e temas macro na sociedade, como conflito, genocídio e paz.

O Capítulo 2 apresenta seis das teorias de bem-estar e ASE mais amplamente utilizadas e com base psicológica que influenciaram o trabalho de professores em todo o mundo em suas tentativas de abordar o desenvolvimento dos jovens.

O Capítulo 3 solicita aos leitores que analisem algumas de suas crenças mais fundamentais sobre o valor do bem-estar e examinem o que pode estar errado com esse conceito. Quanto mais estamos apegados a algo na educação – um currículo, um programa ou uma estratégia –, mais devemos examiná-lo em busca de eventuais falhas. Como nas parcerias românticas ou comerciais, quando nos envolvemos com algo ou alguém, devemos fazê-lo com pleno conhecimento dos inconvenientes e limitações. Em nossa busca para melhorar o bem-estar, não devemos deixar de reconhecer algumas das questões mais difíceis que a agenda do bem-estar tem levantado. Esse esforço pode realmente temperar o compromisso com realismo e ajudar a evitar frustrações posteriores.

O Capítulo 4 examina o que levou ao surgimento do interesse pelo bem-estar na educação durante a segunda década do século XXI. Argumentamos que a necessidade de os educadores prestarem mais atenção ao bem-estar resultou da pressão combinada de dois grandes movimentos na educação e na sociedade – um caótico e incerto emergindo do futuro iminente e outro controlador e limitante de testagem e padronização derivado de um passado desgastado. Juntos, esses movimentos de tensão estão colocando à nossa frente as questões de bem-estar, e elas não podem ser ignoradas. Observamos que a pandemia de covid-19 contribuiu para essas tensões e incertezas. Ela assegurou que o bem-estar permanecerá no topo de nossas prioridades educacionais nos próximos anos.

Os Capítulos 5, 6 e 7 apresentam uma visão mais abrangente do bem-estar e da ASE na sociedade. Eles descrevem três forças poderosas que estão mudando as políticas e a prática do bem-estar: a primeira é uma busca de prosperidade individual e social, a segunda é um impulso para usos mais éticos das tecnologias digitais de aprendizado e a terceira é um chamado para renovar nossa relação com a natureza. O Capítulo 5 descreve o objetivo de *prosperidade para todos*, que abandona as obsessões econômicas com o crescimento e a austeridade e as preocupações educacionais com as metas de realização em favor da criação de uma melhor qualidade de vida para todos. O Capítulo 6 aborda o uso *ético da tecnologia*, que deixa de lado compromissos exuberantes com formas híbridas e combinadas de tecnologia digital a fim de dar lugar a estratégias de aprendizado digital que tenham um impacto único e valioso e que levem plenamente em conta todos os perigos e riscos associados. O Capítulo 7, por sua vez, argumenta a favor do poder da *natureza restauradora*. Propõe aumentar o tempo dedicado à aprendizagem ao ar livre para reconectar as pessoas com heranças indígenas, fortalecer a saúde física e mental dos jovens e estabelecer relações precoces com a natureza que construam uma base para a sustentabilidade ambiental.

No Capítulo 8, usando evidências dos 10 distritos escolares que estudamos em Ontário, examinamos a relação entre o bem-estar dos estudantes e seu sucesso acadêmico. Esse é um tópico onde se multiplicam opiniões fortes. O bem-estar é essencial como base para o sucesso acadêmico? Ou ele é secundário – ou mesmo uma distração – do estudo acadêmico sério? E quanto à relação inversa? O bem-estar resulta do sucesso ou pode o estresse excessivo com o sucesso acadêmico realmente prejudicar o bem-estar dos estudantes? Esse capítulo convida os leitores a examinar suas próprias ideias sobre bem-estar e realização e a repensar como criar uma relação mais produtiva entre ambos.

O Epílogo aborda o futuro do bem-estar no trabalho de ensinar e no mundo além dele. Como podemos ser melhores ajudando nossos alunos e sociedades a melhorar? O que sabemos agora que pode nos ajudar a melhorar a qualidade de vida de todos? Como podemos cuidar de nosso próprio bem-estar para que estejamos totalmente preparados para ajudar todos os nossos jovens a serem saudáveis, prósperos e bem-sucedidos? Como todos nós podemos perceber e fortalecer a conexão entre o bem-estar em nós mesmos, em nossas escolas e no mundo? Após a maior pandemia em um século, como podemos construir um processo em que todos novamente sejam pessoas mais bem educadas que sabem como viver juntas?

NOSSAS EVIDÊNCIAS E PESQUISAS

Nossas ideias e as evidências deste livro se baseiam em uma série de fontes, incluindo a literatura de pesquisa existente sobre bem-estar nas escolas e na sociedade e nosso trabalho de pesquisa, assessoria e avaliação das reformas políticas nas províncias canadenses e nos Estados Unidos, bem como em outros países. A principal fonte, porém, é um estudo de quatro anos sobre mudanças educacionais em Ontário, Canadá, em relação a uma política de governo para 2014 intitulada *Achieving Excellence* (*Alcançando a Excelência*)[8].

Com uma população que se aproxima dos 15 milhões, Ontário é a mais populosa das 10 províncias do Canadá. Tem quase 5 mil escolas[9]. As escolas públicas da província têm sido invejadas pelo resto do mundo. Além da Irlanda e da cidade-estado de Cingapura, o Canadá é o país de melhor desempenho entre todas as nações de língua inglesa e francesa, e Ontário é uma das quatro províncias de maior desempenho no país[10]. Especialmente considerando os altos níveis de imigração de Ontário, o desempenho da província continua excepcional[11]. Os resultados dos testes do Programa de Avaliação Internacional de Estudantes (PISA) da Organização para a Cooperação e Desenvolvimento Econômico (OCDE) mostram Ontário consistentemente classificada na primeira dúzia de sistemas escolares. Nos resultados do PISA de 2018, Ontário ficou empatada em 5º lugar no mundo em leitura, pouco atrás de Alberta, entre outras províncias canadenses[12]. Os visitantes internacionais a têm visitado em grande número a fim de ver um sistema público diversificado que atende a quase 94% dos estudantes da província e que desfruta de forte confiança pública em suas escolas e professores[13].

Entre 2002 e 2013, o esforço de Ontário para elevar os resultados e reduzir as diferenças de desempenho se concentrou no desempenho dos estudantes em alfabetização e matemática, especialmente no primeiro ciclo do ensino fundamental[14]. Em 2013, embora o governo de Ontário tenha continuado a ser liderado pelo Partido Liberal, uma nova primeira-ministra, Kathleen Wynne – ex-ministra da Educação –, assumiu a pasta. A política de educação de Wynne, *Alcançando a Excelência*, levou a provincia a novas direções[15].

Alcançando a Excelência estabeleceu quatro prioridades. Uma era manter confiança do público em um sistema que tinha aumentado o desempenho dos estudantes sobre os resultados dos testes em 17 pontos percentuais durante a década anterior. Segundo, embora a excelência fosse ainda uma prioridade evidente, outras áreas, como as artes e STEM (ciência, tecnologia, engenharia e matemática), foram agora adicionadas à alfabetização e à matemática como prioridades. A equidade era uma terceira prioridade, mas já não era interpretada como a redução das disparidades de desempenho; agora englobava a inclusão de grupos diversos e vulneráveis e as suas identidades, como indígenas, refugiados e estudantes LGBTQ, para que pudessem ver a si próprios, suas comunidades e suas necessidades refletidas na vida e no aprendizado das suas escolas. O quarto pilar da reforma educativa de Ontário foi que "Ontário está empenhada no sucesso e no *bem-estar* de todos os estudantes e crianças" (grifo nosso)[16].

Antes do lançamento do relatório de políticas, fomos abordados por um consórcio de 10 dos 72 distritos escolares de Ontário. O Conselho de Diretores de Educação de Ontário (CODE) criou esse consórcio. Fomos convidados a colaborar com o consórcio na documentação de projetos que eles também desejavam compartilhar entre si a fim de avançar seu aprendizado por meio de reuniões regulares que nós facilitamos. Após o lançamento do *Alcançando a Excelência*, a maioria desses projetos se concentrou em aspectos do bem-estar dos estudantes.

Nossa equipe de pesquisa utilizou entrevistas semiestruturadas para obter informações sobre as iniciativas de melhoria nos 10 distritos escolares e para avaliar como estavam aprendendo uns com os outros no consórcio. Visitamos cada distrito durante um ou dois dias na primavera de 2016. Equipes de dois ou três distritos foram misturadas e rotacionadas para melhorar a validação cruzada da interpretação. Realizamos entrevistas detalhadas e discussões em grupo com mais de 220 professores, diretores, funcionários do escritório central, funcionários de escolas afiliadas, líderes de projetos e funcionários públicos do Ministério da Educação. Visitamos salas de aula para observar, em primeira mão, como os projetos estavam sendo implantados e com que resultados. Também reunimos documentos, tais como relatórios distritais e ministeriais, a fim de complementar nossos resultados de pesquisa. Mais detalhes de nossa metodologia estão descritos em nosso relatório de pesquisa técnica[17].

CONSTRUIR NOVAMENTE E MELHOR

Mesmo antes de ser eleito em 2020, o presidente dos Estados Unidos Joe Biden prometeu que sua administração "reconstruiria melhor" após uma pandemia em fúria que ceifou mais de meio milhão de vidas no país e levou a níveis de desemprego e pobreza sem precedentes nos tempos modernos[18]. A expressão "contruir novamente e melhor", é claro, tem um duplo significado. Refere-se à recuperação da saúde após a doença e à melhoria ao longo do tempo. Reconstruir melhor tem que significar mais do que mera recuperação, por mais importante que isso seja. Tudo estava longe de ser bom anteriormente. Construir novamente e melhor, nos Estados Unidos e em qualquer outro lugar, portanto, também deve envolver uma determinação em melhorar a saúde e o bem-estar das pessoas, em comparação com o estado anterior à pandemia.

A pandemia global não só deixou as pessoas doentes. Ela expôs o quão doentes eram vários setores da sociedade moderna. Pense naquelas casas de saúde ou lares de idosos com poucos recursos e com fins lucrativos, como são variavelmente chamados, que colocavam os idosos em salas de espera disfarçadas para sua viagem final até a funerária. Considere o pessoal de atendimento nessas casas, vivendo uma existência de gigantesca economia que exige que se movimentem de casa em casa, pegando e carregando infecções com eles, enquanto tentam manter múltiplos empregos para conseguir pagar as contas. E os trabalhadores rurais migrantes, amontoados em pouco mais do que barracos, sem direitos ou proteções, ganhando salários miseravelmente baixos, só para que o resto de nós possa obter nossas frutas e vegetais frescos? E quanto a todos os trabalhadores essenciais com contratos de zero horas, que, como sabemos, muitas vezes vivem em um mundo sem segurança a apenas um salário de distância da miséria?

Vemos que o mundo chegou a um estado lamentável quando crianças famintas abrem embalagens rapidamente, rasgando as entregas do banco de alimentos local porque o fechamento das escolas significa que estas não podem mais alimentá-las. Ao mesmo tempo, é escandaloso saber que algumas crianças ficaram realmente aliviadas por estar aprendendo em casa porque não precisam mais suportar provocações e *bullying* na escola. É chocante descobrir que escolas e distritos escolares nos Estados Unidos e no Reino Unido foram ameaçados com multas ou retirada de fundos se não abrissem suas escolas novamente – mesmo quando as taxas de infecção que os governos estavam falhando em controlar permaneciam perigosamente altas[19].

Esperemos que depois da pandemia as previsões do epidemiologista Nicholas Christakis, em seu livro *Apollo's arrow* (*A flecha de Apolo*) – de que reviveremos os agitados anos 20 que se seguiram à pandemia de 1918 –, se revelem erradas[20]. Vamos ampliar o espírito inspirador da comunidade que surgiu em alguns momentos durante a pandemia para oferecer uns aos outros ajuda e solidariedade. Não esqueçamos que uma de nossas principais diretrizes nas escolas é ajudar os jovens a se sentirem seguros, cuidados, realizados e avançando, para que prosperem na escola e além dela. Vamos trazer o bem público, em escolas justas para todos, novamente para a dianteira. Não vamos voltar ao pior do que tínhamos antes. Vamos, em vez disso, *construir novamente e melhor* para o bem-estar de todos os jovens para o futuro. Para começar, neste livro nos voltamos para o que o melhor do bem-estar pode parecer e para como podemos começar a desenvolvê-lo dessa forma.

Sumário

Apresentação à edição brasileira.. xi
    Educação democrática se faz com bem-estar social
    Gustavo Severo de Borba

Prefácio xv
    Vida longa e próspera

Capítulo 1 1
    O que é bem-estar? Por que ele é importante?

Capítulo 2 13
    Teorias do bem-estar: evidências e influência

Capítulo 3 43
    Questionando o bem-estar: a busca por fazer melhor

Capítulo 4 63
    A ascensão do bem-estar: entre GERM e VUCA

Capítulo 5 77
    Prosperidade para todos: a economia
    social do bem-estar

Capítulo 6 93
    Uso ético da tecnologia: o lado moral da vida na tela

Capítulo 7 105
    Natureza restauradora: para as pessoas e para o planeta

Capítulo 8.. 117
Bem-estar e sucesso: opostos que podem se atrair

Epílogo 135
Melhorando

Notas 145

Índice... 183

1
O que é bem-estar?
Por que ele é importante?

Antes de 2020, se você tivesse perguntado a pessoas o que primeiro lhes vinha à mente se mencionasse "WHO" (sigla em inglês para Organização Mundial da Saúde [OMS]), elas provavelmente teriam pensado na clássica banda de *rock* britânica com esse nome. Mas outra WHO – a OMS – se tornou um nome familiar quando respondeu à pandemia de covid-19. Criada pelas Nações Unidas em 1947 como organização responsável por questões de saúde global, definiu saúde como "um estado de completo *bem-estar* físico, mental e social e não apenas a ausência de doenças ou enfermidades" (grifo nosso)[21]. A OMS estabeleceu novas profissões, como o serviço social psiquiátrico e o aconselhamento escolar. Após a Segunda Guerra Mundial, ela trouxe o bem-estar para o cenário mundial, juntamente com desempenho econômico, paz e segurança global.

O bem-estar é importante em todas as áreas da vida, mas especialmente no desenvolvimento dos jovens. Sabemos que eles se sentem bem quando gostam da sua aprendizagem, anseiam por vir à escola e se sentem valorizados por suas famílias e amigos. Todos nós queremos que eles experimentem alegria, que prosperem física e emocionalmente e que tenham voz em seu processo de aprendizagem e em seu futuro.

Porém, nem sempre é imediatamente óbvio quando os jovens se sentem bem. É por isso que às vezes o bem-estar pode ser difícil de mensurar. Podemos perceber como características de bem-estar ser animado e expressivo, mas nem todos nós expressamos com muita intensidade nossos sentimentos. O bem-estar pode ser igualmente calmo, reflexivo e discreto. Ele pode se manifestar em um sentimento de orgulho que acompanha um desempenho atlético ou uma *performance* dramática bem-sucedida. Porém, também pode ser expresso no contentamento tranquilo encontrado na leitura de um livro que nos engaja ou simplesmente brincando calmamente com um amigo.

É mais provável que compreendamos o valor do bem-estar quando ele não está presente, quando, em vez disso, testemunhamos todos os sinais de estarmos doentes. Percebemos quando as crianças estão com fome ou não dormiram. Estamos atentos a jovens isolados, excluídos ou que sofrem *bullying*. Temos nos tornado cada vez mais vigilantes em relação às crianças vulneráveis que estão em risco de negligência ou abuso em casa. Fornecemos ajuda específica para jovens com condições diagnosticadas, como transtorno do espectro autista (TEA), transtorno de déficit de atenção/hiperatividade (TDAH) e ansiedade ou síndrome alcoólica fetal (SAF). Além disso, cada vez mais escolas e sistemas escolares têm desenvolvido políticas e estratégias para lidar com o racismo, a homofobia e outros preconceitos. E uma das competências básicas para quem ensina é ser capaz de ter empatia e apoiar as crianças que vivenciam mais experiências transitórias de mal-estar, como, por exemplo, perder um membro da família, experimentar a morte de um animal de estimação, se preocupar com a separação dos pais ou se desentender com um melhor amigo.

Bem-estar, felicidade e realização não são apenas a cereja no bolo da aprendizagem e da realização. Como veremos no Capítulo 8, eles são essenciais para atingir os objetivos acadêmicos. É difícil ter sucesso pleno quando se está cansado, preocupado, faminto, temeroso ou deprimido. Por sua vez, avanços na realização e no domínio de habilidades podem levar a autoconfiança e satisfação.

Para além da sua contribuição para a aprendizagem, o bem-estar e a realização completos têm também um imenso valor em si mesmos. Os dados sobre saúde mental recolhidos durante a pandemia de covid-19 revelaram que os adolescentes foram o grupo mais frequentemente afetado em seu bem-estar[22]. Em um momento de suas vidas em que uma parte importante do crescimento consiste em estar com amigos e desenvolver um sentido de identidade e esperança para o futuro, os adolescentes foram isolados dos seus pares na vizinhança e dos seus professores, mentores e amigos na escola. Embora os argumentos sobre aprendizagem *on-line* reforcem que pode ser organizada em qualquer lugar, a qualquer momento após a pandemia, a verdade inegável é que, se as escolas físicas forem fechadas, as crianças e os adolescentes podem ficar desconectados de muitas das pessoas que são importantes para eles e seu desenvolvimento. O bem-estar é uma parte essencial da educação e uma parte inestimável do crescimento. Nós o ignoramos por nossa própria conta e risco.

APRENDENDO A SER

Oficialmente e, obviamente, o objetivo principal da educação não é o bem-estar, mas a aprendizagem. Compreender uma ideia intrigante, aprender algo novo, desenvolver uma habilidade difícil, dominar um conceito desafiador – essa parece ser a essência da educação. É o que atrai muitos professores para a profissão – acender lâmpadas para crianças, capacitá-las a compreender ou fazer algo que pensavam estar além delas, ajudá-las a progredir ou apresentá-las a interesses que podem se transformar em paixões para toda a vida.

Porém, as escolas não são espaços apenas de aprendizagem acadêmica. Elas também promovem o desenvolvimento emocional e moral dos jovens. Se agimos como se a aprendizagem e a realização fossem as únicas coisas que importam, caímos na armadilha do que o professor holandês Gert Biesta chama de *learnification*[23].

Learnification significa que tudo e qualquer coisa precisa ser justificado em termos de seu impacto sobre a aprendizagem. Deseja garantir mais tempo para a música em sua escola? Então aponte para a evidência de que ela eleva o desempenho em matemática. Está interessado em desenvolver a meditação e o *biofeedback* entre seus filhos? Então demonstre que a calma resultante melhorará o desempenho nos dias de teste. E se você estiver prolongando o dia escolar, não enfatize o valor de estar com os colegas, praticar a liderança ou desenvolver novos interesses. Apenas exponha as evidências de que o tempo de aprendizagem prolongado pode aumentar o desempenho avaliado.

No entanto, ao lado da aprendizagem como geralmente a entendemos, as escolas também têm a ver com a forma como as crianças se desenvolvem. Elas tratam de como os alunos experimentam e expressam admiração, espanto, excitação, compaixão, empatia, indignação moral diante da injustiça, coragem, ludicidade, comprometimento, autorrespeito, autoconfiança e muitas outras qualidades emocionais e morais em sua educação. Os jovens precisam experimentar essas coisas não apenas devido a quem eles se tornarão *no futuro*, mas também por causa de quem eles são *agora*.

Em 1996, as Nações Unidas estabeleceram uma comissão de educação liderada pelo ex-presidente da Comissão Europeia Jacques Delors. Seu relatório foi intitulado *Learning: The Treasure Within* (Aprendizagem: O Tesouro Interior)[24], e baseou-se em um relatório anterior da Organização das Nações Unidas (ONU), publicado 25 anos antes, chamado *Learning to Be* (Aprendendo a Ser)[25]. O relatório Delors fez uma poderosa defesa dos objetivos e propósitos educacionais humanistas que, segundo ele, haviam sido negligenciados e deixados para trás.

A comissão estava preocupada com o aumento do desemprego, o aumento das taxas de exclusão, o aumento da desigualdade e os danos generalizados ao meio ambiente. "O crescimento econômico pleno", argumentou, "não pode mais ser visto como a forma ideal de conciliar o progresso material com a equidade, o respeito pela condição humana e o respeito pelos bens naturais que temos o dever de entregar em boas condições às gerações futuras"[26]. Com essas preocupações em primeiro lugar, o relatório Delors começou dizendo que:

> A educação tem um papel fundamental a desempenhar no desenvolvimento pessoal e social. A Comissão não vê a educação como uma cura milagrosa ou uma fórmula mágica que abre as portas para um mundo no qual todos os ideais serão alcançados, mas como um dos principais meios disponíveis para promover uma forma mais profunda e harmoniosa de desenvolvimento humano e assim reduzir a pobreza, a exclusão, a ignorância, a opressão e a guerra"[27].

O relatório da comissão se apoiava em quatro pilares da aprendizagem[28]. Aprender a conhecer envolvia engajar-se em uma ampla educação e desenvolver conhecimentos sobre temas específicos. Aprender a fazer envolvia adquirir habilidades e competências, incluindo habilidades modernas, como o trabalho em equipe, que agora entendemos que representam competências globais. Esses dois tipos de aprendizagem são o que as escolas e as universidades mais enfatizaram e podem ser facilmente avaliados e testados. Entretanto, a equipe de Delors destacou que os outros dois pilares – *aprender a ser e aprender a viver juntos* – são pelo menos tão importantes em um mundo em rápida mudança e cada vez mais ameaçado. No entanto, eles recebem muito menos atenção nos sistemas educacionais formais.

Aprender a ser significa desenterrar o tesouro de talentos ocultos das pessoas. Estes incluem "memória, poder de argumentação, imaginação, capacidade física, senso estético, aptidão para se comunicar com os outros"[29]. *Aprender a ser* requer o desenvolvimento do "autoconhecimento" essencial entre os líderes de grupo[30].

Em uma época em que a queda do Muro de Berlim não havia posto um fim aos conflitos nacionais e internacionais, o mais importante e mais negligenciado de todos os quatro pilares, argumentou Delors, era *aprender a conviver*, a garantir "compreensão mútua, mudanças pacíficas e, de fato, harmonia"[31]. Aprender a viver juntos envolvia desenvolver "uma compreensão dos outros e de sua história, tradições e valores espirituais e, com base nisso, criar um novo espírito que levaria as pessoas a implantar projetos comuns ou a gerenciar os conflitos inevitáveis de forma inteligente e pacífica"[32].

Em 6 de janeiro de 2021, uma multidão revoltada invadiu o Capitólio dos Estados Unidos, rasgando o já frágil tecido da democracia histórica da nação. Após o choque inicial, quem perguntou como os americanos haviam falhado em educar seus cidadãos para *aprender a viver juntos*? Quem se arrependeu da atrofia de décadas de estudos sociais e cívicos às custas de mais e mais testes? Os executivos da indústria digital, dominada por homens brancos, aceitaram a responsabilidade pelos algoritmos que dividem as pessoas, reforçaram suas preferências e preconceitos e as levam a se comunicar apenas com outros como elas, espalhando sedição e ódio?

Podem os americanos, e outros de nós em democracias igualmente comprometidas, perguntar como não aprendemos a viver juntos? Como podemos corrigir as coisas em nossas escolas, empresas de tecnologia e meios de comunicação, políticas e sociedade? Como essas divisões podem ser curadas com coragem, empatia, verdade, conhecimento, pensamento crítico e causas comuns? Essas coisas deveriam fazer parte da agenda de bem-estar tanto quanto *mindfulness*, autorregulação, mentalidade positiva e resiliência.

APRENDENDO A ESTAR BEM

O relatório Delors nos ensinou que bem-estar é mais do que sentir-se saudável, feliz, atento ou resiliente. O bem-estar também não é apenas sentir-se seguro e protegido de danos. Não se trata de uma questão puramente psicológica. O bem-estar também é uma condição social que envolve inclusão, pertencimento, tranquilidade e direitos humanos. Programas e políticas de bem-estar fortes reconhecem e asseguram as conexões entre os estados psicológicos das crianças e o eventual estado do mundo. O bem-estar é um fenômeno tanto social quanto psicológico. É difícil estar bem se se vive em uma sociedade doente.

Vejamos três exemplos de programas e políticas que abordam os aspectos tanto sociais quanto psicológicos do bem-estar e suas interconexões. Eles são um programa de história do ensino médio que estabelece conexões entre *bullying* nas escolas e genocídio; uma iniciativa do primeiro ciclo do ensino fundamental que desenvolve a empatia entre os jovens como base para a paz na sociedade; e uma política de bem-estar infantil em todo o sistema que é um pilar central para também desenvolver a excelência, a inclusão e a equidade.

Encarando a história e nós mesmos

Se o argumento mais amplo sobre o bem-estar e a sociedade se parece com algo que pertence apenas a um curso de história mundial ou a um currículo de educação para a paz, é importante reconhecer que a potencialidade para conflito global começa em nossas famílias e laços comunitários. Às vezes, ela também tem sido exacerbada nas salas de aula e nos corredores de nossas escolas. Esta é a visão essencial de uma iniciativa curricular desenvolvida em Brookline, Massachusetts, que agora é reconhecida e usada em todo o mundo. Seu nome é *Encarando a História e Nós Mesmos* (FHAO, do inglês *Facing History and Ourselves*)[33].

Em 1974, Margot Stern Strom e William Parsons, dois professores de estudos sociais do ensino médio em Brookline, ficaram insatisfeitos com a forma como seus alunos estavam aprendendo sobre o Holocausto. Por mais que tentassem, eles sentiam que seus alunos se aproximavam dos horrores do genocídio quase como se fosse qualquer outra matéria escolar que precisasse ser dominada para as admissões na faculdade. Strom e Parsons adquiriram uma bolsa para desenvolver um programa que "ligasse uma história particular a perguntas universais, aquelas perguntas oportunas mas atemporais que ressoam a cada geração"[34].

Strom tornou-se a fundadora e diretora executiva da FHAO. Mais tarde, ela escreveu que queria "que os estudantes enfrentassem não apenas seu próprio potencial de passividade e cumplicidade, mas também sua coragem e resiliência. E nós devemos ensiná-los a valorizar seus direitos como cidadãos e a assumir responsabilidade por suas próprias ações"[35].

Em abril de 1978, a rede de televisão NBC lançou uma minissérie, *Holocausto*, que foi vista por mais de 120 milhões de pessoas, muitas delas estudantes do ensino médio[36]. Strom e seus colaboradores queriam responder ao recém-descoberto interesse no genocídio dos judeus europeus pelos nazistas, ajudando os estudantes a desenvolverem sua razão moral e aplicando-a ao modo como interagiam com os demais. Eles desenvolveram novos planos de aula, trocaram esses planos entre si, observaram as salas de aula uns dos outros e deram uns aos outros um *feedback* crítico.

Em 1994, a FHAO tinha desenvolvido um currículo e um livro de fontes chamado *Facing history and ourselves: Holocaust and human behavior* (*Encarando a história e nós mesmos: Holocausto e comportamento humano*)[37]. A FHAO não queria que os alunos aprendessem sobre o Holocausto como apenas mais um incidente histórico. Os professores também queriam que os alunos se questionassem sobre que tipo de pessoas eles eram, quem queriam se tornar e como agiriam quando confrontados com as injustiças.

Um tema central na FHAO é que os estudantes precisam examinar como eles próprios tratam os colegas que não se encaixam nos padrões da maioria em suas salas de aula e escolas. Eles os acolhem ou os evitam? Eles são passivos quando veem alunos impopulares sendo maltratados? Os alunos aprendem sobre abordagens da teoria das fases sobre o genocídio que começam com o que pode parecer ser relativizado – pequenos atos de rotulagem e classificação dos outros, mas que podem se transformar em perseguição em massa – e finalmente genocídio. No processo, os estudantes aprendem a se identificar com aqueles que são perseguidos, seja na Alemanha nazista ou em suas próprias escolas e comunidades.

A FHAO ganhou força rapidamente nas escolas. Os materiais curriculares se expandiram para incluir o genocídio armênio, o movimento de direitos civis dos Estados Unidos e tópicos relacionados à democracia e aos direitos humanos. Quais foram os resultados? O ensino sobre o Holocausto teve impactos estatisticamente significativos na argumentação moral dos alunos, em suas capacidades de sentirem empatia pelos demais e no clima geral da escola[38]. Até mesmo a autoeficácia dos professores foi aprimorada após o ensino do currículo da FHAO[39].

A FHAO demonstra que ensinar é mais do que fazer com que os alunos se sintam bem consigo mesmos. Ela os leva a sério como seres morais e os capacita a olhar criticamente para suas próprias vidas, e também ensina aos estudantes que seu próprio bem-estar está ligado ao dos outros. Ela os estimula a falar e denunciar a injustiça, seja na forma de intimidação direta ou de incidentes mais casuais de maldade, e ajuda os jovens a aprender a ser e a viver juntos.

Em 2020, a FHAO havia se tornado uma rede global com mais de 100 mil professores em 134 países[40]. Ela desenvolveu seminários via *web*, *podcasts* e protocolos para ajudar os professores a discutir questões controversas com seus alunos. Mais recentemente, a FHAO criou conteúdo sobre a disseminação do coronavírus e seu impacto desproporcional sobre as pessoas de cor e os pobres[41].

A FHAO ilustra dois pontos importantes sobre o bem-estar e demonstra que a aprendizagem intelectualmente exigente e o bem-estar dos estudantes podem e devem caminhar juntos. Além disso, ela também demonstra que o bem-estar é uma responsabilidade social, bem como um estilo de vida individual ou uma escolha de saúde positiva.

Raízes da empatia

Em 1996, a empreendedora social Mary Gordon estabeleceu um programa chamado Raízes da Empatia para estudantes dos primeiros anos do ensino fundamental em Ontário[42]. O programa foi projetado para aumentar a empatia, o cuidado com os outros e comportamentos pró-sociais, bem como para reduzir a agressão, a crueldade, o mal-estar e o *bullying*. O Raízes da Empatia é agora usado em vários países ao redor do mundo. Além do Canadá, Costa Rica, Alemanha, Irlanda, Holanda, Nova Zelândia, Noruega, Coreia do Sul, Suíça, Reino Unido e Estados Unidos o usam[43]. Por vários anos consecutivos, tem sido reconhecido como uma das 100 inovações educacionais mais importantes do mundo[44].

Como a maioria das inovações excepcionais, Raízes da Empatia tem um formato simples, mas convincente. Os pais de bebês entre 2 e 4 meses de idade visitam regularmente uma sala de aula durante um ano escolar inteiro e trazem seu bebê com eles. Um instrutor treina a classe para observar o bebê e nomear os sentimentos dele[45]. Essa interação ajuda as crianças a entenderem seus próprios sentimentos e os sentimentos dos outros ao seu redor. Quem não ficaria encantado, intrigado e desarmado por uma criança curiosa, bonita e indefesa? Usando o conhecimento e a percepção adquiridos a partir da observação e da interação com um pequeno ser humano, as crianças aprendem a se controlar e moderar, assim como a compreender seus próprios sentimentos e os sentimentos umas das outras.

Pesquisas em vários países, incluindo rigorosos estudos duplos-cegos, mostram que o programa Raízes da Empatia aumenta significativamente as taxas de empatia, compartilhamento, ajuda e inclusão, diminuindo assim os níveis de *bullying* e outros tipos de agressão[46]. Mary Gordon acredita que seu programa não cria apenas um ambiente escolar mais seguro e mais acolhedor para todos os alunos. Em um mundo cada vez "menos democrático e mais violento", onde as crianças percebem como "estamos falhando em compreender e apoiar uns aos outros", os métodos abertos do Raízes da Empatia permitem às crianças ver o mundo através dos olhos dos outros, começando com os de um bebê[47].

Crianças que implicavam com outras crianças e as provocavam – ou faziam coisas piores – por as considerarem muito gordas, muito magras, muito espertas, muito burras, por terem um sotaque incomum ou fazerem xixi na cama aprenderam, a partir de suas interações com e ao redor de um bebê, a importância da inclusão e do pertencimento. Elas entenderam que "fazer com que alguém se sinta como um estranho é realmente uma atitude muito cruel"[48]. Ao final, como na FHAO, mas operando com uma faixa etária e metodologia muito diferentes, Raízes da Empatia almeja conectar o bem-estar aprimorado da sala de aula à criação de uma sociedade mais inclusiva e empática. Como o filósofo e economista escocês Adam Smith já reconheceu, a empatia é a base emocional da democracia[49].

Política de educação de Ontário, 2014–2018

As preocupações com o bem-estar dos jovens levaram a que políticas e estratégias de bem-estar se tornassem parte da estrutura de políticas do sistema educacional de vários lugares. A província de Ontário – fonte de muitas de nossas evidências – é um desses lugares. Embora o Canadá seja um líder global em desempenho educacional e equidade, seu histórico em termos de bem-estar dos estudantes é menos impressionante. Por exemplo, em 2020, o Fundo das Nações Unidas para a Infância (Unicef) colocou o Canadá em 30º lugar dentre as 38 nações em uma tabela que mede o bem-estar dos estudantes de 15 anos de acordo com três indicadores de bem-estar: mental, de saúde física e de habilidades[50]. Quanto aos indicadores da OCDE de satisfação com a vida, os estudantes canadenses "não são significativamente diferentes da média da OCDE"[51]. Assim como em alguns países do Leste Asiático, os escores relacionados ao desempenho dos alunos não são igualados por seu desempenho em bem-estar do aluno.

Em 2014, o governo de Ontário e muitos de seus educadores estavam percebendo que nem tudo corria bem com o bem-estar de seus alunos. Por uma dúzia de anos, Ontário tinha, com considerável sucesso, se concentrado em aumentar o desempenho e diminuir as deficiências dos alunos em alfabetização e aritmética. Ontário foi e é, dentre as 10 províncias do Canadá, aquela que apresentou o melhor desempenho na maioria das áreas de educação. Porém, aproximadamente em 2013, a curva ascendente de uma década de avanço estava começando a se achatar[52]. Havia preocupações crescentes de que existiam mais questões envolvidas na aprendizagem e no desenvolvimento dos estudantes do que somente alfabetização e matemática e as taxas de graduação no ensino médio. Algo faltava no impulso de Ontário para melhorar seu histórico de desempenho. Uma grande parte daquela peça que faltava era o bem-estar dos jovens.

Os trabalhadores de campo do Ministério da Infância e Juventude encontravam cada vez mais evidências de que os jovens de Ontário estavam enfrentando dificuldades. Em resposta, desenvolveram um "processo de engajamento dos jovens" que implicava um "diálogo extenso com os jovens" em oficinas "presenciais" e "interativas" em toda a província, juntamente com uma pesquisa *on-line*[53]. Foi criado um Comitê de Desenvolvimento da Juventude com 25 jovens de Ontário a partir de um grupo de mais de 400 candidatos para fornecer informações ao ministério. O relatório resultante, *Stepping Stones: A Resource on Youth Development* (*Primeiros Passos: Um Recurso sobre Desenvolvimento da Juventude*), do Ministério da Infância e Juventude, foi publicado em 2012[54] e teve grande impacto nas políticas da província sobre o bem-estar da juventude.

A partir de fevereiro de 2013, após Kathleen Wynne se tornar a primeira-ministra de Ontário, ela e seu governo fizeram do bem-estar um dos quatro pilares da política educacional da província. A política do ministério denominada *Alcançando a Excelência* destacou que "os estudantes não podem ser bem-sucedidos academicamente caso se sintam inseguros na escola ou se forem intimidados *on-line*. Não se pode esperar que eles atinjam seu potencial máximo se tiverem problemas de saúde mental e se não lhes dermos o apoio de que necessitam"[55].

Por que um em cada oito estudantes em Ontário teve pensamentos mais sérios sobre suicídio? Mais de um em cada cinco estudantes relatou ter sido vítima de *cyberbullying*. Um em cada oito preocupa-se em ser ameaçado ou prejudicado na escola[56]. Esses percentuais eram ainda maiores no caso de populações vulneráveis, como os estudantes LGBTQ e estudantes das comunidades indígenas (conhecidas no Canadá como FNMI – First Nations, Métis e Inuit)[57]. Essas estatísticas inquietantes ajudaram a explicar "por que o bem-estar das crianças e dos alunos precisa passar a ser o centro das prioridades do sistema de ensino"[58].

Como resultado, o ministério encorajou professores e gestores escolares a "aumentar o interesse das crianças e jovens em serem fisicamente ativos e a aumentar a sua motivação para viverem vidas saudáveis e ativas". *Alcançando a Excelência* apelou para um vasto leque de parceiros a fim de "construir escolas seguras e acolhedoras" e ajudar os estudantes a se desenvolverem como seres humanos plenos e contribuintes para a sociedade[59].

O bem-estar em Ontário era agora considerado como uma base para o desempenho educacional e para a equidade. A equidade já não era equiparada apenas à redução das diferenças de desempenho avaliadas em alfabetização e matemática. A equidade implicava a inclusão de todos os jovens, bem como de suas identidades. Se os estudantes não conseguissem encarar as suas culturas e identidades na vida e no currículo da escola, o argumento prosseguia, eles teriam dificuldade em ter um bom desempenho. Sentir-se seguro e incluído, valorizado e respeitado era parte inalienável da ousada nova agenda de melhoria educacional da província.

Em 2016, o Ministério da Educação de Ontário adaptou um gráfico de bem-estar dos estudantes a partir do relatório dos *Primeiros Passos* de 2012. A imagem baseou-se na consulta realizada com crianças e jovens e também foi desenvolvido em discussões com anciãos indígenas, a fim de garantir que a sua cultura fosse visivelmente representada no produto final (Figura 1.1).

O ministério explicou seu gráfico observando que "'*Self*/Espírito' está situado no centro dos quatro domínios interligados", representados pelos quadrantes cognitivo, emocional, social e físico[60]. Observou também que "os conceitos de *self* e espírito têm significados diferentes para pessoas diferentes", indicando que, em algumas comunidades, "o patrimônio cultural, a língua e a comunidade são centrais para a identidade"[61]. Por exemplo, o ministério indicou que "de acordo com as formas indígenas de conhecimento, o bem-estar é baseado no equilíbrio dos aspectos mental, físico, espiritual e emocional do indivíduo, vistos não como domínios separados, mas como elementos combinados e centrados dentro da espiritualidade e conectados pela comunidade"[62]. O núcleo espiritual do bem-estar era relevante não apenas para as comunidades indígenas, mas para os membros de outras religiões e

Figura 1.1 Gráfico de bem-estar.
Fonte: Retirada de *Ontario's Well-Being Strategy for Education Discussion Document* (p. 3), Ministério da Educação de Ontário, 2016, Queen's Printer for Ontario. Copyright 2016 Ministério da Educação de Ontário, Ontário, Canadá. Reimpressa com permissão.

mesmo para aqueles sem fé religiosa, que buscam o desenvolvimento espiritual por meio de uma reverência à humanidade ou à natureza, por exemplo.[63]

Essa compreensão multifacetada e multicultural do bem-estar está ausente nas definições universais e aparentemente desprovidas do conceito de cultura expressas nos *rankings* e indicadores internacionais de bem-estar, felicidade e qualidade de vida. As ideias de Ontário sobre bem-estar têm se baseado na natureza e na visão da província como uma cultura e sociedade distinta. Sem esse fundamento explícito, outras escolas e sistemas escolares podem cair na armadilha de promover algumas normas de bem-estar que são realmente ocidentais e individualistas, por exemplo, comparadas a outras alternativas. Abordaremos essa questão com mais detalhes no Capítulo 3.

CONCLUSÃO

Bem-estar é um tema importante. Mesmo antes da pandemia de covid-19, já estava se aproximando da vanguarda das prioridades políticas em matéria de educação. Então a pandemia nos lembrou cruelmente que a saúde e o bem-estar devem vir antes de tudo – tanto na sociedade quanto em nossas escolas. Porém não são apenas os vírus que ameaçam nosso bem-estar. Guerras, conflitos, devastação ambiental, intolerância, preconceito e a divisão também o prejudicam, assim como a solidão, o isolamento e a vida em um mundo virtual em detrimento do mundo físico.

Aprender a ser e *aprender a viver juntos* não são apenas ideais abstratos. Eles são realizáveis em programas e políticas reais que nos ajudam a conectar nossa própria saúde com a saúde do mundo. No entanto, a pandemia cruelmente nos relembrou que as oportunidades de ser saudável e de estar bem não são distribuídas de maneira uniforme. Bem-estar não significa a mesma coisa para todos, em todas as culturas. Pode ser "alto e orgulhoso" no Texas, "ser muito ousado" no norte da Inglaterra ou muito mais humilde e voltado para si mesmo nas culturas do Leste Asiático com heranças confucionistas e associações budistas. Há muito a aprender sobre o que é bem-estar, com o que ele se parece, como podemos reconhecê-lo quando o vemos e como ele é afetado pela desigualdade e a diversidade. Essas são algumas das grandes questões que levantamos neste livro.

Vamos primeiro analisar como o pensamento psicológico dominante tem se aproximado do bem-estar. Que conselhos algumas das teorias mais populares e bem-conceituadas sobre bem-estar têm a oferecer? Como elas podem nos ajudar? Ao mesmo tempo, o que elas estão perdendo? Vamos abordar essas questões no próximo capítulo, delineando e explorando seis das teorias de bem-estar mais amplamente utilizadas.

2

Teorias do bem-estar: evidências e influência

Praticamente todos os professores querem que seus alunos se sintam felizes, experimentem alegria e alcancem um sentimento de realização. Embora tenhamos ido à escola em uma época em que não poucos professores eram injustos, mesquinhos, maldosos e indiferentes à nossa felicidade e bem-estar, a maioria de nós teria dificuldade hoje em dia em encontrar professores que venham à escola querendo que seus alunos fracassem miseravelmente.

Durante muito tempo, uma das evidências mais citadas sobre o que torna uma escola eficaz tem sido o estabelecimento de um ambiente seguro e ordenado para a aprendizagem[64]. Porém, esse fator é agora apenas o requisito mínimo para o bem-estar das crianças.

As escolas de hoje têm a obrigação de ir muito além dos níveis básicos de segurança de Abraham Maslow se quiserem ajudar seus alunos a saber como ser e como viver juntos. Atingir o bem-estar envolve muito mais do que atingir esses níveis mínimos. Então, o que é bem-estar?

CARACTERIZANDO O BEM-ESTAR

Os Centros de Controle e Prevenção de Doenças (CDCs) dos Estados Unidos fizeram uma revisão da literatura sobre saúde e bem-estar, observando que há "consenso" de que "bem-estar inclui a presença de emoções e humores positivos (p. ex., contentamento, felicidade) e a ausência de emoções negativas (p. ex., depressão, ansiedade), satisfação com a vida, realização e funcionalidade positiva"[65].

Nesse sentido, o bem-estar é uma condição ideal a que todos nós devemos aspirar, tanto para nós mesmos quanto para os outros. É por isso que a Rede Criança Integral da Associação para Supervisão e Desenvolvimento Curricular (ASCD) enfatiza a importância de todos "aprenderem a viver em busca do bem-estar universal" como uma condição positiva de prosperar em vez de apenas uma ausência de dor individual[66].

O bem-estar ganhou destaque na educação após sua inclusão nos indicadores da Organização para a Cooperação e Desenvolvimento Econômico (OCDE), Organização das Nações Unidas para a Educação, a Ciência e a Cultura (Unesco) e outros que classificam os países em relação ao bem-estar e à felicidade. As iniciativas de bem-estar estão agora proliferando em todo o mundo a partir de uma série de programas e práticas. Em nossa investigação sobre como a estratégia de bem-estar de Ontário estava sendo interpretada por professores e líderes em 10 distritos escolares, nos deparamos com uma série de atividades destinadas a melhorar o bem-estar dos estudantes. Elas incluíram os itens da Figura 2.1.

Muitas dessas iniciativas foram introduzidas individualmente por professores e escolas em determinadas séries ou disciplinas. Inevitavelmente, elas eram irregulares em sua distribuição e implementação. Em uma tentativa de compensar esse problema, sistemas em todo o mundo, de escolas individuais a nações inteiras, produziram modelos abrangentes que tentam capturar e representar todas as abordagens concebíveis para melhorar o bem-estar dos estudantes. Esses modelos e os

Foco	Atividade
Design	Espaços tranquilos para as crianças do jardim de infância
Currículo	Autorregulação emocional Projetos de justiça social sobre refugiados e sem-teto
Mindulness	Respiração, meditação e ioga
Monitoramento	Aplicativos de celular para estudantes atraírem a atenção de professores e conselheiros para colegas que vivenciam questões de saúde
Voz dos estudantes	Comitês de saúde mental incluindo estudantes com problemas de saúde mental próprios Cartazes desenhados por estudantes sobre soluções de saúde mental Alianças gays-hetero para apoiar os estudantes LGBTQ
Amenização da pobreza	Apoio em café da manhã, lavanderia e vestuário para crianças em situação de pobreza, por meio de apoio a postos de trabalho e campanhas beneficentes
Identidade	Reconhecer e celebrar identidades de grupos vulneráveis como a minoria linguística francófona, refugiados, estudantes com necessidades especiais, comunidades indígenas e estudantes LGBTQ

Figura 2.1 Atividades de bem-estar em 10 distritos escolares de Ontário.

gráficos que os acompanham permitem aos professores e líderes perceber onde e como o bem-estar pode e deve receber atenção em todas as áreas de seu trabalho, em relação a todos os aspectos do bem-estar. Elas são úteis para monitorar a prática existente e desenvolver novas intervenções.

O modelo descrito na Figura 2.2 foi desenvolvido por um dos distritos escolares em nosso estudo. Ele mostra as muitas maneiras pelas quais o bem-estar pode ser abordado. Porém, por mais valiosos que sejam, tais modelos também representam mapas excessivamente detalhados que podem ser opressores como base para traçar o caminho a seguir. Eles podem fazer com que, por um lado, os educadores planejem em excesso, ou, por outro, sintam que estão sempre falhando em algum lugar.

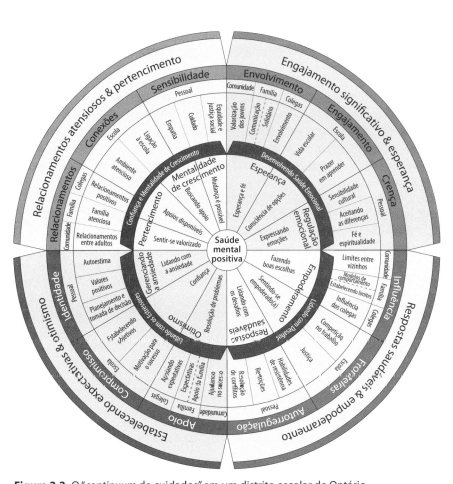

Figura 2.2 O *"continuum* de cuidados" em um distrito escolar de Ontário.
Fonte: Copyright Catholic District School Board of Eastern Ontario. Reimpressa com permissão.

Portanto, algo mais é necessário além desses modelos: teorias bem definidas que sustentem a compreensão do bem-estar das pessoas e como ele pode ser melhorado por meio de intervenções e cursos de ação específicos.

Kurt Lewin, que é frequentemente creditado como o criador de toda a disciplina de psicologia social, uma vez escreveu que "não há nada tão prático quanto uma boa teoria"[67]. As teorias nos permitem entender por que as coisas são como são e, direta ou indiretamente, sugerem como essas coisas podem ser mudadas. Todos nós temos teorias em curso sobre por que as pessoas se comportam da maneira como se comportam. Às vezes, por meio de disciplinas como a pesquisa-ação (que Lewin também inventou) ou da investigação colaborativa, professores e outras pessoas formalizam essas teorias e as testam e refinam a partir de evidências e experiências.

As pessoas que trabalham em disciplinas científicas desenvolvem teorias formais – por meio de experimentos, pesquisas, observações e outros métodos – que se estabelecem em seus campos de atuação e que influenciam profissionais que trabalham nessas áreas. Os pesquisadores em psicologia social exerceram uma forte influência sobre o campo e a prática do bem-estar. As descobertas de alguns dos mais proeminentes psicólogos sociais levaram a uma indústria florescente de livros de autoajuda, TED Talks, oficinas de desenvolvimento profissional e aplicativos para promover suas ideias.

Seis das áreas de pesquisa da psicologia social mais populares e impactantes sobre bem-estar são:

- Hierarquia de necessidades de Abraham Maslow
- Modelo de psicologia positiva de Martin Seligman
- Teoria de Inteligência Emocional de Daniel Goleman
- Pesquisa sobre mentalidades fixas e mentalidade de crescimento de Carol Dweck
- Teorias da consciência/*mindfulness*
- Teorias do desenvolvimento integral de crianças

O restante deste capítulo descreve cada abordagem teórica e como ela se manifestou nas escolas e nos distritos que estudamos.

A HIERARQUIA DE NECESSIDADES DE ABRAHAM MASLOW

O professor norte-americano de psicologia Abraham Maslow é o autor de uma das teorias mais frequentemente referenciadas e amplamente utilizadas sobre a motivação humana em sua famosa *hierarquia de necessidades*. Maslow argumentou que as pessoas em todos os lugares querem satisfazer as necessidades humanas básicas. Tais necessidades, ele propôs, podem ser organizadas em uma hierarquia de desenvolvimento humano (ver Figura 2.3). Originalmente, Maslow argumentava que cada uma das cinco necessidades distintas deveria ser satisfeita antes da seguinte na hierarquia, de modo que elas seguiam em uma ordem sequencial, de uma para outra[68]. A visão geral atual é que, embora uma necessidade possa ser dominante em qualquer momento, as necessidades podem e se sobrepõem com frequência. Por exemplo, nem todos colocam sempre a segurança em primeiro, ou mesmo em segundo lugar, como Maslow afirmava. Aqueles que acreditam em uma causa entrarão em greve de fome ou estarão dispostos a morrer por seu país. As pessoas se jogarão na frente de seus parceiros ou de seus filhos durante um tiroteio em massa. Algumas pessoas arriscarão absolutamente tudo, de fato, se sacrificando por causas em que acreditam ou por pessoas que amam. Escritores e outros artistas ficarão noite após noite sem dormir a fim de levar a cabo um projeto criativo. Parte do que tornou a covid-19 tão desafiadora foi que muitas necessidades tiveram de ser atendidas de uma só vez, o que dificultou aos educadores saberem onde estabelecer suas prioridades.

Figura 2.3 Hieraquia de necessidades de Maslow.
Fonte: Retirada de *The Learning Compact Renewed: Whole Child for the Whole World* (p. 15), 2018, ASCD.

De acordo com Maslow, as diferentes etapas de sua hierarquia de necessidades são as seguintes:

1. *Fisiológicas*, descritas em termos das necessidades básicas de sobrevivência: alimentação, abrigo, ar e água limpos, roupas e sono. Quando ocorreu a pandemia de covid-19, todos foram lembrados de que, antes da aprendizagem e das realizações, a saúde física e mental dos jovens é primordial.
2. *Segurança*, em relação à proteção contra violência, abuso e doenças. Todas as crianças querem ir para uma escola em um ambiente seguro, livre de *bullying* e preocupado com sua proteção.
3. *Amor e pertencimento*, em termos de necessidades de apego a grupos sociais e comunidades como proteção contra solidão, ansiedade e depressão. Pertencer é uma grande parte do que significa vivenciar bem-estar, enquanto a ausência de pertencimento é uma das principais razões para as experiências de mal-estar entre os jovens.
4. *Estima*, como vivenciada na aceitação, no reconhecimento e na valorização por outros na comunidade. Ser valorizado é uma questão central para a inclusão nas escolas. Hoje em dia, diríamos que há riscos não apenas de autoestima insuficiente como resultado de ser excluído ou ignorado, mas também de níveis de autoestima às custas dos outros. A estima deve ser baseada em esforço e realização reais e não em mera presença e participação.
5. *Autorrealização*, em termos da realização do potencial, satisfação e senso de valor pessoais por meio de buscas deliberadas de realização como um aprendiz, um atleta, um jardineiro, ou um pai, por exemplo. Para Maslow, a última forma de autorrealização era uma "experiência de pico" quase religiosa[69].

No final de sua vida, Maslow acrescentou um sexto nível, "autotranscendência", à sua hierarquia de necessidades. Ele expressou "profunda inquietação" sobre a ideia de autorrealização como o ápice do desenvolvimento humano e escreveu que havia algo nos "estágios superiores da natureza humana" que impulsionava as pessoas a alcançarem questões *"além* da saúde"[70]. A busca por "verdades finais", como "verdade, bondade e beleza"[71], parecia ter uma força magnética própria pela qual as pessoas estavam dispostas a sacrificar até mesmo sua saúde e sua felicidade. Ele observou que as pessoas "que estão se esforçando e ascendendo têm realmente um prognóstico melhor do que aquelas que permanecem perfeitamente satisfeitas no nível da autorrealização"[72]. As percepções existenciais e mesmo espirituais de Maslow sobre esse sexto nível receberam, no entanto, pouco acompanhamento ou reconhecimento.

A repercussão e a utilidade da hierarquia de necessidades de Maslow para professores e lideranças educacionais, especialmente em termos da primazia dos dois ou três primeiros níveis em relação aos estudantes vulneráveis, eram fortemente visíveis em nossos 10 distritos. Por exemplo, um diretor assistente de uma escola onde 85% dos estudantes se identificaram como indígenas e que foi "o centro de 23 tribos da Primeira Nação" declarou: "Temos muitas crianças que apresentam alta ansiedade, com muito trauma de desenvolvimento. Muitas crianças estão em instituições de acolhimento familiar". Um diretor do mesmo distrito explicou: "Nós encaramos nosso papel como atendendo os estudantes como um todo. Às vezes os vestimos, os alimentamos, damos banho e os amamos, realmente. É preciso muito trabalho e muita empatia e compreensão".

Um dos professores desse distrito perguntou: "Você realmente começa o dia olhando para a hierarquia de necessidades de Maslow. Como eles dormiram? Passaram fome? Eles estão se sentindo bem? Eles estão felizes? Você começa do zero e trabalha até [eles] estarem prontos para aprender". Quando os alunos dessa escola se reuniram em um churrasco para professores após o horário escolar, um deles perguntou à professora: "Você se importa se eu pegar um prato para minha mãe? Ela está com muita fome e está muito envergonhada para pedir".

A diretora da escola atribuiu a vulnerabilidade de seus alunos aos pais que estão "desempregados, não têm instrução e vivem em extrema pobreza". "Temos uma das áreas com maior taxa de suicídio em todo o Canadá", observou um prestador de serviços desse distrito. As pessoas são empurradas para a beira do abismo como resultado de "muito desespero, desesperança e depressão". Muitos estudantes haviam testemunhado suicídio em suas famílias ou visto membros da família se automutilarem. Alguns estudantes haviam tentado suicídio.

Atender à hierarquia de necessidades de Maslow é essencial para todos os estudantes que enfrentam dificuldades. É importante não apenas nas comunidades indígenas como a que acabamos de descrever, mas também em várias outras comunidades. Em nossas próprias pesquisas, essas incluíram refugiados que manifestaram os efeitos do estresse pós-traumático em comportamentos de espancamento e mordida, incluíram estudantes pobres da classe trabalhadora branca em comunidades onde as fábricas haviam fechado e as perspectivas de emprego haviam desaparecido, assim como estudantes LGBTQ que estavam sujeitos a *bullying* e comunidades Menonitas da Velha Ordem cujos filhos deixaram a escola cedo para se casar ou trabalhar nas fazendas (o que levou os diretores a colocar sua prioridade na construção de relações com as famílias, caminhando para casa com eles e levando suas compras ou utilizando seus produtos na merenda escolar). Fora de nossas próprias amostras de pesquisa, poderíamos acrescentar também afro-americanos, os afrocanadenses e, no Reino Unido, negros, asiáticos e minorias étnicas (BAME, do inglês *black, Asian and minority ethnic*) e sua sujeição histórica ao racismo e à opressão, o que frequentemente leva ao insucesso. O mesmo poderia ser dito de muitos estudantes imigrantes de primeira geração e de alto rendimento do Leste Asiático que, no entanto, vivenciam tensão emocional ao administrar as culturas dos colegas nas escolas de ensino médio ocidentais e as expectativas tradicionais de seus pais.

Colocar a hierarquia de Maslow como prioridade antes de atingir as metas é essencial no meio de uma crise, especialmente para os alunos mais vulneráveis. Maslow costuma ser invocado quando as necessidades mais básicas de alimentos, segurança e pertencimento são priorizadas. Porém, é realmente importante não parar por aí. Os estudantes têm recursos e potencial, bem como déficits. Todos os estudantes, especialmente aqueles que estão em dificuldades por razões fora de seu controle, têm o direito de aspirar autorrealização e autotranscendência. De fato, nas culturas indígenas, a autotranscendência muitas vezes não é o último nível que deve ser atendido, mas chega perto de ser o primeiro. Talvez a fome espiritual por algo melhor, mais elevado e mais valioso para todos seja uma das maiores carências de todos nós.

Cindy Blackstock, ativista das Primeiras Nações Canadenses e professora de Serviço Social na Universidade McGill, em Montreal, aponta que Maslow desenvolveu seu estágio final de transcendência espiritual após conviver com os índios Blackfoot no Canadá. Aqui, ela observa, Maslow aprendeu e se inspirou sobre a importância da espiritualidade nas formas indígenas de conhecer e ser. Entretanto, Blackstock continua, Maslow não conseguiu "situar plenamente o indivíduo dentro do contexto da comunidade" e perceber as necessidades humanas em termos relacionais, culturais, contextuais e intergeracionais, em vez de puramente individuais de autorrealização e autotranscendência[73]. Essa crítica a Maslow destaca como o bem-estar é um fenômeno social e cultural e não meramente individual e psicológico.

MODELO PERMA DE MARTIN SELIGMAN

Martin Seligman é Professor Zellerbach de Psicologia da Família no Departamento de Psicologia da Universidade da Pensilvânia. Como Maslow, ele é ex-presidente da Associação Americana de Psicologia. Junto com o orientador de sua tese de doutorado, Steven Maier, é famoso por suas primeiras pesquisas sobre o *desamparo aprendido*, o que explica por que as pessoas são frequentemente passivas diante de fatores que parecem estar fora de seu controle[74]. Porém, é por meio de seus estudos fundamentais sobre o que ele chamou de psicologia positiva e de sua defesa de intervenções de bem-estar que ele provavelmente será mais lembrado.

Alguns anos atrás, Seligman e seus colaboradores estavam preocupados com o fato de que o campo da psicologia tinha se voltado para as disfunções mentais e emocionais das pessoas e estava negligenciando a alegria e outras emoções positivas[75]. Seligman não foi o primeiro a ter essa opinião. Maslow já havia argumentado que as duas principais escolas de pensamento psicológico – a psicanálise e o behaviorismo – concebiam o ser humano como estando repleto de patologias[76].

Seligman considerou as incursões de Maslow sobre o bem-estar e as transformou em um impressionante programa de teoria e pesquisa. Ele concentrou-se em estados mentais e emocionais que eram positivos por natureza quando as coisas estavam indo bem. E afirmou corajosamente que "chegou o momento de ressuscitar o personagem" como uma construção psicológica-chave e de entender que os humanos têm muito mais "latitude de decisão" quando se trata de moldar suas vidas do que normalmente acreditam[77].

Com conceitos como o *otimismo aprendido* e a *mentalidade de crescimento* de Carol Dweck, essa abordagem enfatizou o desenvolvimento de estados mentais e abordagens do mundo real para a solução de problemas que podem ser adotadas em escala para construir melhores escolas e sociedades. Seligman e seus colaboradores desenvolveram uma bateria de intervenções para infundir "educação positiva" nas escolas, pedindo aos alunos que identificassem seus "pontos fortes" e que escrevessem no seu diário sobre "o que correu bem" durante o dia de aula[78].

CEOs empresariais, especialistas em autoajuda, organizações transnacionais como a OCDE e até mesmo líderes governamentais como o ex-primeiro-ministro britânico David Cameron viram no trabalho de Seligman uma base prática para fornecer apoio psicológico e intervenções para melhorar significativamente a qualidade de vida geral das pessoas[79].

As ideias de Seligman são expressas em um mnemônico de cinco princípios conhecido como PERMA (do inglês *positive emotions, engagement, relationships, meaning e accomplishment;* ver Figura 2.4). O estado de bem-estar materializado nestes elementos da PERMA se encontra em:

- *Emoções positivas,* tais como alegria ou felicidade;
- *Engajamento,* alcançando o que Mihaly Csikszentmihalyi descreve como sendo um estado de *fluxo,* no qual estamos tão absorvidos por uma atividade que perdemos a noção de todo o resto que se passa ao nosso redor[80];
- *Relacionamentos* de conexão humana e intimidade;
- *Significado,* propósito e um sentimento de realização em fazer parte de algo maior que nós mesmos; e
- *Realização* de objetivos e propósitos que levam a orgulho e satisfação.

Juntos, afirma Seligman, esses elementos criam uma sensação de desenvolvimento humano que representa mais do que felicidade fugaz ou diversão superficial[81]. Eles também são mais positivos e ativos do que simplesmente evitar o mal-estar e o dano ao criar sentidos de segurança ou de prevenção do *bullying.*

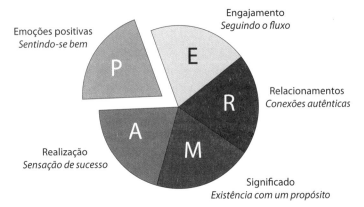

Figura 2.4 Modelo PERMA de Seligman.
Fonte: Adaptada de "Positive Psychology Theory in a Nutshell", de Catarina Lino. https://positive psychology.com/positive-psychology-theory/. PERMA® é uma marca registrada de Martin E. P. Seligman.

Com os resultados das pesquisas demonstrando o impacto das intervenções PERMA em países tão díspares como Butão, México e Peru, a influência do modelo como forma de entender e desenvolver o bem-estar tornou-se considerável[82]. O modelo PERMA está, a esse respeito, descrevendo não apenas um estado de espírito, mas um modo de vida que tem propósitos e é significativo, ético e relacional. Ele valoriza a importância do valor humano e a criação de uma vida melhor na qual as pessoas possam prosperar e florescer.

Nenhum de nossos 10 distritos de Ontário fez uso explícito do modelo PERMA de Seligman, mas muitas de suas práticas foram consistentes com ele. Por exemplo, um dos maiores distritos da província havia mudado de uma linguagem de "alunos marcados", que, por uma razão ou outra, não estavam conseguindo atingir um nível de proficiência, para "alunos admiráveis", que os educadores sentiam que eram admiráveis como seres humanos, mas que, mesmo assim, tinham dificuldade com aspectos de sua aprendizagem. Educadores em equipes multidisciplinares identificaram estudantes admiráveis a quem queriam ajudar a se desenvolver mais, coletaram e analisaram amostras de seu trabalho, e desenvolveram intervenções para responder às suas necessidades.

Qual foi o impacto dessas equipes? Educadores de uma escola escreveram:

> No início, nossa aluna admirável não demonstrou nenhuma confiança, apresentou habilidades de comunicação limitadas e brincava sozinha. Escolhemos dar a ela mais oportunidades de comunicação, tais como pequenos grupos de linguagem oral e oportunidades de jogos dramáticos. O impacto disso foi que ela ficou mais

confiante quando se tornou mais responsável por sua aprendizagem e pertencimento. Sua confiança a levou a brincar com outros alunos, a participar das aulas e a se comunicar de diferentes maneiras. Nossos próximos passos são continuar a organizar pequenos grupos de linguagem oral com vários alunos e incentivá-la a assumir um papel principal no centro de jogos dramáticos a fim de aumentar seu vocabulário.

Todos os princípios do modelo PERMA eram evidentes aqui. A estudante experimentou emoções positivas enquanto aumentava sua confiança. Ela se envolveu mais com sua aprendizagem à medida que suas oportunidades de comunicação foram se expandindo. Esse engajamento a ajudou a construir relacionamentos com outros estudantes. Ela também passou a apreciar como era significativo tornar-se "mais responsável por sua aprendizagem e por seu pertencimento". Ao assumir o "papel principal no centro da atividade dramática", ela aumentaria seu crescente senso de realização ao ser um membro valioso de sua turma.

Em relação aos estudantes mais velhos, o distrito com o Modelo Contínuo de Cuidados mostrado na Figura 2.2 elaborou pesquisas sobre o bem-estar dos estudantes que costumavam ter em vista "planos de ação" que foram publicados em um *flip book* (livro animado) de fácil leitura. Algumas das atividades propostas foram:

- "Estimular os alunos a escrever três coisas positivas que aconteceram naquele dia."
- Pedir aos alunos que "se engajem em auto-observações positivas e limitar a participação em auto-observações negativas".
- "Modelar e ensinar atitudes, linguagem e ações otimistas e positivas."

Os educadores estavam especialmente preocupados com os estudantes que estavam intimidando uns aos outros por meio de dispositivos digitais, de modo que o distrito treinou os professores para "desenvolver uma atitude Positiva forte". Os estudantes deveriam ser introduzidos em uma "cultura de Engajamento" na qual "se sentiriam otimistas, positivos, confiantes e capazes". Os diretores "iriam a todas as salas de aula" no "início do ano" para promover um aplicativo antibullying que o distrito havia desenvolvido. Eles encorajavam os estudantes a usá-lo para desenvolver Relacionamentos saudáveis uns com os outros. Os professores adaptaram as tarefas para dar-lhes um Significado (*Meaning*) real para os alunos, concentrando-se em algo que "o aluno em dificuldades é apaixonado, enfatizando ainda mais a força". Eles ajudaram os alunos a adquirir uma sensação de Realização (*Accomplishment*), de modo que associaram a escola a "sentimentos de sucesso".

TEORIAS DA APRENDIZAGEM SOCIAL E EMOCIONAL E CONTROLE

Nos Estados Unidos, o bem-estar na educação é tipicamente descrito como "aprendizagem social e emocional" (ASE). A ASE é mais conhecida pelo trabalho do Modelo Colaborativo para Aprendizagem Acadêmica, Social e Emocional (CASEL)[83]. O CASEL foi codesenvolvido pelo acadêmico americano, jornalista do *New York Times* e autor de *best-seller* Daniel Goleman. Goleman é famoso por sua teoria de inteligência emocional em indivíduos, relacionamentos, organizações e na educação. Sem dúvida, seu grande sucesso de vendas de 1995, o livro *Inteligência emocional*, e suas sequências, *Trabalhando com a inteligência emocional* e *O poder da inteligência emocional* (título em inglês: *Primal Leadership*), mudaram a forma como as pessoas pensam sobre o papel desempenhado pelas emoções em nossa aprendizagem, nosso bem-estar e em nossas vidas[84]. A ideia revolucionária de Goleman afetou milhares de escolas em todo o mundo.

Segundo Goleman, a inteligência emocional é diferente do tipo de inteligência que pensamos que pode ser facilmente medida por testes de QI de múltipla escolha. A inteligência emocional, diz ele, é uma competência treinável que compreende a capacidade das pessoas de reconhecer e rotular as emoções humanas, incluindo as suas próprias, e, em seguida, gerenciar e controlar suas próprias emoções e as dos outros, tais como raiva ou ansiedade, a fim de melhorar os relacionamentos e a eficácia. A inteligência emocional, afirma Goleman, agrega valor à inteligência cognitiva, melhorando a capacidade das pessoas de aprender, raciocinar, julgar e executar tarefas de forma eficaz.

Goleman identificou cinco domínios diferentes da inteligência emocional:

1. *Autoconsciência:* capacidade das pessoas em reconhecer e compreender seus estados de espírito, emoções e tendências, bem como os seus efeitos sobre os outros.

2. *Autorregulação:* a capacidade de controlar ou redirecionar impulsos e estados de espírito disruptivos e em pensar antes de agir.

3. *Motivação:* paixão por trabalhar ou aprender por razões que vão além do dinheiro ou *status* e perseguir objetivos com energia e persistência.

4. *Empatia:* a capacidade de compreender a composição emocional de outras pessoas em toda sua diversidade e a habilidade de administrar conflitos e as diferenças de maneira adequada.

5. *Habilidade social:* proficiência em executar os quatro domínios anteriores e colocá-los em ação.

O modelo CASEL desenvolveu as áreas originais identificadas por Goleman em cinco competências centrais[85]:

1. Autoconsciência
2. Autogerenciamento
3. Consciência social
4. Habilidades de relacionamento
5. Tomada de decisões responsável

De acordo com o *site* da CASEL, essas cinco competências essenciais constituem a essência da ASE (ver Figura 2.5). Essa aprendizagem é definida como "o processo pelo qual todos os jovens e adultos adquirem e aplicam conhecimentos, habilidades e atitudes para desenvolver identidades saudáveis, administrar emoções e alcançar objetivos pessoais e coletivos, sentir e mostrar empatia pelos outros, estabelecer e manter relações de apoio e tomar decisões responsáveis e solidárias"[86]. Pesquisas sobre o impacto dos programas ASE apontam para efeitos positivos no desempenho e engajamento dos estudantes, na saúde mental e no tipo de ética de

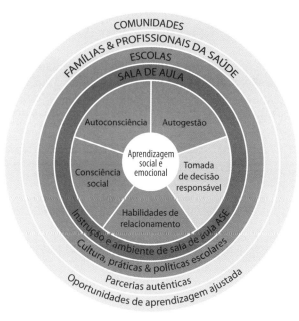

Figura 2.5 O modelo CASEL.
Fonte: Copyright © 2020 by CASEL. Todos os direitos reservados.

trabalho que leva a um maior sucesso na obtenção de empregos significativos e a uma vida mais saudável após a escola[87].

A partir do trabalho da CASEL e de outras organizações, as iniciativas ASE têm se espalhado amplamente por toda a América do Norte. Até 2013, todos os estados norte-americanos haviam identificado competências pré-escolares para a ASE. Um número crescente de estados também havia desenvolvido competências adequadas à faixa etária para o ensino básico[88]. Inúmeros cursos de desenvolvimento profissional foram feitos por professores ansiosos por promover a ASE.

O espírito e a essência de muitas dessas iniciativas foram divulgados no filme infantil de animação da Disney de 2015 *Divertida Mente*[89]. Com o aconselhamento do psicólogo Dacher Keltner, da Universidade da Califórnia, Berkeley, autor de *Born to be good: the science of a meaningful life* (*Nascido para ser bom: a ciência de uma vida significativa*), o filme gira em torno de uma criança de 11 anos e do seu turbilhão interior e da resolução que ela experimenta quando enfrenta uma crise familiar e descobre suas emoções lutando entre si pela supremacia na sala de controle do seu cérebro[90]. Cinco das seis emoções básicas que Charles Darwin afirmou serem culturalmente universais – alegria, tristeza, raiva, medo e repugnância (Darwin também incluiu surpresa) – assumem personalidades individuais no filme[91]. Essas personagens também encontram diferentes zonas durante sua jornada conjunta, as quais são coloridas de acordo com sua natureza emocional, como, por exemplo, vermelho para raiva e azul para tristeza.

Este "Mágico de Oz" das emoções tem fornecido às crianças, às famílias e às escolas pontos de referência evidentes. Crianças tão jovens, como as com 5 anos, podem agora classificar e depois discutir suas próprias emoções e as de outros como base para a autorregulação emocional. Em Ontário, encontramos pelo menos nove programas diferentes que tratam do bem-estar a partir da regulação emocional. Vários fizeram referência explícita e basearam o conteúdo do currículo e dos planos de aula na associação de emoções com cores. Os professores fazem referências a isso repetidamente ao longo do dia escolar com seus alunos.

Um dos programas mais utilizados em Ontário é chamado de Zonas de Controle. Ele fornece aos alunos "um modelo para fomentar a autorregulação e o controle emocional"[92]. As zonas foram criadas quando os pesquisadores descobriram que os estudantes estavam sendo punidos por mau comportamento, em grande parte porque os professores não tinham compreendido os eventos causadores. Às vezes esses eventos podiam ser algo tão fácil de alterar quanto baixar o nível de estímulo externo no caso de alunos com transtorno do espectro autista. Um distrito descreveu isso como um "projeto de alfabetização emocional precoce ensinando as crianças a identificar suas emoções e a obter mais vocabulário do que feliz, louco e triste".

Nesse programa, os estudantes são ensinados a identificar suas emoções em relação a quatro categorias ou cores:

1. A *Zona Vermelha* descreve estados extremamente elevados de alerta e emoções intensas. Uma pessoa nessa zona pode estar eufórica ou vivenciando ódio, raiva, comportamento explosivo, devastação ou terror. Os alunos nessa zona não acreditam ser possível avançar na sua aprendizagem acadêmica.

2. A *Zona Amarela* também descreve um estado elevado de alerta e emoções intensas, mas as pessoas nessa zona têm algum controle sobre as suas ações. Uma pessoa na Zona Amarela pode experimentar estresse, frustração, ansiedade, excitação, tolice, agitação ou nervosismo.

3. A *Zona Verde* descreve um estado de alerta calmo. Uma pessoa nesse estado pode estar feliz, concentrada, contente ou pronta para aprender. Essa é a zona que os professores buscam, na qual ocorre a aprendizagem ideal.

4. A *Zona Azul* descreve baixos estados de alerta, tais como tristeza, cansaço ou tédio. Os estudantes nessa zona precisam de professores que os estimulem à vida com currículos motivadores que afastem suas mentes de seus problemas e os levem novamente a expandir sua imaginação.

Os professores e administradores têm se entusiasmado com as Zonas de Controle. Os alunos de uma professora do primeiro ciclo do ensino fundamental tinham uma pequena tira em suas mesas com as quatro cores que eles podiam usar para fazer o *check-in* com ela. A professora explicou:

> Apenas pergunto a todos: "Em que zona vocês estão? Se eles não estão na zona verde, que seria relacionada a estar pronto para aprender, ou pronto para prosseguir, temos que descobrir o que podemos fazer. Eu tenho um par de crianças que diriam: "Estou no amarelo. Podemos fazer uma pausa para o corpo"? Essa é uma das estratégias para tirar você do amarelo e entrar no verde. Apenas se mexer, se exercitar.

Uma professora de outro distrito explicou como as Zonas de Controle estavam "ensinando as crianças pequenas já aos 3 anos de idade 'Você está na Zona Vermelha? Se você está na Zona Vermelha, isto é o que você pode fazer'". Ela disse: "Os professores também estão realmente adorando. É um sucesso em todo o distrito". Outra professora descreveu como "também estamos trabalhando na identificação dos sentimentos, porque se eles não sabem o que estão sentindo, não sabem como podem ajudar a si mesmos". Aqui, acredita a professora, uma melhor inteligência emocional melhora a autodeterminação dos alunos, dando-lhes maneiras de descrever o que estão sentindo durante todo o dia escolar.

As quatro zonas proporcionam uma maneira fácil de discutir temas emocionais que surgem como algo natural na sala de aula da primeira infância. "Acho que dar a todos uma linguagem consistente está ajudando, porque trabalhando com os alunos, eles são capazes de identificar as zonas muito mais facilmente do que identificar o tipo de emoção", disse um professor. O programa também dá aos professores um modelo para pensar sobre o bem-estar emocional da criança, como isso afeta a aprendizagem e como eles podem mudar seu próprio ensino de acordo com isso. Um professor disse:

> Logo após o Natal, eu tinha dado uma aula e senti que ela não tinha sido boa, e depois que retornei à sala de aula percebi que o motivo era porque a maioria das crianças estava na Zona Amarela. Quando voltei no dia seguinte e disse: "Quem pode me dizer o que fizemos ontem?", nenhuma delas se lembrava. Acho que quando estou ensinando, estou mais consciente do que está acontecendo com os alunos e, se estou vendo que eles não estão na Zona Verde, talvez toda a turma precise de uma pausa para o corpo.

De acordo com um diretor, os educadores estavam "observando alguns ganhos" com essa abordagem. O número de suspensões tinha caído desde a implementação das Zonas de Controle. "As crianças são capazes de assumir a responsabilidade pelo comportamento um pouco mais facilmente do que costumavam fazer", disse o diretor. "Elas são capazes de expressar o que deu errado".

Veremos outras formas de abordar a autorregulação emocional mais adiante neste livro. O ponto a destacar agora é que ele se tornou um componente central dos programas ASE que estão se espalhando rapidamente nas escolas hoje em dia. Essa expansão, por sua vez, surge do sucesso da ideia de Goleman de que a inteligência emocional é real e mensurável. A premissa não é apenas que a inteligência emocional pode ser ensinada e aprendida de maneira deliberada, mas também que as escolas têm a responsabilidade social de desenvolvê-la em seus alunos.

AS MENTALIDADES DE CAROL DWECK

Carol Dweck é professora de psicologia da Universidade de Stanford. Seu livro *Mindset: a nova psicologia do sucesso* a ajudou a conquistar as primeiras posições entre as TED Talks e um Prêmio de Contribuição Científica de Destaque da Associação Psicológica Americana[93]. Dweck foi também a primeira vencedora do Prêmio Yidan de US$ 4 milhões por "contribuição significativa para a ciência da educação"[94].

Como a hierarquia de necessidades de Maslow e a psicologia positiva de Seligman, a pesquisa de Dweck tem contribuído para o âmago da profissão docente. Hoje em dia, pessoas de várias áreas, da política ao esporte, usam sem esforço termos como "mentalidade de crescimento" e "mentalidades fixas". Em um nível superficial, essas categorias ressoam com as distinções diárias que todos nós fazemos entre pessoas capazes e pessoas que parecem incapazes ou relutantes em mudar ou melhorar. É evidente que há mais nestas duas mentalidades do que se vê.

Para Dweck, a geração de uma "mentalidade de crescimento" está baseada "na crença de que suas qualidades básicas são coisas que você pode cultivar por meio de seus esforços"[95]. Quando falham nas tarefas, pessoas com essa crença encaram suas dificuldades como oportunidades de crescimento. "A paixão por se desenvolver e se agarrar a isso, mesmo (ou especialmente) quando não se está indo bem, é a marca da mentalidade de crescimento", escreve Dweck[96].

Aqueles com "mentalidade fixa", por sua vez, pensam na inteligência como um atributo estático. Essa suposição é devastadora para os estudantes que têm dificuldades na escola, porque, uma vez que tenham caído em um padrão de notas baixas, se tornam preocupados com "pensamentos de distração" e "preocupações secretas" acerca de sua inteligência[97]. Mesmo aqueles que têm notas boas na escola são infelizes se tiverem uma mentalidade fixa. Quando suas escolas lhes dizem que são inteligentes, eles adoram a aprovação, é claro. Porém, quando são confrontados com provas de que ainda têm muito a aprender, sofrem porque foram socializados para acreditar que "as imperfeições são vergonhosas"[98]. Como a letra da música de sucesso de Céline Dion "*Imperfections*" diz, alunos como esses sentem que têm seu "próprio conjunto de cicatrizes a esconder"[99].

O enigma das pesquisas sobre mentalidade é que mais elogios não tiram as pessoas da mentalidade fixa do fracasso ou da preocupação que as acompanha. De fato, Dweck adverte contra "o perigo de elogios e rótulos positivos". "Dizer às crianças que elas são inteligentes, no final, fez com que se sentissem menos espertas e agissem como se fossem menos inteligentes, mas reivindicando ser mais espertas", mostrou sua pesquisa[100].

O que tudo isso significa? A escolha entre avaliações positivas ou negativas não é a questão central. O que importa é se os estudantes pensam em si mesmos como pessoas que podem ficar mais espertas a partir da perseverança e da curiosidade ou se pensam que sua inteligência é fixa e não se pode fazer muito a respeito disso. Dweck pergunta: *O que poderia pôr fim à mentalidade fixa*? Para melhorar a escolaridade, diz ela, precisamos começar por reconhecer "como a mudança de crenças das pessoas – mesmo as crenças mais simples – pode ter efeitos profundos" na aprendizagem dos alunos[101].

O poder da mentalidade de crescimento é exemplificado no trabalho da legendária professora afro-americana Marva Collins, que acolheu estudantes de áreas periféricas da cidade em sua sala de aula de Chicago e os fez ler em níveis tão elevados e com tanta alegria evidente que ela se tornou uma celebridade nacional.

Dweck cita Collins como tendo dito: "Sempre me fascinou a aprendizagem, o *processo* de descobrir algo novo". Quando um repórter perguntou a um garoto da classe de Collins o que a tornava especial no ensino, ele respondeu: "Aqui fazemos coisas difíceis. Elas preenchem seu cérebro"[102].

Então, quem é responsável pelas crianças terem uma mentalidade fixa? Dweck nunca fala abertamente e culpa os professores. Ainda assim, para ela, o papel do professor é absolutamente fundamental. Se um aluno diz "Eu não posso fazer isto", os professores devem ajustar sua declaração para "Eu não posso fazer isto ainda". Se os alunos não gostam de álgebra ou dizem "eu odeio matemática", os professores deveriam encorajá-los a considerar a alternativa "estou aprendendo ao trabalhar melhor em desafios difíceis" ou deveriam treiná-los para mudar suas crenças, afirmando que "você sempre pode mudar substancialmente a sua inteligência"[103].

Os pesquisadores tentaram replicar os estudos de Dweck, mas não conseguiram obter os mesmos resultados decisivos[104]. Como veremos no Capítulo 3, o argumento de que os professores podem transformar o desempenho dos estudantes ao alterar suas próprias crenças e as de seus alunos sobre a aprendizagem está aberto ao exagero e ao mau uso, como também pode ocorrer com a psicologia positiva como um todo.

Embora as crenças e mentalidades desempenhem um papel na aprendizagem e nas conquistas, as estruturas sociais de pobreza e o apoio insuficiente aos serviços públicos e às redes de segurança não podem ser ignorados. De fato, reduzir a importância dos fatores sociais e políticos que criam barreiras para as tendências de aumento de confiança e habilidade dos estudantes pode levar alguns administradores a usar as mentalidades de crescimento para estimular seus professores a acreditar que são os únicos responsáveis pelas falhas dos estudantes em situação de pobreza. Em 2015, Dweck reconheceu que esse tipo de má interpretação é "o que me mantém acordada à noite"[105].

Quase metade dos projetos em nossos 10 distritos prioriza o desenvolvimento de mentalidades de crescimento entre os estudantes e seus professores. "Muito do diálogo atualmente é sobre a mentalidade de crescimento e como ela é importante", disse um professor. A mentalidade de crescimento estava ligada à melhoria do desempenho em matemática, à autorregulação dos alunos e à resiliência. Um consultor em educação especial falou sobre "desenvolver atividades relacionadas à mentalidade em cada sessão de treinamento" com os professores. Assim, os professores disseram que estavam aprendendo a transferir seu *feedback* aos alunos para que eles pudessem apreciar mais "como os erros são oportunidades de aprendizagem".

Outra professora levou a ideia de mentalidade ainda mais longe, incluindo o engajamento com os pais. Ela mostrou aos seus alunos vídeos sobre mentalidades de crescimento para encorajá-los a não desistir tão rapidamente dos problemas difíceis. "As crianças estão indo para casa e há alguns vídeos no YouTube [sobre o tema] que elas estão mostrando para os pais", disse um deles. Ao promover a crença de que todos podem ser bem-sucedidos, os educadores trataram o bem-estar e o sucesso acadêmico como o resultado de esforços duramente conquistados.

Entretanto, apesar dessas iniciativas positivas, também é importante prestar atenção ao aviso de Dweck de que muitos educadores "afirmam ter uma mentalidade de crescimento" simplesmente porque "essa tinha se tornado a coisa certa a se ter, a forma correta de pensar", mesmo que eles "continuassem a reagir aos erros de suas crianças como se fossem problemáticos ou prejudiciais"[106]. A questão principal do conceito de mentalidade de crescimento é mudar a prática atual e não apenas as crenças professadas pelas pessoas.

MINDFULNESS

Em 2018, um fenômeno extraordinário ocorreu nas vendas de *best-sellers* de não ficção. Os principais livros não eram guias de negócios, biografias de celebridades ou mesmo textos de autoajuda. Eram livros de colorir para adultos. Com títulos calmantes, como *Moments of mindfulness: antistress coloring and activities for busy people* (*Momentos de* mindfulness: *atividades de coloração antiestresse e atividades para pessoas ocupadas*), esses *best-sellers* que fugiam do normal se aproximavam de um público leitor que estava sobrecarregado com trabalho, exigências digitais e consumismo[107]. Eles eram destinados a pessoas que só queriam sentar-se em silêncio, colorir, ser deixadas em paz e viver o momento presente. Como um antídoto para nosso mundo louco e ocupado, as massas tinham descoberto e abraçado o *mindfulness*.

Uma olhada no N-gram Viewer do Google mostra que a palavra "*mindfulness*" surgiu por volta dos anos 1950 e 1960, começando a ter uma adoção mais ampla nos anos 1990, decolando depois no início dos anos 2000[108]. Por quê? Principalmente, porque parece ter havido uma convergência de dois desenvolvimentos: a aceitação da ideia de *mindfulness* na cultura popular e o surgimento de novas descobertas na neurociência.

Por um lado, desde que os Beatles trouxeram a meditação para o grande público nos anos 1960, por meio da orientação do Maharishi Mahesh Yogi, a exploração de estados mentais alternativos captou a atenção da cultura popular. Em *Esteja aqui agora* (*Be here now*), o ex-professor de psicologia de Harvard Richard Alpert (mais tarde conhecido como Ram Dass, que significa "servo de Deus"[109]) descreveu como ele e seu colega Timothy Leary (famoso por estimular 30 mil hippies em um "Be-In humano" no Golden Gate Park de São Francisco em 1967 a "ligar, sintonizar, desligar") tinham compartilhado LSD com seus alunos da Universidade de Harvard[110]. Isso foi antes de Alpert se dedicar à meditação. Mesmo que ele tenha rejeitado enfaticamente o uso de alucinógenos após seu compromisso com a meditação, a associação da meditação com drogas significava que ela às vezes era considerada como uma indulgência escapista. Esse velho estereótipo da meditação e *mindfulness* persiste até hoje entre alguns pais e pessoas que querem que as escolas abandonem o bem-estar e voltem ao básico.

Uma segunda abordagem da meditação tomou um caminho mais minimalista e ascético. Ela é personificada nos ensinamentos do mestre zen vietnamita Thich Nhat Hanh. O nonagenário Thich Nhat Hanh é um ativista antiguerra, tendo sido indicado por Martin Luther King Jr. para o Prêmio Nobel da Paz. Ele abraça uma forma de "budismo engajado" na busca da paz interior que coloca a ética social em primeiro plano[111].

Os seguidores de Thich Nhat Hanh são convidados a se concentrar em detalhes mínimos enquanto acompanham suas inspirações e expirações. "A mente é como um macaco balançando de galho em galho por uma floresta", diz Thich Nhat Hanh, mas pode ser levada à paz pela prática disciplinada[112]. Com a ajuda de retiros prolongados e de gravações de meditação guiada, milhões têm buscado um maior senso de equilíbrio, dedicando-se à meditação diária. A meditação consciente de Thich Nhat Hanh não se destina apenas a beneficiar o indivíduo. Ela também deve assegurar que, a partir de uma mente aberta, ao "não se apegar aos pontos de vista", os praticantes "respeitarão o direito dos outros de serem diferentes e escolherem no que acreditar e como decidir".[113] A meditação consciente, desse modo, é uma forma de fundir a paz interior do eu com a paz exterior no mundo.

Na época da morte de Abraham Maslow em 1970, a pesquisa sobre o que ele descreveu como "os alcances mais distantes da natureza humana" estava ainda em sua fase inicial[114]. Desde então, entretanto, os neurocientistas têm conduzido milhares de experimentos sobre a capacidade das pessoas de influenciar e de continuar seus modos de pensar e sentir. Por exemplo, o vizinho de Dennis, professor Jon Kabat-Zinn, conduziu uma pesquisa no Centro Médico Memorial da Universidade de Massachusetts, em Worcester, sobre o que ele chama de "redução do estresse baseada em *mindfulness*" (MBSR, do inglês *mindfulness based stress reduction*)[115]. Ao ensinar uma forma simplificada de meditação em um programa de oito semanas, Kabat-Zinn e seus colegas mostraram que, quando os pacientes aumentavam sua capacidade de administrar seu próprio estresse e ansiedade, eles se beneficiavam não apenas em termos de desenvolvimento psicológico positivo, mas também de mais saúde física. Em um estudo, por exemplo, pacientes com psoríase que realizavam meditação se curaram quatro vezes mais do que um grupo de controle sem meditação[116].

Até 2005, mais de 16 mil pessoas – incluindo Dennis – foram atendidas nas clínicas da Kabat-Zinn e em seus retiros. Uma clínica MBSR gratuita foi criada na cidade de Worcester, e mais de 100 artigos científicos foram publicados sobre essa versão secularizada de *mindfulness*. Simultaneamente, outros neurocientistas começaram a usar exames de tomografia computadorizada, ressonância magnética e PET *scans* para verificar exatamente o que estava acontecendo no cérebro de meditadores experientes. Estudos de Richard Davidson e Antoine Lutz na Universidade de Wisconsin descobriram que a meditação não só estimulou o crescimento de novos neurônios em áreas locais distintas do cérebro, mas também melhorou a forma como os caminhos neurais foram fortalecidos por meio deles, ajudando, assim, as pessoas a responder às adversidades de forma mais rápida e adaptável[117].

Paralelamente ao surgimento dessa pesquisa, os educadores e o público em geral também desenvolveram um interesse pela ideia de *mindfulness*. Dennis estava entre eles. Em 2005, com uma professora líder, Elizabeth MacDonald, ele criou um seminário para um grupo de professores da Escola Pública de Boston. Um dos resultados foi seu livro *The mindful teacher* (*O professor consciente*)[118]. Outros escritores seguiram esse caminho com títulos como *Mindful learning* (*Aprendizagem consciente*), *Mindfulness for teachers* (Mindfulness *para professores*) e *The way of mindful education* (*O caminho da educação consciente*)[119]. Uma indústria florescente de *websites*, aplicativos de mídias sociais e organizações sem fins lucrativos preocupadas com a importância da perspectiva *mindfulness* também surgiu antes e durante a pandemia de covid-19. Apenas a iniciativa www.mindfulschools.org "já treinou mais de 50.000 educadores, pais e profissionais de saúde mental de todo o planeta, chegando a cerca de 3 milhões de crianças mundialmente"[120].

O que dizem as pesquisas sobre o impacto das intervenções de *mindfulness* nas escolas? Um estudo clínico controlado randomizado sobre um "currículo baseado na ideia de *mindfulness*" em uma amostra de 68 crianças em idade pré-escolar descobriu que "o grupo de intervenção apresentou maiores avanços na competência social e obteve notas mais altas nos domínios da aprendizagem, saúde e desenvolvimento socioemocional, enquanto o grupo-controle exibiu um comportamento mais egoísta ao longo do tempo"[121]. Outro estudo clínico controlado randomizado, desta vez de alunos dos primeiros anos do ensino fundamental, descobriu que "as crianças do grupo de Práticas de Consciência Mental que eram menos controladas mostraram maior melhora na função executiva em comparação com o grupo-controle"[122]. No nível secundário, um estudo clínico controlado randomizado utilizando 198 alunos de baixa situação socioeconômica comparou aqueles que foram treinados na meditação *mindfulness* com um grupo-controle. "Os resultados revelaram um aumento significativo na capacidade de memória de trabalho dos participantes do grupo de meditação." A equipe de pesquisa concluiu "que certas práticas de *mindfulness* podem estar especificamente associadas a aspectos do funcionamento cognitivo e da saúde física"[123].

Em alguns lugares, as iniciativas de *mindfulness* estão se expandindo para todo o sistema. Por exemplo, 370 escolas na Inglaterra começaram a ensinar meditação *mindfulness* para gerar "novas e sólidas evidências sobre o que funciona melhor para a saúde mental e o bem-estar de seus alunos", de acordo com um *site* do governo[124].

De volta às nossas escolas de Ontário, observamos muitas maneiras pelas quais os professores estavam explorando a ideia de *mindfulness* e atenção plena com seus alunos. "Há respiração, a varredura corporal e técnicas de aprendizagem e reconhecimento da excitação", disse um professor. Em sua escola, os professores ensinavam

> aos alunos sobre a atenção plena do corpo com sua mente. Com o quê isso se parecia? Como isso soava? Suas orelhas, seus olhos, apenas seu corpo inteiro. Temos muitos novos professores que são muito interessados. Eles a introduziram em suas salas de aula com crianças com altas necessidades. É muito interessante ver que as crianças que em um minuto estão "aqui em cima" e que adotam essa prática de *mindfulness* retornam para esse nível mais baixo. Podemos então voltar a ensiná-las.

As escolas de todos os distritos também estavam experimentando "espaços de relaxamento", onde os alunos podiam se recolher para um pouco de tempo de descanso antes de voltar para uma aula. Os educadores tinham começado a ensinar aos alunos o básico da meditação para que eles pudessem aprender a acalmar seus corpos e suas mentes a fim de se prepararem para a aprendizagem. Alguns professores introduziram exercícios simples de ioga para que os alunos tivessem os benefícios do aumento do fluxo sanguíneo para melhorar os níveis ideais de cognição.

As intervenções de *midnfulness* foram especialmente populares nas salas de aula da primeira infância. Alguns professores convidaram os alunos a realizar atividades simples, tais como acompanhar seu fôlego quando estavam estressados ou ansiosos. Outros usaram brincadeiras imaginativas para demonstrar diferentes maneiras pelas quais os alunos poderiam administrar o conflito. A atenção não era uma experiência isolada, mas estava ligada à aprendizagem. Como a Figura 2.6 indica, uma sala de aula do jardim de infância não só encorajava as crianças a "respirar fundo 10 vezes", mas também a "ler um livro" ou a "desenhar e escrever" se elas se sentissem cansadas, bravas ou hiperativas.

As práticas de *mindfulness* por si só não resolvem problemas de grande escala, mas de fato promovem e apoiam as competências sociais das crianças e a aprendizagem acadêmica. Além disso, o trabalho de Dennis sobre *mindful teaching* em Boston permitiu que os professores se abrissem, apoiassem uns aos outros e fossem altamente críticos sobre temas controversos, como violência na vizinhança e controle administrativo de cima para baixo que estavam afetando o seu bem-estar e o de seus alunos[125]. As abordagens sociais do bem-estar não precisam competir com as psicológicas, mas podem complementá-las de maneiras potentes. O uso reflexivo de práticas de *mindfulness* é apenas um exemplo de como esse tipo de sinergia pode ocorrer.

Figura 2.6 Área de relaxamento em uma sala de jardim de infância.
Fonte: Cortesia de Dennis Shirley.

A CRIANÇA INTEGRAL

Nos últimos anos, à medida que a influência da responsabilização de cima para baixo e dos testes padronizados começou a ser questionada, uma ampla filosofia educacional e um conjunto de práticas difusas começaram a surgir como alternativa. Definida como *educação infantil integral* ou *aprendizagem infantil integral*, essa abordagem se baseia em uma série de tradições históricas e teóricas.

As culturas indígenas do mundo, por exemplo, têm abordado a educação de forma holística durante eras, integrando as dimensões espiritual, física, mental e social do crescimento[126]. Entretanto, a ascensão dos sistemas educacionais modernos tem muitas vezes posto de lado ou suprimido essas considerações eternizadas, especialmente em épocas impulsionadas pela padronização, pela competição e pela testagem. De tempos em tempos, entretanto, interpretações humanísticas sobre o propósito da educação recapturam, redefinem e reafirmam os entendimentos mais antigos sobre o desenvolvimento humano. Um desses movimentos ocorreu há mais de um século em uma geração emergente de educadores em todo o mundo, como demonstrado pelos seguintes exemplos:

- Na Universidade de Chicago, a Escola Laboratório de John Dewey ofereceu às crianças oportunidades para explorar artes, culinária, tricô e dança, em uma filosofia que encarava tarefas práticas e o trabalho intelectual não como "dualismos", mas como coisas que se enriqueciam mutuamente[127].

- Em 1901, o poeta bengali Rabindranath Tagore, que veio a vencer o Prêmio Nobel de Literatura em 1913, fundou um retiro experimental para contrabalançar a influência dos modelos colonialistas de educação que excluíram o desenvolvimento espiritual de outras dimensões da aprendizagem[128].

- Em Roma, em 1907, Maria Montessori fundou a *Casa dei Bambini,* ou "Lares de Crianças", com mobília ergonômica e tarefas ajustadas para as jovens mentes ativas ávidas por explorar seu ambiente natural[129]. O legado de Montessori permanece nas escolas que levam o seu nome e que abordam a integralidade do desenvolvimento infantil em todo o mundo.

- Na Inglaterra, em 1892, uma instituição de formação de professoras conhecida como Froebel College (agora Universidade de Roehampton) foi criada para promover as ideias e práticas do teórico alemão da educação Friedrich Wilhelm August Froebel. Froebel era um amante da natureza, havia anteriormente inventado o conceito de *jardim de infância* e criado centros de brincadeiras e atividades para promover a ideia de que a educação deveria se basear nas necessidades e capacidades únicas das crianças[130].

Essas inovações foram promovidas e disseminadas pela New Education Fellowship (NEF; Sociedade da Nova Educação), uma associação profissional independente criada em 1921 na Inglaterra e que continua atuando até hoje sob o nome de World Education Fellowship (Sociedade de Educação Mundial)[131]. A NEF publicou a revista *New Era* e realizou conferências para educadores de todo o mundo[132]. Esses reformadores queriam aprender com os outros para que pudessem levar suas práticas de volta às escolas de seus próprios países.

Entretanto, em geral os períodos da Grande Depressão, da Segunda Guerra Mundial e as décadas que se seguiram não foram propícios para esse tipo de iniciativas voltadas para a formação integral da criança. Nos primeiros anos após a devastação da guerra, a maioria dos países envolvidos experimentaram vários graus de austeridade e enfatizaram um retorno à normalidade. Na era McCarthy, nos anos 1950 nos Estados Unidos, por exemplo, a experimentação nas escolas caiu em desgraça. Tentativas de inovação em matemática e ciências seguiram-se ao lançamento do satélite Sputnik pela União Soviética em 1957, mas os esforços de implantação em grande parte falharam[133]. Nos anos 1960 e 1970, houve algumas iniciativas de baixo para cima nos Estados Unidos – como uma escola laboratorial universitária em um local, ou uma alternativa "escola dentro da escola" em algum outro lugar – mas esses esforços foram dispersos, e, mesmo nesses casos, a promessa inovadora foi muitas vezes acompanhada de uma má implantação na prática[134].

As circunstâncias no Reino Unido eram mais propícias a filosofias consistentes com as abordagens infantis integrais. Desde o final dos anos 1950 até os anos 1970, educadores de todo o mundo, incluindo os Estados Unidos, correram para ver o que estava acontecendo nas escolas primárias inglesas. A melhor professora de Andy na escola primária, Mary Hindle – que o inspirou a se tornar um educador –, chamou a atenção sobre como as coisas aconteciam na classe de Andy em 1961 e de outros como ele, "As crianças estudaram coisas como as formas de vida de um lago local", onde "cada grupo... planejou o trabalho sob a orientação de um líder". As crianças também trabalhavam em quatro jornais de classe a cada semana, cada um com seu próprio editor. Elas eram "completamente livres para se desenvolverem de acordo com a vontade do grupo", escreveu ela décadas mais tarde. "Sua leitura era fascinante, com desenhos e cartas para o editor – e às vezes para mim"[135]. Andy até escreveu a seção de viagens para um dos jornais! Um relatório do inspetor do governo sobre a escola de Andy, na época, referia-se à sua "atmosfera estimulante". O trabalho escrito estava intimamente ligado ao "ambiente e interesses das crianças". "Um início bem-sucedido foi feito com um movimento expressivo voltado para a música", acrescentaram os inspetores[136].

Nacionalmente, um relatório da comissão parlamentar britânica de 1967 intitulado *Children and their primary schools* (*Crianças e suas escolas primárias*), conhecido como *Relatório Plowden*, reuniu experiências díspares como essas em muitas escolas e distritos escolares do Reino Unido em um contexto filosófico. O relatório se referia memoravelmente a como o currículo nas melhores escolas primárias "coloca especial ênfase na descoberta individual, na experiência em primeira mão e nas oportunidades de trabalho criativo"[137]. Exortando os futuros formuladores de políticas no sentido de que as escolas desenvolvam competências globais e preparem as crianças para empregos que ainda não existem, os autores do relatório advertiram que "a melhor preparação para ser um homem ou mulher feliz e útil é viver plenamente como uma criança"[138].

A partir dos anos 1970, no Reino Unido e em outros lugares, a crise mundial do petróleo, a recessão global e o desemprego crescente levaram o governo a enfatizar a educação para o trabalho, em habilidades básicas, monitorada por uma responsabilização de cima para baixo. Porém, a educação infantil integral nunca desapareceu na Inglaterra. Ela apenas passou para o subsolo.

No início dos anos 1980, os filhos pequenos de Andy frequentaram uma escola primária em Oxfordshire. Com uma reputação de décadas, a escola recebeu muitos visitantes internacionais que vieram conhecer um excelente ensino em artes visuais, escrita expressiva e imaginativa e trabalho em pequenos grupos. O filho de 6 anos de Andy, por exemplo, trabalhava em um grupo de quatro crianças que puxavam o único computador da escola em seu carrinho da outra extremidade do prédio para compor histórias de forma colaborativa. Seu professor imprimiu seus rascunhos e depois deu um *feedback* do trabalho, guiado por perguntas como "Há quanto tempo?" ou "Como eles se pareciam?". As crianças desenvolveram outros rascunhos a partir de conversas e escrita conjunta, até que as versões finais estivessem completas. Sob a liderança de um diretor de educação iconoclasta, Sir Tim Brighouse, essas práticas eram comuns em todo o condado[139].

Atualmente, a educação infantil integral está reemergindo de modo mais amplo em todo o sistema na forma de escolas dentro de uma rede de Educação Integral (WE, do inglês Whole Education). A rede foi iniciada em 2010 por educadores ingleses "que estão unidos em sua crença de que todas as crianças e jovens merecem uma educação totalmente abrangente"[140]. A rede envolve profissionais que procuram ser "guiados por valores" e não por dados, por colegas experientes que "não lhe dizem o que fazer ou que o fazem por você"[141]. Visitas escolares recíprocas por equipes de colegas professores e lideranças escolares de outras partes da Inglaterra fornecem uma base para a aprendizagem mútua e o desenvolvimento dos funcionários. A rede proporciona "inspiração e desafio para ajudá-lo a descobrir o que funciona melhor em seu contexto"[142].

A rede de Educação Integral mais do que provou seu valor durante a pandemia de covid-19. Na Escola Primária Braunstone Frith, na cidade de Leicester, a professora principal Amelia Smith e seus colegas queriam que as crianças soubessem que "nós ainda as amamos e cuidamos delas". Acreditando que era "importante para o pessoal continuar trabalhando" durante esse período crítico, os professores visitaram as famílias em suas casas (enquanto usavam máscaras e preservavam o distanciamento físico) para ter certeza de que todos estavam bem[143]. Eles forneceram às famílias pacotes de alimentos que o pessoal tinha organizado para eles. Quando as condições da casa eram muito difíceis para as crianças e seus responsáveis gerenciarem, os professores traziam essas crianças vulneráveis para a escola.

Os professores da Braunstone Frith adaptaram-se rapidamente à aprendizagem *on-line*. Eles instruíram os pais sobre formas eficazes de ensinar seus filhos em casa e ensinaram os pais a usar critérios de desempenho para que soubessem quando as crianças tinham completado as tarefas com precisão. Algumas vezes emprestaram seus próprios dispositivos digitais que usavam na escola para crianças que não possuíam o equipamento necessário em casa. Quando a casa não tinha *wi-fi* adequado, os professores ou levavam as crianças à escola ou adaptavam as tarefas para uso em pacotes de aprendizagem impressos que eles deixavam na casa das crianças.

Antes e durante a pandemia, a abordagem da Educação Integral na Inglaterra melhorou a aprendizagem e o bem-estar, indo além das limitações de um currículo acadêmico estreito. Ela ofereceu estratégia e filosofia coerentes que se baseiam em sua rede para apoiá-la, encorajá-la e protegê-la dentro de um contexto mais amplo que é impulsionado pela concorrência do mercado, pela responsabilização de cima para baixo e pelos resultados dos exames.

Do outro lado do Atlântico, especialmente em função do início das políticas de responsabilização, tais como Nenhuma Criança Deixada para Trás (*No Child Left Behind*) e Corrida para o Topo (*Race to the Top*), as abordagens consistentes com filosofias da criança integral têm sido escassas e esporádicas[144]. Por essa razão, em 2007, a ASCD lançou a Iniciativa Criança Integral (Whole Child Iniciative) para "mudar o discurso em educação de um foco sobre realizações acadêmicas estritamente definidas para um foco que promova o desenvolvimento e o sucesso de todas as crianças em longo prazo"[145]. Ela defendeu uma filosofia humanista de aprendizagem e desenvolvimento que trata da importância da criança integral *agora* e não apenas daquelas partes da criança que poderiam ser economicamente úteis no futuro ou que cumpririam com as exigências de responsabilização no presente.

A ASCD publicou o boletim de notícias *Criança Integral* e organizou um *podcast* e um *blog* de mesmo nome. Ela organizou cinco simpósios Criança Integral, um em parceria conosco e nossos colegas no Boston College em 2017. Os Cinco Princípios da Criança Integral (ver Figura 2.7), baseados na hierarquia de necessidades de Maslow, foram a base do modelo da ASCD:[146]

1. "Cada criança entra na escolar saudável" e é ensinada a desenvolver "um estilo de vida saudável".
2. "Cada criança aprende em um ambiente que é física e emocionalmente seguro."
3. Todos os estudantes são "ativamente engajados em aprender e conectados à escola e à comunidade mais ampla".

Figura 2.7 Os Cinco Princípios da Criança Integral da ASCD.

4. Todos os alunos "são apoiados por adultos qualificados e atenciosos" com qualificações profissionais adequadas.

5. "Cada estudante é desafiado academicamente" e é preparado para o "sucesso na faculdade ou em estudos futuros e para o emprego", bem como para a "participação em um ambiente global" depois de ter concluído o ensino médio.

Na primeira década da Iniciativa Criança Integral, a ASCD desenvolveu 75 parcerias com estados, distritos e organizações sem fins lucrativos para empreender mudanças sistêmicas "em direção a uma abordagem mais abrangente da educação"[147]. Ela defendeu uma transformação em larga escala das políticas federais que eventualmente ajudaram a garantir a aprovação da Every Student Succeeds Act (Lei de Sucesso de Todos os Estudantes) e sua retirada parcial dos testes padronizados em 2015[148]. Ela também ampliou seu trabalho com organizações internacionais para se concentrar "na criança integral para todo o mundo", ligando o desenvolvimento das crianças à melhoria do mundo em que elas e nós vivemos[149].

Como a Iniciativa Criança Integral tem funcionado em termos práticos em suas escolas parceiras? Um exemplo é a Hamilton Elementary School, em Port Angeles, Washington, onde o diretor Gary Pringle e sua equipe queriam criar um ambiente "em que alto desempenho, gentileza, autorresponsabilidade e ludicidade fossem as expectativas"[150]. Essa promoção do lúdico levou à integração de "saúde, nutrição e aptidão física nas atividades escolares e no currículo", com pais e funcionários também incentivados a participar do programa pós-escolar Famílias em Treinamento (FIT, do inglês Families in Training) que estabeleceu "desafios mensais" vinculados aos "Padrões de Zona de Aptidão Física Saudável"[151]. Em outro caso, a Butterfield Trail Middle School, do Arkansas, promove o bem-estar de seus alunos por meio do cultivo de um jardim sustentável e da revisão de seu currículo de modo que agora "incorpora a ciência e a nutrição no ensino enquanto promove a educação de saúde em longo prazo"[152].

Em Ontário, veremos que os compromissos da província com o bem-estar ao lado da ampla excelência (não apenas em matemática, alfabetização e ciências) e equidade (interpretada como inclusão de todos os estudantes e de suas identidades) levaram professores, diretores e líderes de distritos escolares a abordar todos os aspectos da aprendizagem e desenvolvimento dos jovens. No devido tempo, apresentaremos exemplos de muitas maneiras em que essa abordagem integrada e interdisciplinar se manifestou.

A estratégia de bem-estar da província não envolve apenas lidar com *bullying*, estresse pós-traumático ou problemas de saúde mental. Trata-se de reunir os educadores para trabalhar em prol da aprendizagem e do bem-estar de todas as crianças de forma integrada e coletiva. Trata-se de toda a escola, e às vezes de toda a comunidade, trabalhando para apoiar a criança como um todo. O tradicional provérbio africano está certo. É realmente necessário um vilarejo para criar uma criança.

Nada disso significa que uma abordagem de criança integral seja livre de falhas. Mesmo as metodologias mais promissoras têm versões ruins. Uma palestra dada na frente da sala de aula pode ser brilhante e inspiradora, mas também pode se resumir a professores lendo o livro didático ou uma apresentação em PowerPoint.

As abordagens de criança integral não são diferentes. Por esse motivo, um dos pioneiros da educação centrada na criança no Reino Unido nos anos 1950 e 1960, o diretor de educação Sir Alec Clegg, pediu a uma de suas líderes experientes para escrever como seria uma versão ruim de tudo o que ela apoiava. "Um recreio chuvoso [recesso] o dia todo", observou ela, junto com "um trabalho que é ... mal apresentado ... barulho produzido sem qualquer propósito ... grupos trabalhando lado a lado em atividades incompatíveis e, é claro, trabalho de baixo padrão"[153].

Na mesma escola onde o filho de Andy estava escrevendo e editando em grupo com a ajuda de um computador, sua irmã de 5 anos passou horas durante a primeira semana de escola sentada no banheiro preocupada com o que deveria escolher para trabalhar. Durante o restante do ano, ela escolheu o mínimo de matemática possível e posteriormente teve dificuldades com a matéria até chegar ao ensino médio.

Como esse exemplo mostra, a educação da criança integralmente não envolve abandonar a estrutura, o foco e a direção. Deveria envolver repensar como todas essas coisas são realizadas em conjunto. Para fazer isso, precisamos de profissionais competentes em nossas escolas e não de novatos que às vezes interpretam mal seu papel, sendo um facilitador gentil, deixando as crianças se cuidarem quando elas na verdade precisam de apoio especializado.

No final, as abordagens que tratam a criança como um ser integral procuram integrar a aprendizagem acadêmica ao bem-estar dos estudantes, fazendo com que professores e outros educadores trabalhem juntos em todas as necessidades da criança, desenvolvendo o potencial dela para aprender dentro de um todo estruturado e integrado. Se esse trabalho for realizado *ad hoc*, individualmente ou sem treinamento e apoio adequados, ele pode ser interpretado e implantado tão mal quanto qualquer outra estratégia. Porém, se for bem feito por equipes multidisciplinares de professores, tem uma grande chance de sucesso.

CONCLUSÃO

Este capítulo delineou seis teorias sociopsicológicas do bem-estar que são atualmente utilizadas de forma ampla nas escolas. Há outras que não abordamos, muitas delas igualmente populares e influentes, como as teorias da resiliência e tenacidade. É impossível fornecer uma cobertura completa, mas queremos mostrar algumas das principais ideias que estão influenciando iniciativas de bem-estar nas escolas, algumas das suposições e afirmações que sustentam essas teorias e a orientação geral da psicologia positiva que sustenta a maioria delas.

Nos Capítulos 4 e 5 apresentaremos uma perspectiva complementar que desempenha um forte papel em nossos próprios entendimentos e recomendações sobre o bem-estar na sociedade. Tal perspectiva está mais enraizada nas teorias das organizações e da sociedade do que em pesquisas psicológicas de pequenos grupos.

Primeiro, porém, no Capítulo 3, queremos levantar algumas questões sobre os aspectos do bem-estar que os psicólogos podem ter interpretado erroneamente ou esquecido por completo. Essas questões estabelecerão uma base mais sólida para entender por que o bem-estar assumiu tanta importância hoje e que formas particulares ele assume nas sociedades dinâmicas e diversificadas em que vivemos.

3

Questionando o bem-estar: a busca por fazer melhor

Os professores nem sempre concordam – mesmo entre si – sobre as coisas que são solicitados a implementar. Os testes e os objetivos de desempenho são anátemas para a maioria deles, é claro. Porém, as discordâncias sobre as melhores maneiras de alfabetização, "disputas" sobre que tipo de matemática os estudantes devem aprender ou se a tecnologia é uma coisa boa e não ruim são muito familiares para a maioria deles.

No entanto, é difícil imaginar professores discutindo em relação ao valor do bem-estar. Eles podem achar que deveriam ter mais recursos ou um apoio mais forte, mas quem poderia ser contra o próprio bem-estar? De fato, em nossas entrevistas com mais de 200 educadores, a preocupação com o bem-estar era geral. Todos o encaravam como um alívio bem-vindo diante do implacável excesso de testes de desempenho no ensino básico. Como acabamos de ver, há muitas pesquisas, experiências profissionais e manuais disponíveis para apoiá-los.

Portanto, parece um pouco perverso questionar o bem-estar. Na educação, às vezes é tentador abraçar novas ideias e práticas populares de forma um pouco exagerada. Conceitos como resiliência, coragem ou mentalidades de crescimento, por exemplo, soam tão intrinsecamente positivos que pode ser fácil amá-los um pouco demais e ignorar seus inconvenientes. Porém, como na mensagem da canção da cantora *pop* Kelly Clarkson "Dark Side", às vezes temos de amar as ideias, assim como às pessoas, em toda a extensão de seus lados sombrios[154].

Examinar ideias como a de bem-estar buscando suas fraquezas e imperfeições é um pouco como o treinamento de resistência no processo de desenvolvimento físico. Devemos desenvolver um pouco nossa própria resistência para que nossas ideias básicas possam se tornar ainda mais fortes. Menos do que isso é arriscar o colapso de nossas ideias quando elas enfrentarem seu primeiro grande teste.

Por essa razão, envolvemos os participantes dos 10 distritos no questionamento de uma série de ideias-chave às quais eles estavam ligados. A certa altura, perguntamos: "O que há de errado com as mentalidades de crescimento?". Eles olharam para nós como se tivéssemos perdido a cabeça. Nós realmente achamos que era melhor ter *mentalidades fixas* – acreditamos que as pessoas que enfrentavam dificuldades durante sua aprendizagem eram incapazes de melhorar e que nós não podíamos ajudá-las? Por que todos não acreditariam que se as crianças têm dificuldade com alguma coisa, isso não é uma evidência de que nunca o farão, mas simplesmente de que *ainda* não podem fazê-lo?

No entanto, ao solicitar a esses educadores que questionassem as mentalidades de crescimento, em minutos eles fizeram todos os tipos de crítica. Será que as mentalidades de crescimento significavam que qualquer pessoa poderia se tornar igualmente boa em qualquer coisa? Isso parecia improvável, eles concluíram. Ter uma mentalidade de crescimento negava a existência de talentos especiais que algumas pessoas tinham mais do que outras? Em caso afirmativo, isso era obviamente errado. Dennis pratica natação quase todos os dias e Andy já fez parte de uma banda. Entretanto, por mais que tentemos, nunca seremos campeões mundiais de natação ou membros do *Hall* da Fama do *Rock & Roll* – nem agora nem nunca. Ainda mais grave, os participantes se perguntaram: as mentalidades de crescimento ignoravam a influência da pobreza ou de políticas ruins sobre a capacidade de os alunos aprenderem e atribuíam o fracasso aos alunos ou a seus professores porque eles simplesmente têm a mentalidade errada?

Ao final desse processo reflexivo, os educadores não abandonaram as mentalidades de crescimento. Na verdade, pareciam um pouco aliviados por não se esperar que fossem super-humanos que poderiam transformar cada criança em um Albert Einstein ou em uma Michelle Obama se simplesmente investissem a quantidade certa de esforço e pensamento positivo no processo. Embora mantendo o conceito básico e o objetivo das mentalidades de crescimento – que o potencial humano é mais maleável do que muitas pessoas pensam –, eles estavam agora se aproximando do conceito de forma mais realista.

O mesmo ocorre com o bem-estar. Ele também não está acima de qualquer censura. Este capítulo levanta quatro questões sobre as formas como ele pode ser e, às vezes é, malcompreendido e mal utilizado nas escolas atuais.

Estas perguntas são tanto sobre o que está faltando em nossos dados e sobre o que vimos nas escolas quanto sobre o que é de fato problemático. Isso significa que não apenas relatamos o que os educadores nos disseram, mas também investigamos profundamente as coisas que não disseram e que podem ser muito importantes. As quatro perguntas são:

1. A agenda do bem-estar afirma erroneamente ser capaz de resolver problemas sociais gigantescos com soluções individualistas e psicológicas?
2. Será que os defensores do bem-estar podem, involuntariamente, acabar produzindo uma geração de narcisistas egocêntricos?
3. De que adianta ter iniciativas de bem-estar se outras partes do sistema escolar estão pondo em prática o mal-estar?
4. Nossas ideias sobre bem-estar são culturalmente tendenciosas?

AS LIMITAÇÕES DA PSICOLOGIA POSITIVA

A psicologia positiva se concentra nos estados de espírito das pessoas e dos seus relacionamentos. Essas abordagens, entretanto, também precisam ser encaradas em relação aos tempos, às circunstâncias, às razões e aos interesses que podem subitamente trazer à tona perspectivas de pequena escala.

Na década de 1930, após a queda da bolsa de valores nos Estados Unidos, em um momento histórico em que o capitalismo atingiu níveis obscenos de excesso, surgiu uma nova teoria de gestão que procurava neutralizar essas forças. Criada por Elton Mayo, um psicólogo norte-americano treinado na Austrália que havia estudado os efeitos do "trauma de guerra" (agora conhecido como transtorno de estresse pós-traumático) no início da sua carreira, uma nova escola de gestão de "relações humanas" explorou os fatores motivacionais nos locais de trabalho que aumentavam a produtividade[155].

Até esse momento, a abordagem dominante na administração dos Estados Unidos era a de Frederick W. Taylor[156]. Taylor acreditava que a produtividade e a eficiência eram aumentadas pela divisão das tarefas em subcomponentes, padronizando-as e monitorando-as por meio de estudos de tempo e movimento do desempenho dos trabalhadores.

Diante da desilusão com as práticas industriais de Taylor, a escola de relações humanas enfatizou a importância de como os trabalhadores poderiam ser bem tratados pela gerência e como isso poderia contribuir para os esforços de aumentar sua produtividade. Em *Management and the worker* (*A gestão e o trabalhador*), Fritz Roethlisberger (um estudante de pós-graduação de Mayo) e William Dickson investigaram os efeitos sobre a produtividade das tentativas de alterar o ambiente físico dos trabalhadores na Hawthorne Works da Western Electric Company, em Chicago[157]. O que surpreendeu os pesquisadores foi que o ambiente físico acabou sendo menos importante na determinação da produtividade do que as relações sociais entre os trabalhadores. Mesmo quando os pesquisadores tornaram mais fria a sala na qual os trabalhadores passavam seus dias e apagaram as luzes, de modo que era quase impossível ver qualquer coisa, a produtividade ainda aumentava porque os trabalhadores apreciavam o fato de que alguém estava realmente se interessando por eles. Esse fenômeno de melhores resultados como efeito do próprio interesse da pesquisa ficou conhecido como o "efeito Hawthorne" antes que os cientistas sociais o renomeassem como "efeito halo"[158].

Em 2007, a pior crise econômica desde a Grande Depressão deu origem a um novo tipo de tradição nas relações humanas. A psicologia positiva e intervenções associadas, como a terapia cognitivo-comportamental (TCC), floresceram no rescaldo da devastação financeira, na qual 63% dos norte-americanos experimentaram quedas em sua renda total e a economia britânica encolheu por cinco trimestres seguidos[159]. Sem o poder ou a vontade de atacar as causas profundas da Grande Recessão, estudos e iniciativas de felicidade decolaram entre os CEOs. As empresas nomearam diretores de felicidade. A TCC foi adotada como uma forma de ajudar os funcionários e outras pessoas a aceitarem que, embora não fossem capazes de mudar suas circunstâncias, podiam pelo menos mudar a forma como *pensavam* sobre essas circunstâncias como base para o autoaperfeiçoamento. As companhias subsidiaram a adesão de seus funcionários a academias de ginástica. Algumas entidades – incluindo a cidade de Chicago, seguindo acordos de negociação com o sindicato dos professores – até mesmo associaram dados biométricos em tempo real coletados de pulseiras de funcionários a bônus de desempenho. Se os sindicatos outrora tinham um grande ressentimento (expressão *chip in their shoulder*) devido ao controle de cima para baixo por parte dos patrões, os trabalhadores agora eram controlados em seus pulsos (expressão *chip on their wrists*), permitindo que seus patrões exercessem vigilância digital sobre eles, não apenas no trabalho, mas o tempo todo[160].

Após o colapso econômico global, muitos norte-americanos perderam suas casas, milhões de trabalhadores em toda a Europa ficaram desempregados, a crescente uberização da economia assistiu a mais e mais trabalhadores serem contratados em contratos de zero horas, os orçamentos das autoridades locais britânicas foram cortados pela metade, os professores em toda a Europa tiveram seus salários congelados ou reduzidos e o índice de desabrigados no Reino Unido dobrou. No entanto, a resposta do primeiro-ministro britânico David Cameron foi abordar Martin Seligman sobre os benefícios da psicologia positiva. Ele queria encontrar soluções para os pobres que não implicassem sacrifícios financeiros por parte dos ricos. De fato, o governo de Cameron fez com que a elegibilidade para o subsídio do desemprego dependesse da participação em cursos de TCC[161].

O resultado tem sido uma tendência a exagerar nas soluções psicológicas individuais ou exclusivamente educacionais para problemas sociais e econômicos que são sistêmicos. É o que William Davies, autor de *The happiness industry* (*A indústria da felicidade*), chama de "crítica voltada para dentro"[162]. Em *The wellness syndrome* (*A síndrome do bem-estar*), Carl Cederström, professor da Universidade de Estocolmo, e seu colega André Spicer, da City University of London, resumem o que isso significa. "À medida que as autoridades perdem o interesse pelas reformas estruturais", eles dizem, "tornam-se mais interessadas em intervenções comportamentais de pequena escala. No lugar da política, ficamos com ... ajustes de estilo de vida cada vez mais invasivos". "Como resultado", concluem, "abandonamos as exigências políticas"[163].

Embora tenhamos de acreditar que podemos promover o bem-estar de qualquer criança, quaisquer que sejam as circunstâncias, não devemos desistir de atacar a existência e a persistência da pobreza e outras causas de mal-estar fora da escola. Nos Estados Unidos e no Reino Unido, 70 a 80% da explicação para o sucesso escolar reside nas famílias ou nas sociedades e não nas escolas[164]. Não adianta esperar que os educadores protejam e promovam o bem-estar das crianças sozinhos quando não há investimento suficiente em outros serviços públicos. Quando os professores são forçados a assumir cada vez mais responsabilidades de trabalho social, sua capacidade de se concentrar na aprendizagem e no bem-estar de seus alunos é reduzida. Os educadores de Ontário que trabalham em municípios com alta pobreza e em escolas que atendem famílias indígenas sentiram essa realidade muito fortemente quando seus alunos não puderam ter acesso a apoio de saúde mental e aconselhamento de prevenção ao suicídio porque os serviços sociais haviam sido subfinanciados.

Um diretor de um distrito que atendia a uma alta proporção de estudantes indígenas, apresentando "um dos mais altos índices de suicídio em todo o Canadá", estava inconsolável com o fato de seu distrito ter perdido cinco estudantes em cinco meses. Um deles era um jovem de 10 anos que "era considerado de alto risco de suicídio" e estava em uma lista de espera para serviços de saúde mental há oito meses sem ser assistido por um terapeuta. Um professor lamentou o suicídio de dois alunos durante o ano letivo por causa das longas listas de espera para os serviços de saúde mental. Alguns alunos aguardaram até três anos para serem atendidos. O diretor explicou:

> Temos uma escola pública que desde janeiro perdeu dois alunos. Como isso afeta a turma no resto do ano? Como isso impacta o professor? Uma das crianças já no ano passado foi considerada de alto risco de suicídio, esteve em uma lista de espera por oito meses e nem sequer foi atendida. Alto risco! Acabou tirando sua própria vida e tinha 10 anos de idade. Como isso afeta a sala de aula? Por que estamos esperando? Se você tem 10 anos de idade e é considerado suicida de alto risco e não chega ao topo da lista, então o que o leva ao topo da lista? Isso tem impacto sobre a sala de aula? Eu acho que sim.

Não obstante os benefícios de movimentos como a perspectiva de *mindfulness* e resiliência, investir demais nossas esperanças neles pode significar que deixamos de olhar para fora, para aquilo que em primeiro lugar está causando problemas. É admiravelmente heroico salvar pessoas que se afogam em um rio. É igualmente importante ir rio acima para impedir quem quer que esteja empurrando-as para dentro do rio. Essa questão diz respeito não apenas à *prevalência* de intervenções psicológicas positivas, mas também sobre como o *conteúdo* e a *essência* desses movimentos e intervenções têm sido definidos.

A ideia popular de inteligência emocional, de Daniel Goleman, por exemplo, tem sido criticada por se concentrar em emoções que são facilmente controladas e treináveis por meio de programas lucrativos e comerciais, em vez de emoções que não são tão facilmente abordadas, como a aversão, uma das emoções básicas do racismo, ou o desinteresse (um problema comum causado pelos próprios locais de trabalho)[165]. Os programas escolares de autorregulação emocional que descrevemos são vulneráveis às mesmas críticas. Eles estão lá principalmente para aplacar a raiva e aliviar a ansiedade, não para identificar e liberar a expressão criativa de entusiasmo ou surpresa que pode induzir, por exemplo, à prosperidade em ambientes de sala de aula inovadores. Os membros de uma rede de professores antirracistas chamam a atenção para como "a maioria dos padrões da ASE está enraizada em normas eurocêntricas, não voltadas para empoderar, amar, afirmar ou libertar a criança negra, parda ou indígena"[166]. Em vez de muitos processos-padrão de autorregulação emocional, eles defenderam "rituais e rotinas ASE que acolhessem toda a gama de emoções e fornecessem ferramentas para apoiar os estudantes no seu processamento e em pedir ajuda"[167].

Como seria uma resposta culturalmente adequada quando jovens de cor se encontram no meio de uma turbulência emocional? Monique Morris, autora de *Sing a rhythm, dance a blues* (*Cante um ritmo, dance um blues*), conta a história de uma garota que foi dominada por uma intensa ansiedade antes de ter de fazer comentários sobre suas experiências no sistema de justiça criminal dos Estados Unidos para uma conferência nacional. Naquele momento, uma amiga simplesmente começou a trançar seu cabelo. Isso logo a acalmou. Em vez de empregar uma rotina padronizada de autorregulação emocional, esse ato silencioso de cuidado interpessoal, mantido por meninas e mulheres hispânicas desde tempos imemoriais, permitiu que a garota se recompusesse.

Nem todas as definições e interpretações da ASE são tão exclusivamente psicológicas ou supostamente neutras quanto aquelas que se tornaram comuns nos Estados Unidos. Por exemplo, em sua declaração sobre a aprendizagem social e emocional (ASE) de 2019, o Seminário Global de Salzburg, composto por educadores de todo o mundo, incluiu a coesão social como uma de suas cinco principais preocupações que exigiam iniciativas ASE. "Como podemos ajudar os jovens a se sentirem confiantes em suas próprias identidades e a serem incorporados à comunidade, desde o nível local até o global?", a declaração pergunta.

Um dos princípios norteadores da Aliança de Salzburg que se seguiu ao seminário é uma abordagem de "direitos humanos" na qual "a ASE e as Habilidades para a Vida não são neutras em termos de valor e precisam reconhecer que a educação promove os direitos humanos com base em valores, promovendo a dignidade humana"[168].

Alfie Kohn discordou de como as pessoas às vezes usaram a mentalidade de crescimento de Carol Dweck – uma prioridade de projeto em muitos dos distritos de Ontário – para desviar professores e escolas do reconhecimento do impacto externo esmagador da pobreza, da falta de financiamento público para as escolas e de um currículo ou pedagogia deficientes[169]. A própria Dweck lamentou o que ela entende como uma "falsa mentalidade de crescimento" depois de ver como suas ideias foram usadas para culpar os próprios estudantes por terem "uma mentalidade fixa, sem compreender, em vez disso, que, como educadores, é nossa responsabilidade criar um contexto no qual uma mentalidade de crescimento possa florescer"[170].

Nos Estados Unidos, a controversa rede KIPP, com mais de 200 escolas autogerenciadas (*charter schools*), ensina entusiasmo, controle social e a "coragem" de Angela Duckworth entre os seis pontos fortes de sua marca. Porém, esses são perseguidos segundo uma estrutura pedagógica bastante tradicional e de disciplina rígida que tem sido fortemente criticada por limitar as capacidades de autodeterminação dos estudantes. Abordagens como essas podem aumentar o sucesso em avaliações, mas também podem simultaneamente prejudicar de diferentes maneiras o bem-estar dos alunos e seu engajamento mais amplo, exigindo que eles superem tais condições por meio de coragem e estoicismo[171].

A ideia de *mindulfness* também pode ser mal utilizada. Sua intenção de voltar as pessoas para dentro nunca foi de deixá-las lá – mas isso nem sempre é evidente dependendo da forma como ela é oferecida. Centenas de professores em um de nossos distritos de Ontário fizeram cursos *on-line* sobre *mindfulness* enquanto trabalhavam com múltiplas iniciativas que pareciam estar gerando grande parte do estresse que, antes de mais nada, deveria ser combatido por esses cursos.

Há ainda o curioso caso de por que os líderes e pesquisadores educacionais dos Estados Unidos deixaram de lado o grande ideal e a aspiração ao bem-estar (que, ironicamente, foi inventado nos Estados Unidos pela Organização Mundial da Saúde [OMS] na década de 1940) em favor de uma abordagem psicológica muito mais restrita da ASE. O modelo CASEL para a ASE não inclui, por exemplo, a espiritualidade. Essa omissão pode ser necessária dada a separação entre igreja e estado na Primeira Emenda à Constituição dos Estados Unidos, mas ainda é uma exceção notável a outros modelos, como o de Ontário, que encontraram maneiras de reconhecer e abordar as necessidades espirituais dos jovens sem vinculá-los a qualquer sistema específico de crença religiosa.

Uma segunda consequência da redução da relevância do bem-estar na ASE é que não há nenhuma referência à saúde física. No ambiente litigioso e de grandes negócios dos Estados Unidos, as críticas ao bem-estar físico, especialmente na forma de obesidade infantil (em que os Estados Unidos têm algumas das piores estatísticas do mundo), correm o risco de serem acusadas de envergonhar um indivíduo considerado com excesso de peso em uma cultura que celebra muitas formas corporais (embora algumas delas representem sérias ameaças à saúde e risco de mortalidade)[172]. A promoção do bem-estar físico e da alimentação saudável também é contrária aos interesses comerciais do agronegócio de bilhões de dólares que comercializa *fast food* barato e não saudável sobretudo para consumidores de baixa renda, incluindo crianças[173].

Em ambos os casos, as origens do modelo CASEL no trabalho de Daniel Goleman sobre inteligência emocional ajuda a explicar seu foco social e emocional e sua ausência de atenção às necessidades de desenvolvimento físico e espiritual dos jovens. O bem-estar como uma espécie de aprendizagem também faz parte da tendência para *learnification* que discutimos no Capítulo 1, em que os esforços de melhoria são julgados por seu impacto nos resultados dos testes. A *learnification* na ASE é evidente em seus alegados benefícios para os resultados cognitivos e aumento do desempenho em vez de foco na saúde pessoal ou bem-estar da sociedade. É hora de os americanos recuperarem o conceito de bem-estar – não para substituir a ASE, mas para expandi-la e enriquecê-la de forma a responder às necessidades de todos os estudantes.

Os imensos problemas sociais e políticos não devem ser reduzidos a soluções psicológicas individualistas – positivas ou não. As respostas psicológicas aos problemas não devem substituir a atenção às injustiças sociais, políticas e educacionais de nosso tempo, tais como o racismo, a desigualdade extrema, as ameaças à democracia ou a devastação da Terra. Tais injustiças não devem fazer com que educadores e estudantes se sintam impotentes. Pelo contrário, por meio de iniciativas como "Raízes da Empatia" e "Enfrentando a História e Nós Mesmos", elas podem ser espaço para o pensamento crítico, o empoderamento político e a resiliência voltada para a mudança do mundo, e não apenas para a gestão de nós mesmos.

Veja o caso da Colômbia, por exemplo, onde Vicky Colbert passou mais de 40 anos construindo uma rede de mais de 25 mil escolas localizadas principalmente em comunidades rurais pobres em todo o país. A rede Escuela Nueva tem desempenho superior ao de outras escolas e sistemas com características demográficas semelhantes. Seu sucesso é confirmado em pesquisas realizadas pelo Banco Mundial e pelo recebimento, por Colbert, dos dois maiores prêmios mundiais em educação, totalizando US$ 5 milhões[174]. Em sua busca por construir a paz e a democracia em um país que havia sido dilacerado pelas drogas e pela violência, e buscando dar voz aos estudantes em sua própria aprendizagem, os educadores da Escuela

Nueva utilizaram a floresta e a natureza em geral como bens. Eles usam pedagogias enraizadas nas ideias clássicas de John Dewey, Maria Montessori e Paulo Freire para ajudar os estudantes a se tornarem participantes ativos e, às vezes, líderes de sua aprendizagem. Como resultado de seus sucessos, o modelo Escuela Nueva foi agora disseminado para 19 outros países.

Os entendimentos psicológicos e sociológicos e as estratégias de bem-estar dentro e fora da educação agora devem se unir. Devemos melhorar o apoio às populações vulneráveis fora das escolas, bem como dentro delas. Também temos de assegurar que os jovens não se voltem apenas para dentro de si mesmos e suas relações, mas que olhem para fora de seu mundo a partir de uma aprendizagem que tenha significado e propósito. E, em geral, se quisermos ajudar os indivíduos a ficarem bem, precisamos fazer o que pudermos para evitar que nossas sociedades, comunidades e escolas adoeçam. Falaremos mais sobre essas questões nos dois próximos capítulos.

OS EXCESSOS DO NARCISISMO

A agenda moderna do bem-estar não é a primeira a abordar o desenvolvimento social e emocional dos jovens. Há uma série de movimentos análogos que ocorreram no passado. Um deles é o movimento popular, mas em última análise malfadado, de autoestima, que começou nos anos 1970. Pesquisas sobre programas e práticas de autoestima daquele período mostraram que reforçar a opinião dos estudantes sobre si mesmos não teve efeito sobre seus resultados de aprendizagem[175]. Pior ainda, o movimento exacerbou ativamente as atitudes antissociais ao gerar estudantes "narcisistas, defensivos e convencidos", que acreditavam ser tão fantásticos quanto lhes foi dito por seus educadores bem-intencionados, mas mal orientados[176]. Essa é uma história que os defensores do bem-estar definitivamente não precisam repetir!

Ecoando as preocupações com os excessos das iniciativas de autoestima nos anos 1970, Cederström e Spicer se preocupam com o modo como a "síndrome do bem-estar" "se infiltrou em todos os aspectos de nossas vidas" hoje, exacerbando os próprios problemas que as iniciativas se destinam a resolver:

> A busca frenética pela dieta perfeita; a busca paranoica da felicidade; o treino forçado no local de trabalho; as infindáveis sessões de *coaching* para a vida; o acompanhamento detalhado de nossas funções corporais... essas tentativas desesperadas de aumentar a produtividade por meio do bem-estar criam seus próprios problemas. Elas encorajam um narcisismo contagiante que nos estimula a dar o grande passo para dentro, fazendo de nosso corpo nossa primeira e última preocupação. Elas geram uma sensação de ansiedade assustadora que vem associada à sempre presente responsabilidade de monitorar cada escolha de estilo de vida. Elas alimentam um

sentimento de culpa que vem dos inevitáveis deslizes quando não seguimos nossa dieta ou falhamos em viver à altura de nossas metas de vida. As pessoas cuja vida foi tomada pelo bem-estar não são apenas mais saudáveis, mais felizes e mais produtivas. Elas também são narcisistas, ansiosas e culpadas[177].

O narcisismo tem origem na lenda grega de Narciso, que foi fatalmente encantado por seu próprio reflexo quando o viu refletido na água. Sigmund Freud escreveu pela primeira vez sobre a psiquiatria do narcisismo em 1915[178]. A Associação Psiquiátrica Americana lista o narcisismo como um "transtorno da personalidade". Ele é definido como "um padrão difundido de grandiosidade, necessidade de admiração e falta de empatia"[179].

Para Christopher Lasch, em seu livro *A cultura do narcisismo*, de 1979, o narcisista usa outras pessoas como instrumentos de gratificação, mesmo quando anseia por seu amor e aprovação[180]. Jeffrey Kluger, em seu livro *The narcissist next door* (*O narcisista da porta ao lado*), nos conta, de maneira satírica, como os narcisistas são "vítimas de um apetite sem fim" por "reconhecimento, atenção, glória, recompensas"[181]. Se você está namorando um narcisista, o autor adverte seus leitores, leva em média 15 meses para você descobrir que toda a atenção que ele inicialmente lhe dá é apenas uma ação que na verdade tem tudo a ver apenas com ele. Portanto, tenha cuidado com os romances intempestivos!

Em seu livro *Selfie: how we became so self-obsessed and what it's doing to us* (*Selfie: como nos tornamos tão obcecados por nós mesmos e o que isto está fazendo conosco*), Will Storr nos diz que, ao contrário da crença popular, o narcisismo resulta principalmente não de haver pouca autoestima, mas de tê-la em grande quantidade[182]. Pode começar cedo na escola, quando são dados elogios incondicionais às crianças simplesmente por aparecerem ou simplesmente por serem quem são. Essa efusão dá a elas um senso de autoimportância excessivo. Seria melhor se aprendessem que precisam conquistar o respeito dos demais.

As obsessões com a autoestima são muitas vezes consideradas comuns entre as crianças "superprotegidas" da década de 1960 e de progressistas de esquerda que não estão interessados em padrões e rigor, mas apenas na felicidade de seus filhos e no direito de brincar, ininterruptamente, para sempre. Essa percepção é, de fato, uma parte da história. No entanto, também se pode argumentar que o excesso de autoestima é, na verdade, causa e consequência de sociedades de livre mercado impiedosamente competitivas e altamente individualistas.

Veja o caso de Alan Greenspan, presidente do Banco Central dos Estados Unidos de 1987 a 2006, um dos cargos financeiros mais poderosos do mundo, e um dos principais fundadores do neoliberalismo econômico. Quando jovem, Greenspan entrou na política e tornou-se conselheiro do presidente Richard Nixon por indicação da autora mais vendida e cultuada figura do individualismo irrestrito Ayn

Rand. Sentado com outros assistentes aos pés de Rand, Greenspan captou sua mensagem de "egoísmo virtuoso", na qual o Estado mínimo, os mercados livres, a tributação mínima e a desregulamentação prevaleceriam[183].

Nathaniel Branden, um jovem seguidor e amante de Rand, escreveu *The psychology of self-esteem* (*A psicologia da autoestima*) em 1969[184]. Assim como Rand, Branden queria libertar as pessoas do excessivo conformismo social. Ele achava que isso era mais bem alcançado por meio da promoção de seu senso intrínseco de autoestima.

Desde o início, os críticos se preocupavam que Rand e Branden estavam minando os laços sociais que fazem a vida valer a pena. No entanto, suas ideias repercutiam em muitos americanos. Nos anos 1980 e 1990, John Vasconcellos, deputado da Califórnia, reuniu um painel de especialistas chamado California Task Force to Promote Self-Esteem and Personal and Social Responsibility (Força-Tarefa da Califórnia para Promover a Autoestima e a Responsabilidade Pessoal e Social). Apesar das conclusões desiguais e ambivalentes da Força-Tarefa, sua conclusão geral foi interpretada como um endosso altamente positivo do poder da autoestima. Logo, mais de 80% dos distritos escolares da Califórnia estavam implantando programas de autoestima. Os alunos estavam sendo informados de que todos eles eram especiais, e nas escolas de todo o mundo as notas subiam de forma improvável, pois canetas de marcação vermelha eram jogadas na lixeira.

Em 2003, uma revisão abrangente da literatura de pesquisa sobre autoestima feita por Roy Baumeister e colaboradores mostrou uma correlação entre autoestima elevada e notas altas[185]. Porém, uma análise mais detalhada revelou que as notas precederam a autoestima, e não o contrário. A autoestima elevada não predizia com precisão resultados educacionais positivos. Além disso, Baumeister e sua equipe descobriram que muitos indivíduos antiéticos – e até mesmo maus – tinham alta autoestima. Os narcisistas foram um exemplo extremo da autoestima excessiva. Eles eram "viciados em elogios", acreditando que mereciam ser tratados de forma diferente das demais pessoas porque eram especiais[186].

A maioria dos pesquisadores que estudam o tema narcisismo concorda que o fenômeno não é totalmente ruim e pode trazer coisas positivas – como charme, humor, dramaticidade, confiança e *glamour* – para uma organização. Em proporções moderadas, é injusto considerar essas qualidades como problemas ou até mesmo chamá-las de narcisismo. Poucos atores poderiam subir ao palco e poucos políticos concorreriam a um alto cargo sem um pouco de narcisismo. Na falta de algumas das qualidades que acabam de ser listadas, as organizações se tornariam comunidades sombrias de reprimidos emocionalmente, suplicando por piedade.

Os problemas só se instalam quando qualidades associadas a indivíduos narcisistas que são exceções extravagantes começam a tomar conta de organizações inteiras. Jean Twenge, cujo trabalho sobre a ansiedade em adolescentes e tecnologia digital abordaremos mais adiante, foi orientado por Baumeister. Em 2009, ela foi coautora de seu próprio livro sobre narcisismo[187]. Em *The narcissism epidemic: living in the age of entitlement* (*A epidemia do narcisismo: vivendo na era dos direitos*), Twenge e seu coautor, W. Keith Campbell, descobriram que o narcisismo e a autoestima cresceram e se espalharam exponencialmente nas últimas décadas e agora atingiram proporções epidêmicas. Twenge e Campbell estão mais preocupados com as pessoas que exalam um tipo de autoadmiração que "não faz distinção entre um senso saudável de autoestima e o narcisismo doentia que pode, em vez disso, resultar"[188].

Para verificar se as manifestações de autoadmiração estavam mudando ao longo do tempo, eles estudaram 85 amostras de estudantes universitários americanos de 31 *campi* que haviam preenchido o Inventário de Personalidade Narcísica entre 1979 e 2006. O que descobriram foi que os estudantes nos anos 2000 eram "significativamente mais narcisistas" do que os das três décadas anteriores e que a taxa de aumento do narcisismo tinha se tornado mais acentuada entre 2000 e 2006[189]. A epidemia de narcisismo, concluíram, tinha atingido as mesmas proporções que a epidemia de obesidade, e as práticas parentais e escolares estavam entre os fatores responsáveis por isso.

Não devemos ter pena dos narcisistas, mas devemos nos preocupar com o impacto que eles têm sobre os outros. Uma equipe de pesquisa liderada por Kostas Papageorgiou, da Universidade Queens, Belfast, constatou que os narcisistas tendem a ser mais felizes do que as outras pessoas, mas são muitas vezes antipáticos e antiéticos em suas relações com os demais[190]. Eles parecem viver em uma bolha impenetrável de autoestima excessiva.

Portanto, devemos tomar cuidado ao equiparar bem-estar com felicidade ou com o fato de as pessoas celebrarem incondicionalmente quem são e o que fazem. Se fizermos isso, corremos o risco de comunicar que uma vida com sentido e propósito não deve, às vezes, envolver também dificuldades. As virtudes atemporais de abnegação, sacrifício, humildade e até mesmo sofrimento na busca por uma causa nobre ainda devem servir para inspirar nossos jovens.

Os professores que se lembram dos anos iniciais de sua formação se recordarão de momentos em que estavam bloqueados, de momentos em que falharam e de dificuldades em aceitar *feedback* crítico. Isso é o que São João da Cruz chamou de "a noite escura da alma"[191]. Porém, eles também podem se lembrar de como se sentiram radiantes quando o sofrimento acabou, o obstáculo foi superado e o trabalho árduo foi desenvolvido para produzir um resultado melhor. Tornar-se realizado e bem-sucedido como profissional, então, não envolve felicidade sem limites e elogios intermináveis. Envolve sacrifício e perseverança, introspecção honesta e coragem moral para questionar as próprias ações e decisões de tempos em tempos.

É muito parecido para nossos alunos. Nossos esforços para promover o bem--estar devem tratar cada estudante como único, mas não como alguém que é "especial", com seus tons de superioridade implícita. A ênfase no bem-estar não deve degenerar em uma busca apenas por felicidade. Ela deve manter sua associação com o esforço, o sacrifício, a satisfação e a realização. Devemos ajudar nossos alunos a descobrir a dignidade que vem do trabalho duro, da contribuição social e do crescimento em sabedoria e discernimento. No final, eles apreciarão muito mais essa abordagem do que se apenas tentarmos fazer com que se sintam felizes e especiais o tempo todo.

Os professores e os jovens nunca devem perder de vista o valor da realização duramente conquistada como parte e, às vezes, como um pré-requisito para o bem-estar. Caso contrário, o bem-estar será lançado com muita facilidade como a próxima forma de narcisismo autoindulgente que produz o que as pessoas em Cingapura rotularam como "geração morango": jovens frequentemente mimados e facilmente machucados que são "carentes, frágeis e letárgicos"[192]. Então, um retrocesso se instalará e um currículo limitado de conceitos básicos padronizados estará de volta antes de nos darmos conta.

A PRÁTICA DO MAL-ESTAR

As organizações não têm nenhum compromisso com a promoção do bem-estar quando perpetuam desnecessariamente o mal-estar. Naturalmente, as ameaças ao bem-estar das pessoas estão na natureza de alguns empregos. Se você faz parte de profissões que respondem primeiro a desastres, por exemplo, se trabalha em cuidados paliativos, ou se ensina em um ambiente empobrecido ou isolado, o estresse vem com o trabalho. Em alguns tipos de trabalho, sempre será necessário fornecer suporte de bem-estar a fim de ajudar o pessoal a realizar suas difíceis missões sem sofrer consequências pessoais avassaladoras.

No entanto, muitos ambientes de trabalho modernos criam estresse evitável. Economias rápidas e flexíveis exigem que seus trabalhadores com contratos de zero horas fixas cheguem a qualquer hora, de acordo com a necessidade; que eles estejam disponíveis em seus *smartphones* 24 horas por dia, sete dias por semana; e que eles renunciem ao absenteísmo ao comparecerem ao trabalho mesmo quando doentes, por medo de perder o emprego. Alguns treinos físicos e sessões de respiração profunda não são o que esses locais de trabalho precisam. Esses empregos precisam ser reestruturados para tratar seus funcionários com decência e dignidade.

As instituições educacionais, além de suas tensões inerentes, também têm tensões evitáveis. Como veremos mais adiante, o mau uso e o uso excessivo da tecnologia digital é um desses fatores. Outro diz respeito aos testes – especialmente os conhecidos como testes de alto impacto.

Os testes de alto impacto foram introduzidos para fins de responsabilização, buscando monitorar e informar sobre o desempenho de instituições e sistemas inteiros, bem como de seus professores. Os testes têm alto impacto porque o não cumprimento dos níveis de desempenho ou metas acordados em uma escola ou distrito – ou mesmo no caso de professores individuais – pode levar os educadores a perderem seus empregos. Esses testes também traumatizaram as comunidades quando levaram ao fechamento de escolas depois de terem sido submetidas a enormes pressões para a mudança.

As críticas aos testes de alto impacto têm sido muitas[193]. Elas se referem ao que Donald Campbell chamou de "incentivos perversos" dos testes de alto impacto a fim de atender às expectativas de qualquer modo possível, mesmo os cínicos e fraudulentos[194].

Ontário, no entanto, tem "testes de médio impacto". Eles são administrados para verificar como as escolas estão se saindo e para determinar se é necessária uma intervenção. As consequências não são tão severas e de mudança de vida como em um sistema de alto impacto[195]. O teste NAPLAN, da Austrália, é semelhante em termos de onde os riscos impactam[196].

Em Ontário, a presença de riscos médios no teste provincial conhecido como EQAO (Educational Quality and Accountability Office, em português Gabinete de Qualidade Educacional e Prestação de Contas) é evidenciada pelo fato de os resultados do teste serem divulgados ao público como base para a escolha da escola pelos pais[197]. Os resultados são dados aos diretores e superintendentes distritais que podem então utilizá-los para informar e justificar intervenções. Dados examinados por educadores em ciclos de seis semanas de ensino e aprendizagem de revisão de desempenho envolvendo avaliações provisórias identificaram alunos que eram classificados com *status* "amarelo" (em risco de não atingir as metas de proficiência) ou "vermelho" (com desempenho muito abaixo da proficiência) em vez de "verde" (proficientes ou acima da proficiência) para que estratégias imediatas pudessem ser usadas a fim de melhorar seu desempenho.

Os testes de médio impacto de Ontário não têm os altos impactos de sistemas mais punitivos. Os testes não ocorrem a cada série, mas somente no 3º, 6º e 9º anos para leitura, escrita e matemática, e depois perto da formatura. Os diretores e professores não são substituídos imediatamente. Escolas não são fechadas. Não há sistemas semiprivados de academias de inglês ou *charter schools* americanas esperando a oportunidade para substituir as escolas públicas tradicionais quando os resultados são insuficientes.

Os testes de médio impacto de Ontário foram desenvolvidos para garantir a capacidade, a transparência e a melhoria de todo o sistema, evitando os efeitos negativos e os incentivos perversos dos seus equivalentes de alto impacto. Em vez de pressão negativa, houve pressão positiva e apoio. Em vez de serem punidos, escolas ou distritos em dificuldades receberam assistência em um ambiente de "responsabilidade não punitiva"[198].

No entanto, nossa pesquisa revelou que o processo de testes de médio impacto não evitou a maioria das consequências perversas que têm afligido escolas de outros locais em ambientes de alto impacto. Mesmo nos 10 distritos que nos convidaram a estudar seu trabalho de reforma, encontramos ensino voltado para os testes, organização das classes em filas para as aulas de preparação para os testes e assim por diante. Além disso, os testes tiveram impacto negativo nos esforços de inovação. As inovações foram geralmente desenvolvidas em séries em que não existia o processo de testagem[199]. Duas outras consequências dos testes de médio impacto tiveram implicações particulares para o bem-estar dos alunos.

Primeiro, os educadores estavam preocupados com os estudantes, como os imigrantes recém-chegados com problemas de idioma ou trauma, ou aqueles com transtornos do espectro autista, que não tinham nenhuma chance de serem bem-sucedidos no teste, mas cujas notas seriam contadas no perfil final da escola. Um coordenador explicou: "Eles não informam sobre os alunos que participam do teste. Eles apresentam relatórios gerais sobre *todos* os alunos. As crianças com deficiência mental de desenvolvimento que não escrevem estão ainda no denominador. Os alunos que não fazem o teste e que estão isentos recebem um zero". Uma professora ficou exasperada com a injustiça e desigualdade em relação aos alunos que tiveram de fazer os testes mesmo sendo autistas, não verbais, vivendo em albergues devido à extrema pobreza, e assim por diante. "É muito estressante para eles", disse ela.

Em segundo lugar, havia preocupações de que o EQAO fosse ativamente prejudicial para o bem-estar dos estudantes. "Tenho filhos que sofrem de ansiedade, então colocá-los em uma situação de teste como essa parece totalmente errado", disse um professor. Outro lembrou: "Passei tanto tempo o ano inteiro tentando desenvolver a confiança dessas crianças, de que estavam aprendendo, que eram boas no que eram capazes de fazer, e então apareceu esse teste e eu teria de dar a elas tarefas que não eram capazes de realizar. Eu não podia apoiá-las". Um diretor concordou: "As crianças se sentem muito estressadas com esse teste. Mesmo que não sejam punidas por isso, sentem muito estresse e ansiedade ao fazê-lo". Uma educadora descreveu a ansiedade que sua própria família havia vivenciado com o teste:

> Meu filho está no terceiro ano. Duas noites atrás (quando ele foi para a cama) falou: "E se eu colocar uma vírgula no lugar errado?". Eu pensava: "Não importa". Eu nunca disse nada de uma maneira ou de outra, ou fui contra qualquer coisa. Eu pensava: "Então você colocou uma vírgula no lugar errado". Ele pensa: "Mas o professor está dizendo...", e eu percebo o que está acontecendo, pois os professores se sentem mal quando são classificados e a escola vai ser malvista.

58 Hargreaves & Shirley

Reações dos estudantes como essas levaram os educadores de Ontário a questionar a necessidade do EQAO. "Há muita pressão", observou um diretor. "Posso imaginar uma das minhas professoras do 3° ano. Ela está carregando o peso de coisas que não pode controlar". Essa professora tinha um aluno com transtorno de déficit de atenção/hiperatividade (TDAH) que passava horas todos os dias "girando em sua cadeira". Ela precisava de tempo e espaço para apoiá-lo, mas ela também sabia "que isto [o EQAO] está chegando". Ela se viu preparando os alunos para o teste, em vez de criar um ambiente que promovesse a aprendizagem e o bem-estar.

Nossas evidências sobre as avaliações da EQAO nos levaram a relatar ao governo de Ontário e ao seu primeiro-ministro que o sistema de testes que herdaram estava ativamente criando mal-estar, mesmo que suas novas políticas fossem destinadas a promover o bem-estar. O governo então criou uma equipe de revisão com seus seis assessores – incluindo Andy – que, entre outras medidas, propôs a abolição de todos os testes padronizados antes do 6° ano[200]. Essa recomendação foi aceita. Uma nova era parecia estar começando para as escolas de Ontário.

Em 2018, no entanto, foi eleito um novo governo. Ele manteve o teste no 3° ano e outros testes e retirou o relatório e qualquer referência à agenda *Achieving Excellence* (*Alcançando a Excelência*) do seu *website*. No entanto, o EQAO passou por algumas melhorias adicionais, tais como o afrouxamento dos critérios de isenção e a mudança dos tempos e condições de realização dos testes a fim de aliviar o estresse dos estudantes.

Um movimento do século XXI em direção a uma aprendizagem mais profunda e a um bem-estar mais forte que está adotando uma série de práticas inovadoras tem ultrapassado rapidamente o sistema do século XX de avaliações em larga escala de médio e alto impacto. Em Ontário e em outros lugares, se os processos de teste e seleção estão criando níveis desnecessários de mal-estar, é importante rever e revisar os processos atuais de avaliação. A simples introdução de medidas de bem-estar para compensar o mal-estar causado pelos testes não faz sentido algum.

Cada vez mais pessoas estão fartas com todo o sistema de testes em larga escala e de tudo o que vem com ele. A editora de educação do *Washington Post*, Valerie Strauss, observou que o apetite político e burocrático por testes padronizados nos Estados Unidos está diminuindo – e isso não apenas como uma forma de lidar com a pandemia[201]. Ela relata as observações do governador da Geórgia, Brian Kemp, de que o "atual regime de testes de alto desempenho é excessivo"[202]. Ohio aprovou legislação em 2020 para reduzir os testes padronizados[203]. Universidades como as que compõem todo o sistema estadual da Califórnia estão eliminando as notas do SAT como uma exigência para a entrada na faculdade, alegando que elas são injustas para os estudantes de minorias[204].

Mesmo antes da covid-19, a ex-secretária adjunta de educação do presidente George H. W. Bush, Diane Ravitch, detectou uma tendência crescente nos Estados

Unidos de se afastar dos testes de alto impacto[205]. O País de Gales e a Escócia, que já haviam divergido da Inglaterra ao abandonar os testes de alto impacto, suspenderam todos os exames escolares até 2021.

No entanto, os defensores dos testes contra-atacam. Marc Tucker, membro sênior de destaque do Centro Nacional de Educação e Economia, advertiu que, quando "as escolas suspenderem os testes, isso significará que não haverá como saber o quanto essas crianças foram prejudicadas pela covid-19"[206]. Em novembro de 2020, o *Washington Post* publicou um artigo de Chester Finn, analista de políticas e ex-secretário adjunto de educação dos Estados Unidos, propondo reintroduzir testes com abrangência estadual após a pandemia porque, segundo ele, os testes fornecem a melhor maneira de identificar disparidades e orientar intervenções. "Como os pais e professores saberão quais são os alunos que mais precisam de reforço e em quais matérias? Quem tem maior necessidade de aulas durante o verão ou de reforço escolar? E como as lideranças distritais e estaduais saberão quais escolas lidaram melhor ou pior com a pandemia?", perguntou ele[207]. O *Post* seguiu na mesma linha com um artigo de opinião do conselho editorial em janeiro de 2021 intitulado "Por que não devemos abandonar os testes dos alunos nesta primavera?"[208]. Ele também acrescentou preocupações sobre a necessidade de avaliar o impacto da covid-19. O editorial instou o novo secretário de educação dos Estados Unidos, Miguel Cardona, a resistir à tentação de abandonar os testes.

Laura Jimenez, diretora de normas e prestação de contas no Centro dos Estados Unidos para o Progresso Americano, argumentou que, em termos estaduais, apesar da covid-19 – e talvez até mesmo por causa dela –, "a exigência de avaliação anual não deveria ser dispensada"[209]. Jimenez admitiu que os testes padronizados únicos, de final de ano, são as menos úteis de todas as avaliações estaduais, mas expressou a crença de que eles deveriam ser mantidos para ajudar a identificar as disparidades de a aprendizagem que ocorreram durante a pandemia e para orientar as alocações de fundos posteriormente.

Em março de 2021, apesar de uma carta de 500 pesquisadores dos Estados Unidos, incluindo Dennis, solicitando que os testes fossem suspensos durante a pandemia, o secretário Cardona insistiu que os testes persistiriam porque "os dados dos estudantes obtidos a partir dos testes eram importantes para ajudar as autoridades educacionais a criar políticas e direcionar recursos para onde eles são mais necessários"[210].

Fora dos Estados Unidos, uma revisão de setembro de 2020 do teste nacional NAPLAN, da Austrália, propôs apenas pequenas alterações nas notas sendo testadas, mudando a época do ano para administrar o teste, revisando o conteúdo das avaliações escritas e ampliando o número de matérias a serem testadas, por exemplo[211]. O ministro federal da educação respondeu rapidamente que mesmo essas mudanças eram desnecessárias[212]. O professor Pasi Sahlberg, da Universidade de New South Wales, é um dos muitos críticos do NAPLAN e de seus defensores. "Aqueles que defendem a necessidade de regimes nacionais de testes padronizados respaldam seus pontos de vista por meio das consequências positivas dos testes de alto impacto", ele observou, "enquanto ignoram os riscos associados que as pesquisas têm exposto: limitação do currículo, ensino para os testes e diminuição da motivação dos estudantes, só para mencionar alguns"[213].

Os efeitos colaterais negativos que o uso contínuo de testes de alto e médio impacto implica, especialmente entre os estudantes mais desfavorecidos, estão bem documentados, inclusive em nossas próprias pesquisas. Após a covid-19, não devemos voltar aos testes de alto ou mesmo de médio impacto. Os testes utilizarão recursos preciosos que serão necessários para apoiar os mais vulneráveis após muitas semanas longe de suas escolas, professores, conselheiros e pessoal de educação especial. Também exacerbarão as ansiedades e vulnerabilidades dos estudantes mais desfavorecidos, já que mais pressão é exercida sobre eles para elevar os resultados, embora esses mesmos resultados não lhes proporcionem nenhum benefício direto.

Não devemos nos prender a algo ruim porque tememos que não haja nada que o substitua. Os testes podem ser administrados em amostras e não a todos, como na Finlândia ou na *Avaliação Nacional do Progresso Educacional dos Estados Unidos*[214]. Eles podem ser fornecidos a professores individuais para *apoiar a construção* de seus julgamentos profissionais, como na Escócia, em vez de *substituir* esses julgamentos. Eles podem manter a prestação de contas sem ter consequências negativas para os estudantes e seu bem-estar.

As transformações tecnológicas estão anunciando o fim das práticas de testes da era industrial que há gerações têm causado uma ansiedade excessiva aos estudantes. Com a tecnologia digital, a avaliação pode agora ser contínua e não episódica. Os estudantes podem indicar seus níveis de compreensão do conteúdo do currículo *on-line* em tempo real e exibir portfólios digitais de trabalho que podem ser compartilhados com seus professores. Os professores podem compartilhar suas avaliações contínuas com os pais e com colegas em outras disciplinas mais facilmente do que em antigos sistemas de testes analógicos.

Mesmo os exames no final do ensino médio, há muito pensados como intocáveis no Reino Unido e no Leste Asiático, agora têm alternativas confiáveis. Pode ainda haver a necessidade de componentes dos exames presenciais, mas se eles se basearem em questões em constante mudança e em problemas, podem ser realizados e retomados conforme necessário. Os estudantes podem se preparar para eles como para exames de direção, a qualquer momento do ano, em vez de em um ambiente único, de alta tensão, de vitória/derrota. O mal-estar sistêmico que vem com os testes em larga escala não precisa mais persistir como um mal necessário em nossos sistemas educacionais. Já existem melhores alternativas de avaliação e outras estão a caminho.

INFLUÊNCIA CULTURAL

O que você faz quando é confrontado com um problema significativo? A típica resposta norte-americana, exibindo claramente a marca da psicologia positiva, é ver o lado positivo, ter esperança e acreditar que tudo vai dar certo no final. No entanto, Oliver Burkeman, colunista de jornal britânico, em seu livro maliciosamente intitulado *The antidote: happiness well being in schools for people who can't stand positive thinking* (*O antídoto: felicidade para pessoas que não suportam o pensamento positivo*), adota outra abordagem[215]. Ele propõe imaginar o pior cenário possível onde tudo poderia acabar mal – e depois decidir se você pode lidar com isso. Se puder, diz ele, tudo depois disso parece melhor.

O que é inteligente no livro de Burkeman é a maneira como ele contrasta as formas americanas de se sentir feliz com outras culturas na busca pela realização. William Davies, autor do livro *The happiness industry* (*A indústria da felicidade*), que discutimos anteriormente, aponta que os americanos pontuam alto em felicidade em parte porque gostam muito de falar sobre isso[216]. Os franceses, ao contrário, pontuam baixo porque sentem que mostrar sua própria felicidade é vulgar.

Burkeman diz que os estoicos da Grécia e da Roma antigas "enfatizavam os benefícios de sempre contemplar quão mal as coisas poderiam correr", e que os budistas recomendam a equanimidade diante das muitas incertezas da vida[217]. Outros escritores têm apontado que o ideal de desenvolvimento de Maslow de autorrealização pode não se encaixar nas culturas asiáticas e indígenas[218]. Nessas culturas, o bem-estar da família ou do grupo é que é primordial, e não o indivíduo autônomo do Ocidente. No final do livro de Burkeman, fica evidente que há muitas maneiras de estar bem, não apenas uma.

Bem-estar, para alguns, como Dennis, significa *mindfulness*, entendida como acalmar o corpo e a mente a fim de pensar com clareza e com maior compaixão por todos os seres vivos. Para outros, como o presidente dos Estados Unidos, Theodore Roosevelt, ou Andy em menor grau, junto com muitos outros amantes da natureza selvagem, trata-se de aventura ao ar livre. Nas culturas do Leste Asiático, o bem-estar pode ser definido por dever, piedade filial ou fazer sacrifícios no presente para o bem-estar no futuro – o que os psicólogos ocidentais chamam de gratificação tardia[219]. Essas questões de variação cultural levantam pontos sobre como os educadores entendem o bem-estar e sua relação com a aprendizagem.

Os programas de autorregulação emocional, por exemplo, enfatizam a calma. No entanto, será que a calma é sempre a melhor opção? Ou o seu apelo torna as salas de aula dos professores mais controláveis? Existem diferenças culturais importantes na emotividade, e as crianças em diferentes salas de aula trazem consigo essas variadas formas de estar na escola. Os períodos de calma podem ter valor para as crianças de todas as culturas, mas a autorregulação imposta às vezes pode ser uma fonte de desigualdade, exclusão e até mesmo de racismo para crianças de comunidades de cor. Da mesma forma, as emoções alegres e agressivas expressas nas brincadeiras ao ar livre podem nem sempre tornar os jovens tão receptivos em uma sala de aula tradicional. O ambiente de aprendizagem precisa se ajustar a essa gama mais ampla de emoções, em vez de sempre tentar encaixar as diversas emoções das crianças nas salas de aula convencionais.

Um currículo diversificado e inclusivo não deve abranger apenas o conteúdo da literatura ou da ciência, ou mesmo apenas as diferentes maneiras pelas quais os alunos aprendem melhor. Ele também deve ser sensível e responsivo às diferenças culturais e emocionais dos estudantes, incluindo ser falante ou quieto, fisicamente extrovertido ou impenetravelmente contido, calmo e deferente ou assertivo e ousado. Para que os professores tenham empatia com a gama de emoções diversas dos alunos, eles também precisam tomar consciência de suas próprias emoções – que elas não são neutras, universais ou superiores, mas específicas e fazem parte de suas próprias identidades.

Há momentos para a autorregulação emocional e também para a expressão e liberação de emoções. Em ambos os casos, os programas de aprendizagem social e emocional devem abordar um amplo leque de emoções, não apenas aquelas que facilitam ensinar para as crianças.

CONCLUSÃO

Se o bem-estar for percebido como não relacionado à aprendizagem ou à realização, se for visto como autoindulgência, se for minado por outras políticas que realmente promovem o mal-estar, ou se as formas aprovadas de estar bem não se ajustarem a algumas das culturas às quais as crianças pertencem, isso atrairá críticas e minará a confiança pública. O bem-estar é uma parte de nossas culturas e sociedades, que, por sua vez, nos ajudam a definir quem somos. O bem-estar, nesse sentido, é afetado por mudanças e variações em nossas culturas. Essas são as questões que abordamos nos próximos dois capítulos. No capítulo seguinte, examinamos duas mudanças sociais que trouxeram à tona a agenda do bem-estar e, no capítulo subsequente, analisamos três maneiras pelas quais essa agenda pode e deve se desdobrar no futuro próximo.

4

A ascensão do bem-estar: entre GERM e VUCA

Estamos agora na terceira década do século XXI. Quando olhamos para coisas como testes escolares e sistemas de exames, no entanto, às vezes parece que estamos presos no último século – ou mesmo no século anterior. Ao mesmo tempo, durante a pandemia de covid-19, a maioria de nós viveu momentos em que sentiu que estava correndo diretamente para o fim do mundo. Mesmo antes da pandemia, muitos jovens já estavam ficando entediados e frustrados com componentes obsoletos da educação pública que pareciam indiferentes às suas necessidades. No entanto, eles também se tornaram cada vez mais ansiosos e apreensivos em relação ao futuro. Os jovens e seu bem-estar estão sendo espremidos e pressionados para cima por dois grandes movimentos tectônicos de mudança social e educacional. Como uma montanha emergindo em grandes dobras geológicas à medida que as placas tectônicas a pressionam de ambos os lados, a busca pelo bem-estar está emergindo do subterrâneo. É uma nova característica de destaque na paisagem educativa.

Uma placa tectônica é pressionada por aquelas partes do passado que não tiveram paciência com a educação infantil integral e que, como o personagem de Charles Dickens, Thomas Gradgrind, se apegaram à posição de que "somente os fatos são desejados na vida"[220]. Esse movimento promoveu a padronização, a testagem e um esforço incansável para melhorar os números de desempenho em tudo, desde o produto interno bruto (PIB) na economia até os ganhos de pontuação em testes nacionais na educação – muitas vezes à custa do bem-estar das pessoas. A outra placa tectônica é um resultado do presente e do futuro. Ela é definida pela extrema incerteza e ampliada pela influência e pelo impacto das tecnologias digitais. A esses dois movimentos tectônicos já foram atribuídos os acrônimos GERM e VUCA.

GERM

Por pelo menos 30 anos, uma nação após a outra empurraram a educação infantil integral para as margens de suas políticas. Um movimento crescente colocou os dados e as avaliações no centro da reforma escolar. Esse movimento era obcecado por maximizar o crescimento econômico e melhorar os números do desempenho em tudo, desde linhas de montagem industrial até metas de saúde e tempos de voo. Inevitavelmente, o aumento da pontuação dos alunos nos testes foi absorvido pela mesma onda.

Kate Raworth, inventora da aclamada teoria da "economia donut", amplifica uma crítica crescente à economia convencional dizendo que a existência humana vai além do PIB[221]. Tributar mais renda e cortar serviços governamentais como a educação pública para construir um PIB maior, diz ela, não é a resposta. A maior fonte de desigualdade, aponta, não é a renda, mas a riqueza. Apenas 1% da população mundial – incluindo bilionários tecnológicos, como Bill Gates, Tim Cook, Mark Zuckerberg e Jeff Bezos – concentra mais de 50% da riqueza mundial. Nos Estados Unidos, apenas 0,1% possui um quinto[222].

Mariana Mazzucato, autora premiada de *O valor de tudo: produção e apropriação na economia global*, concorda[223]. Em meio à pandemia, ela alertou contra "uma nova austeridade para reduzir os enormes índices de endividamento em relação ao PIB" que surgiriam com os empréstimos do governo[224]. Obsessões com o crescimento e insistência na austeridade, quando o crescimento vai mal, são duas faces da mesma moeda. A desigualdade econômica é o limite rudimentar da injustiça que unifica crescimento e austeridade.

Richard Wilkinson e Kate Pickett utilizaram dados epidemiológicos para mostrar que em todas as nações e nas comparações entre estados nos Estados Unidos, o maior preditor de mal-estar é a desigualdade econômica[225]. Com a concentração da riqueza em cada vez menos mãos, desigualdade e pobreza causaram estragos na qualidade de vida das pessoas. Em 2018, Philip Alston, relator da Organização das Nações Unidas (ONU) para a pobreza extrema, descreveu cortes nos orçamentos das autoridades locais britânicas (incluindo orçamentos para escolas) de 50% como "insensíveis"[226]. Sob o governo austero do primeiro-ministro David Cameron, as taxas de desabrigados dobraram – muitas vezes entre os jovens[227].

Alston informou que nos Estados Unidos, um país com mais de 25% dos bilionários do mundo, "40 milhões vivem na pobreza, 18,5 milhões em extrema pobreza e 5,3 milhões vivem em condições de pobreza absoluta equivalentes às do Terceiro Mundo". Ao explicar as implicações para a qualidade de vida, Alston observou que os Estados Unidos "têm a mais alta taxa de pobreza juvenil da Organização para Cooperação e Desenvolvimento Econômico, e as mais altas taxas de mortalidade infantil entre os Estados comparáveis da OCDE". Seus cidadãos vivem vidas mais curtas e doentes em comparação com aqueles que vivem em todas as outras democracias ricas"[228].

Mesmo em sistemas escolares canadenses com resultados relativamente altos, as falhas no financiamento de apoio suficiente à saúde mental dos jovens da comunidade fora da escola levaram a suicídios evitáveis de jovens nos 10 distritos que estudamos. Os educadores consideraram essas histórias dolorosas. Nas cidades industriais, as escolas lutaram para manter a aprendizagem, mesmo quando os pais de seus alunos lutavam contra o desemprego ou tinham empregos que não pagavam um salário mínimo.

Esta era econômica orientada para o crescimento e intercalada pela austeridade, e que se estende desde os anos 1980 até o presente, tem sido acompanhada por políticas educacionais com foco nos números de desempenho e na delegação dos problemas de desigualdade às escolas. Esta tem sido a era do que Pasi Sahlberg, especialista finlandês em reforma educacional e professor da Universidade de New South Wales, chama de Movimento da Reforma Educacional Global (GERM, do inglês Global Education Reform Movement). Os sistemas educacionais sob o GERM se tornaram fixados na responsabilização de cima para baixo, educação para a competitividade econômica, ensino e aprendizagem padronizados e testes incansáveis de alto risco na busca de resultados de desempenho em constante melhoria[229].

O GERM começou no final dos anos 1980 e início dos anos 1990 no Reino Unido e em alguns estados dos Estados Unidos, incluindo Arkansas, Nova York, Tennessee e Texas. Entretanto, foi somente com a aprovação do ato Nenhuma Criança Deixada para Trás, de George W. Bush, de 2002, e da legislação Corrida para o Topo, de Barack Obama, de 2009, que a variante americana do GERM se tornou difundida em todo o país[230].

Como vimos no capítulo anterior, os testes em larga escala também foram introduzidos nos estados australianos e nas províncias canadenses, incluindo Ontário e Alberta. Outras nações também fizeram esforços para seguir os passos desses sistemas de língua inglesa com suas ênfases em alfabetização e matemática, resultados de testes e metas[231]. Globalmente, o Banco Mundial impôs condições para empréstimos que exigiam que os países menos desenvolvidos criassem padrões nacionais, estabelecessem bases de dados para comparar o desempenho escolar e introduzissem sistemas de testes padronizados[232]. Enquanto isso, depois que a Organização para a Cooperação e Desenvolvimento Econômico (OCDE) publicou seu primeiro conjunto de resultados de testes PISA em 2001 e produziu classificações comparativas de desempenho nacional, os governos começaram a concentrar seus esforços educacionais em maneiras para aumentar suas notas em alfabetização, matemática e ciências[233].

As características desse movimento orientado para o desempenho tiveram consequências adversas para o bem-estar dos estudantes. O currículo tornou-se uma sombra do que deveria ter sido. As artes, os estudos sociais e as atividades físicas cederam lugar a um foco interminável nas versões restritas de alfabetização, matemática e ciências. Os estudantes tornaram-se desmotivados. Eles ficaram cada vez mais ansiosos com os exames e testes, pararam de brincar ao ar livre, e as taxas de obesidade infantil dispararam. Como o falecido Sir Ken Robinson observou, as reduções no tempo de descanso que abriram caminho para a preparação para os testes resultaram em menos oportunidades para os alunos dos anos iniciais do ensino fundamental se exercitarem ao ar livre do que o tempo destinado para isso aos prisioneiros de segurança máxima nos Estados Unidos[234].

Sob o pesado fardo da subsistência, os jovens se tornaram menos propensos a ver sentido no que faziam ou a desenvolver um senso de propósito na escola e na vida. Mesmo quando os alunos eram bem-sucedidos, seu sucesso não significava que eles estavam bem física ou psicologicamente. De fato, nações competitivas, de alto desempenho, impulsionadas por testes na Ásia Oriental, juntamente com o Reino Unido, tiveram alguns dos piores registros de bem-estar infantil do mundo[235]. Cada vez mais estudantes estão experimentando o que o filósofo coreano-alemão Byun-Chul Han chama de "a sociedade do *burnout*", na qual as formas tradicionais de solidariedade social definharam e espera-se que todos sejam "empreendedores de si mesmos"[236].

Ainda assim, o GERM permaneceu, como um vírus teimoso que ainda não encontrou uma vacina ou uma cura, apesar das crescentes evidências de seus incalculáveis danos. Enquanto isso, outra era começou agora a emergir: uma que os especialistas em negócios e políticas chamam de VUCA.

VUCA

Surgindo a partir da teoria de gestão empresarial dos anos 1980, mas sendo cada vez mais utilizada em estratégia militar, negócios, política e estudos organizacionais desde o início dos anos 2000, VUCA é um acrônimo para quatro novos estados da vida social e política[237]:

- *Volatilidade* das mudanças que ocorrem a uma velocidade acelerada em direções variáveis.
- *Incerteza* das evidências, informações e da capacidade de prever o futuro.
- *Complexidade* das forças que interagem.
- *Ambiguidade* em relação ao que os eventos e as circunstâncias na verdade significam para diferentes identidades e perspectivas.

Um mundo VUCA resulta da rápida expansão das comunicações digitais, do crescente movimento global e da mistura de culturas e da proliferação de identidades interconectadas. Caracteriza-se pelo crescimento de uma economia "gig" flexível e insegura, de trabalho temporário, em tempo parcial, mal remunerado e em constante mudança, às custas de emprego previsível e seguro. Na educação, é evidente na profusão de escolas *charter* norte-americanas semiprivadas, "escolas livres" suecas e cadeias de "academias" (análogas às escolas *charter*) na Inglaterra. Ela pode ser observada no crescimento e disseminação de opções de aprendizagem *on-line*, híbridas e combinadas e na escalada das demandas de pais e mães ansiosos com interesses, agendas e identidades competitivas.

Se o GERM encaixa todos em caixas padronizadas e burocracias desumanizantes, o VUCA borra os limites da escolaridade e dos laços de identidade e confronta as pessoas com constantes incertezas. Mesmo seu aparente lado positivo, com suas implicações sem fronteiras, nos comunica perigosamente que, como diz o título de uma canção do Bon Jovi, as aspirações e realizações humanas são ilimitadas[238]. A convergência entre GERM e VUCA na educação aprisiona os jovens em um mundo que é controlador, competitivo e restritivo de um lado, ao mesmo tempo em que, de outro, é imprevisível, descontrolado e inseguro.

Não é surpreendente que essa convergência de forças tenha gerado uma crise de saúde mental de proporções globais entre os jovens. Ela tem se manifestado de inúmeras maneiras. Taxas crescentes de ansiedade, depressão e até mesmo suicídio estão ocorrendo em lugares tão distantes quanto as comunidades indígenas do norte do Canadá e dos Estados Unidos e nas nações supercompetitivas do Leste Asiático. A Coalizão para a Saúde Mental de Crianças e Jovens do Reino Unido descobriu que, em uma turma média de 30 alunos de 15 anos de idade,

- 3 podem ter um transtorno mental;
- 10 provavelmente testemunharam a separação dos pais;
- 1 pode ter vivenciado a morte de um dos pais;
- 7 provavelmente sofreram *bullying*; e
- 6 podem se autolesionar.[239]

A maior crise de refugiados em 70 anos trouxe cada vez mais crianças de famílias desabrigadas e de países devastados pela guerra para as salas de aula dos professores. Além de anos fora da escola, muitas crianças refugiadas também foram expostas a múltiplos incidentes de estresse pós-traumático envolvendo morte, violência e deslocamentos de famílias. Em 2015, um relatório do Instituto de Políticas de Migração sobre as *Necessidades Educacionais e Mentais de Crianças Sírias Refugiadas* descobriu que 79% dessas crianças estavam em luto por uma morte e metade delas sofria de transtorno de estresse pós-traumático[240]. Isso correspondeu a uma média de sete incidentes de estresse pós-traumático para alguns grupos. E, no entanto, espera-se que esses mesmos imigrantes se submetam com demasiada frequência às demandas inflexíveis que acompanham um currículo padronizado e testes de alto impacto.

Paralelamente a todas as questões que acompanham a chegada dos refugiados a muitos sistemas escolares, também tem havido um grande atraso em relação às injustiças históricas que vêm sendo cometidas com grupos marginalizados e oprimidos, tais como comunidades indígenas, negras, asiáticas, deficientes e LGBTQ, impondo maiores exigências aos professores para que eles atendam a todos aqueles a quem ensinam. O movimento Vidas Negras Importam (Black Lives Matter), em expansão nos Estados Unidos em 2020 após os assassinatos de afro-americanos, incluindo Willie McCoy, George Floyd e Breonna Taylor por policiais, espalhou-se pelo mundo em um movimento multirracial de indignação e protesto[241]. O Reino Unido, por exemplo, assistiu a uma cobertura destacada de celebridades negras e líderes comunitários sendo abordados e algemados pela polícia quando nenhuma ofensa evidente foi cometida[242].

A classe trabalhadora branca, por sua vez, também tem sido assolada por problemas, incluindo uma epidemia do que tem sido chamado de "mortes por desespero" relacionadas à adição a opioide e ao suicídio[243]. Muitos dos apoiadores de Donald Trump nos Estados Unidos e do Brexit na Grã-Bretanha têm se sentido ignorados, deixados de fora e para trás pelas elites liberais[244].

As desvantagens da tecnologia digital e das identidades virtuais estão acrescentando combustível a esse incêndio. Durante a última década, a tecnologia nos dispositivos portáteis, em tela, criou uma cultura juvenil de uso do Instagram e do TikTok voltada para o entretenimento superficial e a autoindulgência, atormentada pelo *cyberbullying*, bem como pela ansiedade adolescente sobre a imagem e a aparência. Uma pesquisa realizada em 2020 no Reino Unido com mais de 2 mil meninas sobre o uso da tecnologia por parte de jovens mulheres relatou que um terço da amostra não postaria *selfies on-line* sem melhorar digitalmente sua aparência[245].

Em seu livro *iGen: por que as crianças de hoje estão crescendo menos rebeldes, mais tolerantes, menos felizes e completamente despreparadas para vida adulta,* Jean Twenge atribui um pico nos níveis de ansiedade entre os adolescentes desde 2012 à posse e ao uso generalizado de *smartphones*. Desde 2012, o crescente envolvimento dos adolescentes com seus aparelhos tornou-os ironicamente menos vulneráveis a riscos pessoais como o abuso do álcool e a violência física[246]. Os adolescentes vão a menos festas e preferem passar tempo em seus quartos nas noites de sexta ou sábado; porém, sem dormir, sozinhos e em seus *smartphones* até tarde da noite, verificando o que todos os outros pensam deles e suas imagens. As meninas, especialmente, tornaram-se cada vez mais ansiosas e deprimidas.

Essa tendência, observa Twenge, tem ocorrido em todos os grupos socioeconômicos. Durante a pandemia de covid-19, o tempo de tela das crianças mais que dobrou e até triplicou, alcançando níveis muito superiores aos recomendados pelos pediatras[247]. Mesmo antes da pandemia, o tempo excessivo diante de telas por parte das crianças estava levantando preocupações generalizadas sobre danos neurológicos diretos e sobre a perda do interesse e da capacidade das crianças de ler profundamente, entendendo o significado, e não de ler rapidamente apenas para lembrar algo[248]. Um relatório de 2018 da Nature Canada descobriu que 76% das crianças em idade pré-escolar excederam o tempo máximo recomendado de uma hora diária de tela aconselhado pela Associação Canadense de Pediatria, com consequências negativas para o sono, os hábitos alimentares, a atividade física, o funcionamento cognitivo e a saúde mental[249]. Outras descobertas de pesquisa também apontaram os efeitos negativos do excesso de tempo na frente de telas durante a infância nos níveis de obediência e nas oportunidades para brincar ao ar livre[250].

Os jovens também parecem ser cada vez mais vulneráveis ao isolamento e à falta de propósito na vida. Os autores de tiroteios escolares nos Estados Unidos têm grande probabilidade de serem pessoas isoladas, intimidadas e de não terem um senso de pertencimento à escola[251]. Uma pesquisa no Reino Unido aponta que 27% dos jovens acreditam que a vida não tem nenhum sentido ou propósito[252]. Tudo isso contribuiu para a desconfiança em relação à liderança, para a diminuição do senso de cidadania e a perda da crença na própria democracia, uma vez que as pessoas se voltaram para homens fortemente demagogos, estrelas de programas de TV, comediantes e palhaços para obter respostas fáceis ou *quaisquer* respostas à sua situação.

Depois, além de tudo isso, no meio da maior pandemia dos últimos 100 anos e durante as consequências da pior recessão global desde a década de 1930, tudo o que muitos de nós tínhamos como certo – como uma boa saúde, um emprego seguro, uma democracia que funcione eficazmente e o simples fato de podermos enviar os nossos filhos para a escola – foi jogado para o ar. Como explica Greta Thunberg, ativista sueca das alterações climáticas, e como aqueles que possuem conhecimento indígena compreenderam durante milênios, essas múltiplas crises não são uma coincidência infeliz[253]. Vivemos em um planeta interligado. As crises são todas parte de uma mesma coisa. Como espécie, perdemos o nosso caminho. O mundo está saindo do seu eixo e é tempo de voltarmos a colocá-lo no lugar.

A ASCENSÃO DO BEM-ESTAR

Entre os dois movimentos tectônicos de GERM e VUCA, uma nova característica está emergindo no panorama educacional – um movimento voltado para a abordagem das preocupações das pessoas sobre bem-estar, identidade e qualidade de vida. Mesmo antes da covid-19, havia mais do que alguns sinais de que a prevalência do mal-estar e a necessidade de bem-estar estavam começando a chamar a atenção das pessoas. A emergência da psicologia positiva deu destaque ao bem-estar e às formas de alcançá-lo nas interações cotidianas. Estas incluíam a meditação para atenção plena, o desenvolvimento da resiliência e de mentalidades de crescimento em vez de mentalidades fixas e o treinamento das pessoas para gerir as suas emoções. *Spas*, retiros de bem-estar e aulas de ioga tornaram-se propostas comerciais florescentes. Epidemiologistas e organizações transnacionais, tais como o Fundo das Nações Unidas para a Infância (Unicef), produziram provas e indicadores que evidenciaram os países com os mais altos níveis de bem-estar. Eles identificaram políticas sociais e econômicas nesses países que outros poderiam imitar. Por último, o crescimento de uma cultura de comunicação social em que celebridades do esporte e do entretenimento começaram a relatar problemas de saúde mental, tais como depressão, dependência química ou terem sido alguma vez vítimas de *bullying*, tornou mais fácil para muitas outras pessoas enfrentarem suas lutas psicológicas e atribuírem maior prioridade ao bem-estar na sua educação e nas suas vidas.

No meio da pandemia global, estamos recebendo ainda mais ideias sobre como pôr o mundo em ordem. Os funcionários do setor público que, há pouco tempo, eram apresentados como custos para a economia, são agora apreciados como trabalhadores essenciais que arriscaram suas vidas todos os dias para nos manterem saudáveis, alimentados e seguros. Desde as varandas da Itália até as portas do Japão, populações inteiras aplaudiram os sacrifícios feitos pelos seus trabalhadores do setor da saúde. Cada vez mais cidadãos veem agora líderes nacionais quase totalitários que não conseguiam lidar com a pandemia como "imperadores nus". Em vários países, esses cidadãos estão mostrando sinais de que buscam por lideranças políticas mais empáticas, inclusivas, colaborativas e que respeitem mais a ciência e a competência.

As pessoas comuns de toda parte se mobilizaram para ajudar seus vizinhos, apoiar as pessoas vulneráveis e para simplesmente cumprimentar umas às outras quando se enxergavam, em novas relações de civilidade. À medida que o tráfego nas ruas e nos céus diminuía, muitas pessoas começaram também a reconectar-se com o mundo natural. Conseguiam ouvir os pássaros cantando novamente. Os educadores reuniram soluções inovadoras de alta e baixa tecnologia para a necessidade de aprender em casa com incrível engenhosidade e rapidez. O movimento Vidas Negras Importam (Black Lives Matter) tem visto pessoas de muitas raças e religiões juntarem-se em todo o mundo para procurar justiça para grupos que têm sido marginalizados e oprimidos há gerações.

O mundo está acordando. Estamos despertando do nosso sono. Agora, em vez de um maior crescimento econômico e de um desempenho educacional mais elevado por si só, cada vez mais pessoas e os seus governantes estão lidando com maneiras como as escolas e outras organizações podem enriquecer e melhorar a nossa qualidade de vida coletiva. O desempenho econômico é uma razão para ter boas escolas públicas, mas não é de modo algum a única ou mesmo a principal. Há mais na vida do que ser economicamente produtivo ou ser capaz de ter um bom desempenho em testes.

Como as escolas ajudam os jovens a desenvolverem um sentido de propósito na vida, a tratarem os outros com dignidade, a formarem amizades, a construírem identidades positivas, a tornarem-se cidadãos responsáveis, a viverem vidas saudáveis e gratificantes, a experimentarem o prazer, a exercerem liderança, a vivenciarem sentimentos de admiração pela espiritualidade ou natureza, a fazerem frente à injustiça, etc.? Como podem as nossas escolas compreender a infância como algo que tem um valor intrínseco e não apenas como uma sala de espera para empregos ou outros aspectos da vida adulta? Em vez de ensinar as crianças apenas a executar tarefas ou a produzir, por que não podemos também ensiná-las a estarem e a viverem juntas, como seres humanos? Como desenvolver crianças como pessoas integrais, em vez de destinarmos esforços desproporcionais para aumentar a sua capacidade de ter um bom desempenho em testes e exames? Essas são as questões que devem definir a agenda educacional na próxima parte do século XXI. Elas não se limitam a acrescentar bem-estar às nossas prioridades de melhoria educacional, mas deslocam o bem-estar para o centro das nossas prioridades.

O BEM-ESTAR E A PANDEMIA

Se algum educador ou político que respeite a si próprio alguma vez pensou que o bem-estar tinha um lugar nas escolas, mas era secundário em relação à aprendizagem real, ao que as crianças alcançavam e aos resultados dos testes, a pandemia de covid-19 afastou-os dessa noção.

Nos primeiros meses de 2020, uma grande doença espalhou-se por todo o mundo. Foi a pandemia mais virulenta e de maior alcance em mais de um século. O novo coronavírus varreu os países. Infectou milhões. Atingiu especialmente os idosos e os vulneráveis. Foi uma pandemia de saúde física de proporções sem precedentes.

Se essa crise não foi suficiente, seguiu-se rapidamente uma segunda pandemia de problemas de saúde mental e emocional entre adultos e jovens. Em quase 200 países, a covid-19 fechou escolas durante meses a fio. Mais de um bilhão de crianças foram confinadas em casa, tentando aprender com a ajuda das suas famílias ou em dispositivos digitais, longe do apoio dos seus professores e das suas escolas[254].

De repente, pudemos testemunhar como era o mundo sem escolas e professores. Esse era um mundo onde pais e mães trabalhadores tinham de se tornar professores substitutos não certificados, onde as crianças se isolavam dos seus amigos e colegas e onde os lados bons e maus da tecnologia e do ensino *on-line* ficavam expostos à vista de todos. À medida que os professores e os sistemas escolares correram para reagir, muitas das preocupações imediatas eram sobre as perdas de aprendizagem, sobre o acesso desigual à tecnologia para aprender em casa e, mais tarde, sobre a necessidade de suspender os exames de fim de curso que forneciam certificação para o trabalho ou para a entrada na universidade. As organizações transnacionais, incluindo o Banco Mundial e a OCDE, estimaram que a economia global iria sofrer enormes prejuízos devido à perda de aprendizagem e de competências não desenvolvidas[255]. Mais graves ainda eram as crescentes disparidades de aprendizagem entre crianças de famílias mais ricas e mais pobres durante a covid-19[256].

Ainda pior do que tudo isso, porém, era o que estava acontecendo com os estudantes vulneráveis. Os jovens estavam agora completamente à mercê dos seus ambientes domésticos, sem proteção pública compensatória e sem prestação de serviços aos que se encontravam em circunstâncias domésticas caóticas e por vezes abusivas. Muitas dessas crianças não só tinham famílias que haviam sido mergulhadas na pobreza pela covid-19. Elas já viviam frequentemente em ambientes superlotados e altamente estressantes antes da pandemia. Esses estudantes estavam aprendendo menos do que os seus pares mais privilegiados. Um número sem precedentes deles tornou-se incomunicável e caiu completamente fora do radar das suas escolas[257].

A professora Jess Whitley, da Universidade de Ottawa, e seus colegas, entrevistaram 265 pais e mães que tinham filhos com necessidades especiais identificadas e realizaram entrevistas com 25 deles sobre suas experiências de aprendizagem *on-line* durante a pandemia. De modo não surpreendente, descobriram que a pandemia exacerbava os efeitos da presença ou da ausência de abordagens inclusivas que já existiam antes dela. Os autores observaram que "aqueles que tinham dificuldades financeiras, de trabalho ou de saúde, ou que podiam contar com menos recursos, descreveram um encerramento repentino dos serviços" e das terapias[258]. Enquanto alguns pais descreveram "*check-ins* regulares e personalizados, por *e-mail*, telefone ou videoconferência" do assistente educacional ou professor do seu filho, nem todos receberam esse tipo de ligação. Além disso, "prestava-se muito pouca atenção à ligação entre os colegas durante a aprendizagem em casa", e os pais sentiram que esse lapso afetava a saúde mental dos seus filhos. Em comentários tristes sobre a natureza problemática da escolaridade "normal" antes da pandemia, alguns pais observaram "que os seus filhos ficavam mais calmos, mais felizes e mais descansados do estresse dos horários escolares e das ansiedades sociais" durante a aprendizagem em casa e até consideraram a possibilidade de tirarem os seus filhos do sistema público assim que a pandemia acabasse.

No entanto, Whitley chamou a atenção para o fato de algumas das famílias com estudantes com necessidades especiais não saberem como utilizar as tecnologias de assistência que as escolas empregavam para ajudar os seus filhos a acessar e expressar a sua aprendizagem. Ela também observou que outros pais estavam perturbados por não conseguirem explicar aos seus filhos com deficiências graves por que não podiam simplesmente ir à escola, estar com os seus amigos e desfrutar de suas rotinas regulares[259].

Após semanas ou meses em casa, quase todos os estudantes perderam o apoio presencial dos seus professores. Muitos jovens vivenciaram a pobreza e o estresse. Eles viram membros da família adoecer, ou pior, e tiveram poucas oportunidades de brincar fora de suas casas. As taxas de abuso doméstico e as lutas pela custódia aumentaram drasticamente durante a pandemia de covid-19[260]. Não foram poucos os alunos que se viram forçados a abrigar-se com pais que representavam uma ameaça à sua saúde mental. Alguns estudantes LGBTQ, por exemplo, descreveram os graves custos para a saúde mental de se verem presos com pais homofóbicos[261]. Em condições mais comuns, muitas crianças simplesmente perderam os hábitos que as escolas lhes ensinam – como sentar em círculo, à espera da sua vez, ou saber ouvir e cooperar.

Levantamentos das experiências dos professores durante a pandemia de covid-19 em vários países revelaram que os estudantes vulneráveis estavam no topo das suas prioridades e preocupações. Os educadores de todo o mundo perceberam que a hierarquia de necessidades de Abraham Maslow deveria vir antes da taxonomia de Benjamin Bloom de objetivos de aprendizagem – certamente durante a pandemia e talvez o tempo todo[262]. Abrigo, alimentação e segurança básicos passaram a ter precedência sobre as preocupações acadêmicas tradicionais e todas as suas manifestações modernas, tais como as competências globais e as competências do século XXI.

Os professores entraram em contato com os seus alunos mais vulneráveis e as suas famílias assim que puderam – dentro de alguns dias após o fechamento das escolas, sempre que possível. Porém, muitos sistemas educacionais temiam processos judiciais por parte de pais que protestavam contra o tratamento desigual de algumas crianças comparadas a outras. Ou que desconfiavam das medidas de proteção e salvaguarda das crianças, em que professores sem supervisão poderiam estar ligando para crianças que estavam despidas ou em ambientes inadequados. Ou continuaram a funcionar como as burocracias pesadas e inabaláveis da regulamentação de cima para baixo que sempre foram[263]. Esse tipo de sistemas fez com que professores desesperados esperassem duas ou mesmo quatro semanas antes de lhes ser permitido utilizar o seu julgamento profissional e estabelecer contato com os pais. Os professores queriam ser os primeiros profissionais treinados, especializados e colaborativos a responder aos seus alunos que se encontravam em crise. Porém, quando tentavam chegar às famílias, muitos sistemas educacionais não confiavam neles como profissionais e simplesmente barravam seu caminho.

Todas essas questões em torno da saúde física e mental das crianças foram ainda mais amplificadas quando chegou o momento de decidir se, e como, elas deveriam regressar à escola enquanto o coronavírus ainda estava presente. Após um período de compromisso quase unânime de manter as crianças em casa para protegê-las e também porque inicialmente se pensou que poderiam ser superdisseminadoras do vírus a adultos vulneráveis, a maré da opinião e os especialistas começaram a se mover na direção oposta.

À medida que as férias de verão do Hemisfério Norte se aproximavam e era necessário tomar decisões sobre planos para a reabertura (ou não) de escolas no outono de 2020, as associações pediátricas dos Estados Unidos e do Reino Unido, juntamente com pediatras do hospital pediátrico de Toronto, Canadá, indicaram que os riscos físicos colocados pela covid-19 estavam agora sendo ultrapassados pelos problemas de saúde mental que cada vez mais jovens experimentavam ao resistir a um isolamento prolongado em casa[264]. No Canadá, as crianças dos anos iniciais do ensino fundamental passavam mais de cinco horas por dia na frente de uma tela, mais que o dobro do limite recomendado pelas diretrizes da Associação Canadense de Pediatria[265]. Durante a pandemia, uma equipe de investigação do Reino Unido realizou uma rápida revisão de 83 artigos sobre o impacto da solidão e do isolamento "na saúde mental de crianças e adolescentes anteriormente saudáveis". Os investigadores concluíram que "as crianças e adolescentes são provavelmente mais propensos a experimentar elevadas taxas de depressão e muito provavelmente ansiedade durante e após o fim do isolamento forçado"[266]. Mesmo antes da pandemia de covid-19, um terço dos adolescentes dos Estados Unidos disseram que estavam deprimidos ou sobrecarregados pelo estresse e que o maior fator de estresse nas suas vidas era a escola[267]. Uma pesquisa de 2017 com mais de 5 mil estudantes do ensino médio da Inglaterra encontrou resultados semelhantes, especialmente no que diz respeito aos efeitos das redes sociais sobre a saúde mental[268]. Os adolescentes foram o grupo etário mais propenso a experimentar problemas de saúde mental durante a covid-19[269].

Conectando as realidades pré e pós-pandêmicas voltadas para o bem-estar dos adolescentes, uma pesquisa britânica com mais de mil adolescentes descobriu que as taxas de depressão durante a pandemia subiram 2%, mas as taxas de ansiedade tinham de fato caído 10%[270]. Alguns estudantes, como aqueles que têm algum transtorno do espectro autista, outros que tinham sido vítimas de *bullying* nas escolas ou estudantes que eram negativamente afetados por pressões do ensino médio, experimentaram de fato algum alívio do estresse quando passaram a aprender em casa.

Ainda que adolescentes como esses tenham valorizado a fuga dos estresses da escola de ensino médio, no geral, cresceu um movimento poderoso para que as crianças regressassem à escola. Era importante que esse regresso fosse feito em segurança e com todas as garantias e os apoios adequados. Um ponto interessante é que muitos dos países que o fizeram com mais sucesso foram os do Norte da Europa que já tinham um forte compromisso e um histórico positivo em termos de bem-estar. Nações como a Noruega e a Dinamarca reabriram cedo as escolas, utilizaram medidas de desinfecção rigorosas, separaram as classes, agruparam as crianças em turmas menores e em módulos em que podiam interagir internamente, mas estavam protegidas umas das outras, e realizaram aulas ao ar livre sempre que possível[271].

Apesar de toda a agitação entre as empresas tecnológicas – e entre alguns políticos e sistemas educacionais – a respeito de uma nova alvorada para a aprendizagem mista ou híbrida para além das paredes da escola após a covid-19, a necessidade física das escolas como lugares que apoiam o desenvolvimento saudável das crianças e como locais para as crianças estarem para que seus pais e mães possam voltar ao trabalho tornou-se inquestionável. A grande questão seria agora sobre as condições sob as quais as crianças deveriam regressar à escola durante e após uma pandemia.

Em defesa do retorno à escola, além da questão da saúde mental das crianças havia um argumento econômico adicional. A maioria dos pais e mães só podia trabalhar se os filhos fossem cuidados fora de casa. A revista *The Economist* foi uma das primeiras a reconhecer essa verdade e a defender publicamente essa posição[272]. Vários governos começaram a alinhar-se a favor desse argumento, mas não estavam dispostos a comprometer recursos ou pessoal adicional para oferecer condições nas escolas públicas que fossem seguras, adequadas e suficientes para a saúde mental e a aprendizagem das crianças.

O antigo presidente dos Estados Unidos Donald Trump e a sua secretária da Educação, Betsy DeVos, ameaçaram os estados que não exigissem que pais e mães mandassem os seus filhos de volta à escola com a retirada dos fundos federais para a educação, mesmo quando os níveis de infecção pelo coronavírus nesses estados estavam entre os mais elevados do mundo[273]. Após uma indecisão considerável na tentativa de coordenar uma resposta que acomodasse uma colcha de retalhos nacional de academias semelhantes às escolas *charter* dos Estados Unidos, o ministro da Educação da Inglaterra anunciou sumariamente que os pais e mães que não devolvessem os seus filhos à escola em setembro de 2020 seriam multados[274].

Em Ontário, o governo conservador que sucedeu à administração do Partido Liberal de Kathleen Wynne ofereceu inicialmente várias soluções que os distritos escolares podiam escolher. Estas incluíam opções combinadas de tempo parcial na escola e tempo parcial em casa com aprendizagem *on-line*. Eventualmente o governo obrigou que escolhessem entre aprendizagem em tempo integral na escola, aprendizagem em tempo parcial no ensino médio, operando dia sim, dia não, com turmas menores, ou exigia aprendizagem *on-line* sincronizada em casa, ministrada por diferentes conjuntos de professores, durante várias horas por dia[275].

Essa combinação de opções de regresso às aulas que também foram adotadas em muitos outros lugares foi parodiada em uma sátira norte-americana de uma mensagem do distrito escolar aos pais. A paródia era tão engraçada quanto assustadoramente próxima da verdade. Uma pergunta falsa e as suas respostas opcionais assemelhavam-se a esta:

Neste outono, você prefere:

1. Aprendizagem presencial e medo constante.
2. Aprendizagem híbrida, misturando medo constante com um pouco de caos logístico.
3. Aprendizagem remota, combinando caos logístico com o manto frio do isolamento devastador.
4. Se mudar para o Maine e inaugurar seu próprio *homeschool*[276].

CONCLUSÃO

Para além da covid-19, o bem-estar dos jovens dependerá de mais investimento, não de menos, porque muitos deles precisarão especialmente de aconselhamento e apoio extra. As crianças precisam estar na escola por razões econômicas, educacionais e de saúde mental. Porém, dado tudo o que aprendemos sobre a primazia do bem-estar das crianças, a consideração econômica não deve ignorar, anular ou minar as outras duas. Temos de encontrar uma forma melhor de associar o grande quadro da mudança social e econômica antes, durante e depois da pandemia, à proteção e à promoção do bem-estar e da qualidade de vida dos jovens no dia a dia.

Como devemos fazer isso? A resposta a essa pergunta é o objetivo dos próximos três capítulos. Eles abordam três forças que teremos de aproveitar a fim de alcançar plenamente o bem-estar de todos os nossos estudantes nos próximos anos. São elas a prosperidade em vez de austeridade na política econômica e social; a ética em vez de usos exagerados das tecnologias de aprendizagem digital; e o engajamento com a natureza restauradora em vez de condenar as crianças ao transtorno de déficit de natureza que resulta em excesso de tempo dedicado à instrução adicional e à preparação para testes dentro de casa.

5

Prosperidade para todos: a economia social do bem-estar

Muitas das competências e perspectivas que são identificadas com a psicologia social e são por ela influenciadas atendem a um propósito valioso nas escolas e são ferramentas que os professores podem utilizar para ajudar os seus alunos a serem saudáveis e a prosperar. Os professores podem assumir as necessidades básicas para garantir segurança e proteção. Eles podem ajudar os estudantes a se desenvolverem para se tornarem resilientes e para se recuperarem de contratempos e adversidades. Podemos ter salas de aula e escolas em que as crianças desenvolvem uma sensação de entusiasmo incontrolável, semelhante ao da cantora, compositora e atriz Dolly Parton, sendo, antes de tudo, difíceis de serem colocadas para baixo. As escolas podem ensinar às crianças a linguagem e as estratégias para serem calmas e silenciosas quando as suas emoções ficam fora de controle. Podem proporcionar oportunidades de exercício, respiração e alongamento, para que os corpos das crianças não estejam em desacordo com as suas mentes. As escolas podem também cultivar mentalidades de crescimento, para que os alunos não fiquem abatidos ou se sintam derrotados quando não conseguem compreender ou realizar algo em um primeiro momento. Tudo isso são coisas inestimáveis para ensinar a todos – especialmente àqueles que são mais vulneráveis.

A pesquisa em psicologia social fornece aos professores abordagens baseadas em evidências para melhorar o bem-estar dos seus estudantes. Ela tem levado aos professores ferramentas e conhecimentos que vão muito além do velho adágio de estabelecer expectativas elevadas. Agora existe um corpo de pesquisa e prática que mostra exatamente como essas expectativas elevadas podem ser acionadas para melhorar a aprendizagem e o bem-estar.

No entanto, o bem-estar ainda representa mais do que comportamento individual nas aulas e nas escolas. Os estados de bem-estar variam de acordo com os grupos sociais. A crise do coronavírus afetou a saúde mental de praticamente todas as pessoas, mas os adolescentes foram mais vulneráveis do que a maioria. O suicídio é sempre uma tragédia pessoal, mas em 1897 o sociólogo francês Émile Durkheim foi o primeiro a salientar que as taxas de suicídio variavam dependendo do grau de integração social ou não, da sociedade em que os suicídios ocorriam[277]. Atualmente, as taxas de suicídio de jovens são muito mais elevadas entre os grupos vulneráveis nas comunidades indígenas, entre os estudantes LGBTQ, ou em países onde as pressões de exames escolares operam a níveis extremos e criam culturas de ansiedade e perfeccionismo, por exemplo[278].

Uma abordagem detalhada do bem-estar de estudantes e professores deve, portanto, considerar tanto dimensões sociais como psicológicas. Temos de adotar uma posição interdisciplinar e abordar as condições sociais, econômicas e políticas nas sociedades e comunidades em que os alunos são educados e aprender a otimizar ou alterar as perspectivas de bem-estar dos jovens. Precisamos engajar nossos estudantes na aprendizagem sobre como contribuir para as suas comunidades e sociedades, agora e no futuro, de forma a apoiar a sua própria saúde física e mental e a dos outros, paralelamente ao sucesso acadêmico.

Estudantes e educadores são seres humanos integrais. As suas vidas e o seu trabalho fazem parte do mundo e não estão separados dele. Todos são afetados pelo quadro geral da mudança social, econômica e ambiental. Acreditamos que também deveriam ser responsáveis por contribuir e ajudar a moldar esse grande quadro de forma consciente e deliberada, por meio da forma como os estudantes aprendem, do que os educadores ensinam e como todos eles vivem as suas vidas.

Assim como um filme, estes capítulos vão, portanto, abordar três destas questões inescapáveis e mais amplas que estão afetando o bem-estar de todos e que o farão em um futuro próximo. Voltamos então para abordar o que esses elementos significam para os protagonistas que definem as narrativas cotidianas do ensino e da aprendizagem. Comecemos com a ameaça da austeridade econômica e a promessa do seu oposto – prosperidade social.

DESIGUALDADE

A maioria de nós é atraída pelas classificações internacionais. Quer se trate de medalhas olímpicas ou de desempenho educacional, queremos saber qual é a nossa posição e quem é o melhor. Mesmo aqueles que dizem ser contra as classificações competitivas estão frequentemente entre os primeiros a anunciar os resultados quando as suas instituições ou países estão próximos ao topo.

As classificações de bem-estar atraem o mesmo fascínio. Quem são as pessoas mais felizes do mundo? Quais são as nações mais saudáveis? Onde se encontram os melhores lugares para viver? A maioria das pessoas fica curiosa. Elas querem realmente saber.

Quando analisamos os países que pontuam alto em vários indicadores de bem-estar, as mesmas nações ou os mesmos tipos de nações encabeçam a lista. A partir de 2020, os cinco países mais felizes segundo a Organização das Nações Unidas (ONU) eram Finlândia, Dinamarca, Suíça, Islândia e Noruega (o Reino Unido ocupava o 13º lugar, e os Estados Unidos, o 18º)[279]. No índice de percepção de corrupção da Transparência Internacional (Transparency International), Dinamarca, Nova Zelândia, Finlândia, Singapura e Suécia eram os países menos corruptos[280]. Segundo a Economist Intelligence Unit, as democracias "plenas" do mundo eram Noruega, Islândia, Suécia, Nova Zelândia e Finlândia[281].

Em 2020, o Fundo das Nações Unidas para a Infância (Unicef) publicou um boletim intitulado *Mundos de influência: entendendo o que molda o bem-estar das crianças nos países ricos* (*Worlds of influence: understanding what shapes child well-being in rich countries*). O Unicef classifica 38 países de acordo com indicadores relacionados aos objetivos de bem-estar no que diz respeito às crianças. Os cinco principais países são Holanda, Dinamarca, Noruega, Suíça e Finlândia. O Reino Unido ocupa a 27ª posição; os Estados Unidos, a 36ª; e Canadá, Austrália e Nova Zelândia estão todos em baixa, na terceira dezena[282].

O que explica essas classificações e o aparecimento repetido de vários dos mesmos países do Norte da Europa próximo ao topo? Dois pesquisadores que se fascinaram pelos fatores que explicam as variações no bem-estar entre diferentes países e também entre os estados dos Estados Unidos são os epidemiologistas britânicos Richard Wilkinson e Kate Pickett.

Os epidemiologistas estiveram em destaque durante a pandemia de covid-19. Noite após noite, nos noticiários, explicaram como e por que o vírus e os seus efeitos variaram entre diferentes grupos demográficos e como e onde se propagou. No seu livro mais vendido de 2009, *The spirit level* (*O nível*), Wilkinson e Pickett utilizaram métodos epidemiológicos para identificar o fator que, em termos estatísticos, explicou mais do que qualquer outro as diferenças de bem-estar entre nações e estados[283].

Wilkinson e Pickett concluíram que o bem-estar e o seu oposto, o mal-estar, são o resultado não da riqueza absoluta e da pobreza, ou do crescimento econômico ou da recessão, mas dos níveis relativos de desigualdade econômica em termos de renda e riqueza. Acima dos níveis básicos de sobrevivência, o que afeta o bem-estar de alguém não é quanto dinheiro ele tem ou quão pouco ele possui. É a sua posição econômica e o seu *status* em comparação com outros o que afeta o seu bem-estar como indivíduo e a todos como sociedade. Quer se trate de saúde mental, dependência de álcool, dependência de drogas, obesidade, gravidez na adolescência, taxas de prisão, incidentes de violência, níveis de desconfiança, *bullying* nas escolas, ou insucesso escolar – os padrões são os mesmos. A desigualdade econômica é a principal causa do mal-estar.

A Figura 5.1 apresenta o padrão geral. O eixo horizontal mostra o aumento da desigualdade de renda à medida que você se move da esquerda para a direita. O eixo vertical representa o aumento dos problemas de saúde e sociais à medida que você sobe no gráfico.

Os países do canto inferior esquerdo – Japão, juntamente com os habituais candidatos nórdicos Noruega, Suécia e Finlândia – têm melhor desempenho em questões de saúde e sociais e baixa desigualdade econômica. No canto superior direito estão os seus opostos – Estados Unidos, Reino Unido e Portugal. Estes são países com elevadas desigualdades e problemas de saúde e sociais mais generalizados.

Os mesmos padrões aplicam-se nas comparações entre estados dos Estados Unidos, como ilustra a Figura 5.2. Os estados norte-americanos com maior desigualdade econômica, incluindo Alabama, Mississippi e Louisiana, são também os que apresentam o pior desempenho em termos de problemas de saúde e sociais. Tanto em termos dos Estados Unidos como internacionais, essas diferenças são

Figura 5.1 Relação entre desigualdade de renda e problemas de saúde e sociais das nações.

Fonte: Reproduzida de *The spirit level: why greater equality makes societies stronger* (p. 20), de R. Wilkinson e K. Pickett, 2009, Bloomsbury Publishing.

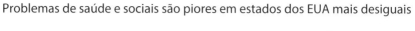

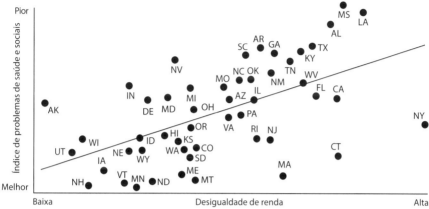

Figura 5.2 Relação entre desigualdade de renda e problemas de saúde e sociais nos estados dos Estados Unidos.

Fonte: Reproduzida de *The spirit level: why greater equality makes societies stronger* (p. 22), de R. Wilkinson e K. Pickett, 2009, Bloomsbury Publishing.

também evidentes na relação entre desigualdade econômica e bem-estar infantil, como é evidente em comparações país a país na Figura 5.3, sendo Holanda, Finlândia, Suécia, Noruega e Dinamarca os países com melhores desempenhos.

"Os problemas nos países ricos", afirmam Wilkinson e Pickett, "não são causados pelo fato de as sociedades não serem suficientemente ricas". Pelo contrário, o que importa é que "a escala das diferenças materiais entre pessoas", a certa altura, torna-se simplesmente "demasiado grande. O que importa é a nossa posição em relação aos outros na nossa própria sociedade"[284].

O impacto da desigualdade social foi excruciantemente evidente durante a pandemia de covid-19. Os grupos mais propensos a infecção, doença e morte não eram apenas os idosos e doentes. Nos Estados Unidos, de acordo com um artigo publicado pela National Public Radio, "Comunidades de cor estão sendo atingidas de forma desproporcionalmente dura pela covid-19". As mortes afro-americanas foram "quase duas vezes superiores ao que seria de esperar com base na sua cota da população", e os riscos de ser um caso confirmado chegaram a ser "quatro vezes maiores" entre os hispânicos[285]. No Reino Unido, o risco de morte entre as pessoas com origem em Bangladesh era o dobro do que seria de esperar entre os britânicos brancos. "Os chineses, indianos, paquistaneses, outros asiáticos, caribenhos e outros negros também enfrentam ... um risco de morte entre 10 e 50% maior do que o dos britânicos brancos."[286]

Bem-estar infantil é maior em países ricos menos desiguais

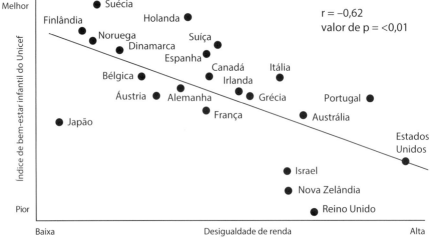

Figura 5.3 Relação entre desigualdade de renda e bem-estar infantil nos países.
Fonte: Reproduzida de *The spirit level: why greater equality makes societies stronger* (p. 23), de R. Wilkinson e K. Pickett, 2009, Bloomsbury Publishing.

A Public Health England, uma agência executiva do Departamento de Saúde e Assistência Social do Reino Unido, atribuiu parte do problema ao racismo e à discriminação históricos que desencorajaram as comunidades minoritárias a procurar ajuda ou a exigir melhor equipamento de proteção das agências oficiais ou dos supervisores de trabalho. Além disso, também identificou as condições de vida e ocupacionais dos trabalhadores pobres, entre os quais muitas minorias étnico-raciais estão concentradas, como estando no cerne da questão[287]. Depois de viajantes internacionais terem introduzido o coronavírus em um novo país, este propagou-se mais rapidamente entre as comunidades mais pobres do que em outras comunidades.

As sociedades caracterizadas por elevados níveis de desigualdade econômica proporcionam tipicamente proteção limitada, inclusão insuficiente e oportunidades mínimas para os seus membros mais fracos e mais vulneráveis. Essa situação tornou-se evidente durante a pandemia de covid-19, mas já era generalizada muito antes desse momento. Anne Case, professora emérita de Economia e Assuntos Públicos da cátedra Alexander Stewart 1886, na Universidade de Princeton, e seu colega professor de Princeton e Prêmio Nobel de Economia de 2015, Angus Deaton, documentaram os efeitos devastadores da desigualdade econômica sobre a saúde e o bem-estar dos americanos no seu texto sinistro intitulado, *Deaths of despair and the future of capitalism* (*As mortes por desespero e o futuro do capitalismo*)[288].

Case e Deaton coletaram dados sobre o aumento das taxas de "mortes por desespero" entre diferentes populações e estudaram as mortes por suicídio ou causadas por envenenamentos lentos resultantes de dependência de opiáceos ou de doença hepática alcoólica. Essas mortes por desespero também se refletiram em uma diminuição da qualidade de saúde nas mesmas populações vulneráveis, em termos de dor, angústia mental e solidão.

Eles relatam que, nas décadas de 1970 e 1980, as mortes por desespero atingiram sobretudo os afro-americanos. Os seus empregos nas áreas pobres foram os primeiros a serem atingidos pela primeira onda de globalização, como William Julius Wilson havia documentado em *Quando o trabalho desaparece* (*When work disappears*)[289]. Nos últimos 20 anos, porém, a classe branca trabalhadora – especialmente aqueles sem formação universitária – tem, no sentido mais devastador, recuperado o atraso. Enquanto as taxas de mortalidade dos negros têm diminuído ligeiramente, "as dos brancos da classe trabalhadora aumentaram"[290]. A mais recente onda de globalização tem atraído este segundo grupo demográfico para o seu abraço mortal. Depois disso, Case e Deaton avisam, a classe média suburbana dos Estados Unidos, com empregos de colarinho branco, será a próxima, a menos que algo seja feito para interromper essa tendência.

Um fosso crescente de riqueza nos Estados Unidos trouxe consigo a perda de empregos tradicionais da classe trabalhadora. A pobreza, para muitos, tem sido a consequência, mas a situação envolve ainda mais do que isso. Os empregos temporários, que têm sido muitas vezes apontados como contribuindo para reduzir as taxas de desemprego, são não sindicalizados, sem benefícios e muitas vezes insuficientes para assegurar um salário adequado. As pessoas que têm de trabalhar em vários empregos perdem a sensação de pertencer a qualquer um deles em particular. As perspectivas de promoção e as esperanças de melhoria são escassas, e os locais de trabalho dos Estados Unidos sofrem de uma epidemia do que se chama "presenteísmo"[291]. As pessoas aparecem para trabalhar quando estão doentes, com baixo desempenho e mesmo em risco de infectar outras porque não podem se dar ao luxo de perder os seus empregos e benefícios de saúde. Os autores Case e Deaton advertem: "Destrua o trabalho, e, no final, a vida da classe trabalhadora não consegue sobreviver. É a perda do sentido, da dignidade, do orgulho e do respeito próprio... que provoca o desespero, não apenas (ou principalmente) a perda de dinheiro"[292].

No livro *The inner level* (*O nível interno*), uma sequência do livro anterior de Wilkinson e Pickett, os autores apresentam dados que ligam a desigualdade de renda à ansiedade de *status* – se, e em que medida, as pessoas sentem que os outros as desprezam por causa da sua posição financeira. Eles descobriram que a ansiedade de *status*, juntamente com todo o estresse a ela associado, aumenta com a desigualdade de rendimentos[293]. Quanto maiores forem as disparidades, mais as pessoas são capazes de desprezar os outros. O jornalista britânico Owen Jones e o filósofo da Universidade de Harvard Michael Sandel lamentam a forma como a classe trabalhadora e as pessoas sem educação superior, respectivamente, têm sido alvo do "último preconceito aceitável" das elites liberais[294]. No seu artigo no *New York Times* intitulado *"The resentment that never sleeps"* ("*O ressentimento que nunca dorme*"), publicado imediatamente após as eleições presidenciais nos Estados Unidos em 2020, Thomas Edsall observa como "a redução de *status* se tornou uma fonte de raiva tanto à esquerda como à direita" e aponta "a raiva dos eleitores brancos sem ensino superior por causa da sua desvalorização pelas elites liberais"[295].

As mesmas questões são visíveis no Reino Unido pós-Brexit. Deborah Mattinson, no seu livro *Beyond the red wall* (*Além da parede vermelha*), realizou entrevistas em três comunidades de classe trabalhadora fortemente pró-Brexit, apoiadas por Boris Johnson, no Norte de Inglaterra. Uma delas é a cidade de Accrington, onde Andy cresceu e o lugar em que focou suas memórias sobre educação e vida trabalhadora[296]. As pessoas em Accrington e comunidades como ela, relata Mattinson, acreditam que o Partido Trabalhista Britânico as abandonou e se tornou o partido da classe média do Sul[297]. Em um artigo sobre bancos de alimentos de Natal na vizinha Burnley, a BBC News gravou as palavras angustiadas e ultrajantes de uma mulher morrendo de câncer que se sentia "zangada porque as pessoas não estão ouvindo"[298].

No entanto, ironicamente, como Arlie Hochschild, socióloga da Universidade de Berkeley, constatou quando foi viver entre os apoiadores de Donald Trump na Louisiana, não são os espetacularmente ricos que provocam o maior ressentimento entre os que "não têm nada". São aqueles que parecem ter um pouco mais e parecem estar recebendo isso por meios injustos, tais como discriminação positiva, proteção sindical ou benefícios sociais não conquistados, que se tornam o alvo da raiva e da frustração[299]. Por que isso ocorre?

Não se pode negar que nos Estados Unidos uma parte significativa da resposta tem relação com raça e racismo sistêmico. Quando o fisioterapeuta e autor Jonathan Metzl viajou pelos Estados Unidos para entrevistar eleitores de direita, brancos e membros da classe trabalhadora, encontrou uma mentalidade do tipo "o feitiço virou contra o feiticeiro". Os entrevistados do seu livro, *Dying of whiteness* (*Morrendo de branquitude*), votariam prontamente a favor de políticas que os prejudicariam – e em termos de saúde, até os matariam – desde que houvesse alguém que os defendesse na Casa Branca, ou na sede do governo estadual, que não deixasse os imigrantes sem documentos ou as "rainhas da previdência social" negras receberem benefícios na educação, na saúde ou na assistência social às suas custas[300].

Não é simplesmente o caso, argumenta Metzl, de a classe trabalhadora branca ter um preconceito racista profundamente enraizado que de alguma forma é misteriosamente atribuído ao seu DNA. Pelo contrário, as políticas promovidas por aqueles que gozam de privilégios econômicos extremos exploram *toda* a classe operária. Baixam os impostos para os ricos e reduzem os cuidados de saúde e o financiamento das escolas públicas, minando a credibilidade e a confiança do público na legitimidade dos processos democráticos. Eles tranquilizam a classe trabalhadora branca recorrendo e amplificando a sua posição de longa data, em termos de estatuto social, de que, o que quer que lhes aconteça, como o sociólogo e ativista dos direitos civis W. E. B. Du Bois disse certa vez, pelo menos eles são "não negros"[301].

Um velho provérbio africano lembra-nos que "à medida que o charco encolhe, os animais olham-se uns aos outros de forma diferente". Quando a riqueza se concentra em menos mãos, há recompensas e oportunidades reduzidas para todos os demais. À medida que as desigualdades se aprofundam, os laços oportunos para uma mobilidade social ascendente diminuem. A competição pelas poucas vagas que restam torna-se mais intensa à medida que as classes médias tentam proteger o seu privilégio contra aspirantes com mobilidade ascendente. As pressões relacionadas aos exames escolares se intensificam. Os serviços de aulas privadas se tornam negócios em expansão. Os "pais superprotetores", como os dinamarqueses e os holandeses os chamam, eliminam todos os obstáculos dos caminhos dos seus filhos. Os pais transmitem as suas ansiedades aos seus filhos por causa de realidades econômicas que pioram consideravelmente.

Em meio a toda essa seleção e classificação, os estudantes que vivem em endereços mais pobres apresentam os piores resultados. David Lammy, o secretário de Justiça do *shadow cabinet* no Reino Unido, se desespera com o fato de que "uma criança em uma das áreas mais carentes da Inglaterra tenha dez vezes mais probabilidades de frequentar uma escola de ensino médio que 'precisa de reforma' ou que é 'inadequada' do que uma criança em uma das áreas menos carentes". Ele conclui que "as crianças mais pobres recebem uma educação mais pobre", o que é claramente injusto[302]. Parte da razão, continua ele, é a competição e escolha da escola, na qual as escolas com melhor desempenho "não inscrevem" ou eliminam os alunos com pior desempenho, muitos dos quais têm necessidades especiais, pouco antes de os exames serem realizados[303].

A situação é a mesma nos Estados Unidos. As crianças pobres vão à escola em distritos que, em comparação com os distritos mais ricos, recebem menos financiamento. Essas escolas têm concentrações mais elevadas de estudantes de minorias raciais. Os seus professores são, no geral, menos qualificados e menos bem pagos[304]. Nas escolas com menos recursos financeiros, os estudantes também têm menor probabilidade de acesso à tecnologia digital[305].

Com a possível exceção de Cuba, todas as sociedades – mesmo as nações escandinavas – são caracterizadas por alguma medida de desigualdade. O que leva a problemas sociais de mal-estar não é a coexistência de pessoas mais ricas e mais pobres, mas de pessoas que são muito ricas e muito pobres. Essas são sociedades em que os salários e os bônus dos CEOs são centenas de vezes superiores aos dos seus empregados mais mal pagos. "Se os governos compreendessem as consequências de amplas diferenças de rendimentos, estariam mais interessados em evitá-las", argumentam Wilkinson e Pickett[306].

MAIOR IGUALDADE

As sociedades com menos desigualdade econômica são países com fortes recordes de bem-estar entre crianças e adultos. Elas oferecem lições para todos nós. As diferenças de rendimento e riqueza são menores. O apoio dos governos aos cidadãos vulneráveis que ficam doentes, desempregados ou se tornam idosos é mais forte. O Fundo Global de Pensões do Governo Norueguês (GPFG, do inglês Government Pension Fund Global), por exemplo, protege todos os seus cidadãos durante pelo menos duas gerações "investindo as receitas dos fornecimentos de petróleo do Mar do Norte"[307]. Em sociedades caracterizadas por elevados níveis de bem-estar, as organizações, incluindo as empresas, são operadas de modo mais cooperativo – com governo, executivos e trabalhadores empenhados em construir suas companhias e em partilhar as recompensas. A qualidade de vida é valorizada e os serviços de saúde estão disponíveis para todos.

Finalmente, os sistemas de educação pública desses países são fortes. Os professores em todas as escolas são bem formados e altamente qualificados. A maioria dos pais envia os seus filhos para a escola pública local porque confiam que a escola local é também a melhor escola para eles. Os sistemas escolares são construídos com base na cooperação e na confiança na democracia e no profissionalismo e não em modelos de responsabilidade e de mercado de concorrência impostos externamente. Com a exceção singular da Holanda, em que a escolha da escola está associada a liberdades religiosas históricas, os setores privados da educação são pequenos, tal como as instituições quase privadas, sob a forma de escolas e academias *charter*[308].

Será que um sistema de educação pública forte melhora realmente o bem-estar e será que a ausência de um sistema como esse de fato resulta em mal-estar? A Suécia oferece aqui uma lição importante. Única entre os países escandinavos, a Suécia nos últimos 20 anos avançou no sentido de defender escolas *charter* ao estilo americano sob a forma das chamadas "escolas livres", que eram frequentemente propriedade e geridas por empresas de fundos de cobertura. Na sequência dessas reformas, os resultados da Suécia nos testes internacionais PISA da Organização para a Cooperação e Desenvolvimento Econômico (OCDE) caíram mais rapidamente do que os de qualquer outro país[309]. Além disso, sua posição no *ranking* do Unicef relativo ao bem-estar das crianças caiu. O país deixou de estar entre os cinco primeiros para estar no 10º lugar em termos globais em 2020. Dentro dessa métrica global, a Suécia ocupa, na realidade, o 22º lugar no *ranking* de saúde mental dos jovens. É agora de longe a posição mais baixa de todos os países escandinavos[310].

Se queremos mais bem-estar para muitas famílias e estudantes nas escolas e sociedades – não apenas para alguns nesta escola ou naquela classe, pontualmente –, precisaremos criar sociedades que sejam mais iguais. Teremos de reduzir as disparidades de rendimento e riqueza e não apenas as disparidades de desempenho educacional. No seguimento da pandemia, o presidente dos Estados Unidos, Joe Biden, liderou um movimento para estabelecer globalmente impostos mínimos sobre as empresas, de modo que aquelas extremamente ricas paguem impostos justos onde negociam. A sua administração também comprometeu recursos substanciais para reduzir a desigualdade econômica, combater as desigualdades no financiamento escolar e reduzir pela metade as taxas de pobreza infantil. É tempo de todos os líderes prestarem atenção à observação sábia de Nelson Mandela de que "não pode haver revelação mais perfeita da alma de uma sociedade do que a forma como ela trata as suas crianças"[311]. Essa afirmação deve ser evidente em políticas que forneçam apoio suficiente para os cuidados à primeira infância, licença parental devidamente remunerada e sistemas escolares públicos fortes que funcionem para todas as crianças em toda a parte. Embora certamente necessitemos de interações mais otimistas e positivas em todas as nossas instituições, precisamos também construir sociedades e sistemas escolares decentes, inclusivos e mais equitativos.

AUSTERIDADE

A desigualdade está intimamente interligada à austeridade econômica. À medida que a pandemia de covid-19 se aprofundava, os secretários e ministros da educação em todo o mundo ficavam cada vez mais preocupados com a possibilidade de, à medida que as dívidas contraídas pelas pessoas que estavam perdendo o emprego aumentavam, os seus secretários e ministros das finanças poderem mergulhar a educação pública e todas as despesas governamentais em anos de austeridade. Essa decisão atingiria principalmente os pobres, e os filhos dos pobres, o que mais temiam. A austeridade foi a principal estratégia para alcançar a recuperação financeira após o colapso econômico global de 2008. Por que deveria ser diferente desta vez?

No entanto, a austeridade não é nem inevitável nem desejável. Escrevendo em 2014, após a crise econômica global, Robert Reich, ex-secretário do trabalho do presidente Bill Clinton, insistiu que a austeridade econômica era "um disparate perigoso", um "falso óleo de cobra" para "salvar a economia, matando-a". A austeridade, ele demonstrou, apenas exacerbou a pobreza e o sofrimento e aumentou a desigualdade, porque "95% dos ganhos econômicos desde o início da recuperação em 2009 foram para os 1% mais ricos"[312]. A fraca resposta da administração Trump ao coronavírus, que a tornou líder mundial na mortalidade por covid-19, apesar de ter apenas 4% da população global, foi em si mesma uma consequência de anos de austeridade no financiamento da saúde pública[313].

Os principais economistas concordam com Reich. Mariana Mazzucato salienta que é o governo, e não o setor privado, que irá sobretudo gerar novo valor por meio da criação de empregos, da expansão da saúde pública e outros serviços públicos e do fim da lacuna digital[314]. De fato, governos fortes e bem financiados deram as respostas mais decisivas, colaborativas, transparentes e coerentes à crise pandêmica. Essa é a abordagem que as estratégias de educação pós-pandêmica também irão exigir.

Kate Raworth aponta o dedo para as empresas tecnológicas que dependiam do financiamento governamental para iniciar as suas inovações. É tempo de devolverem o que é devido ao governo, argumenta ela[315]. Ao fazê-lo, os líderes políticos poderão mudar o seu foco de um produto interno bruto (PIB) cada vez mais elevado para gerar mais rendimento tributável dos 99% de maneiras que também protegem a riqueza dos super-ricos para tributar a riqueza extrema, a fim de melhorar a qualidade de vida de todos, diz ela. Raworth faz parte de um coro de críticos de economistas convencionais que dizem que há mais na existência humana do que aumentar o PIB.

Robert Reich aponta para a ascensão dos bilionários das grandes empresas de tecnologia como a emergência de uma nova oligarquia – um pequeno grupo de super-ricos que controlam tudo o que importa. Em *The system: who rigged it, how we fix it* (*O sistema: quem o manipulou, como nós o consertamos*), ele explica que o fosso crescente entre os 1% – ou mesmo 0,1% – e todos os outros não é principalmente o resultado de forças impessoais como a tecnologia e a globalização. É a consequência de concentrações deliberadas de riqueza e poder[316].

Na opinião do Reich, os oligarcas não estão comprometidos com o bem público. Eles recompensam as participações de curto prazo nas suas empresas em vez de proporcionarem benefícios em longo prazo para a economia. Aumentam a remuneração executiva para níveis astronômicos que não são justificados pelo desempenho. Pagam frequentemente zero impostos federais devido a isenções, disparidades ou realocações estratégicas das sedes das empresas para fora do estado ou em *offshores*. E, após os colapsos econômicos que as suas ações provocam, pressionam pela austeridade na educação, na saúde e em outras áreas. Essas práticas afetam negativamente os membros mais fracos ou comuns da sociedade, a fim de liberar recursos para os super-ricos. Nem os democratas nem os republicanos, conclui Reich, têm estado "empenhados em desafiar a crescente concentração da riqueza e do poder na América"[317].

Em *Plutocratas: o crescimento dos novos super-ricos globais e a queda de todos os demais*, Chrystia Freeland, ministra das Finanças do Canadá e vice-primeira--ministra, afirma que o mundo é agora uma plutocracia regida pelos ricos[318]. Além de todas as estratégias listadas por Reich, Freeland mostra como as famílias das superelites compram para seus filhos lugares nas melhores universidades, fazendo grandes doações a essas instituições. Constroem fundações sem fins lucrativos onde podem abrigar a sua riqueza e defender as suas próprias causas com dólares subsidiados pelos impostos. Também se apropriam da agenda global de mudança social, ao mesmo tempo em que socializam em eventos apenas para convidados em Davos e Aspen.

Em *Os vencedores levam tudo: a farça de que a elite muda o mundo*, o jornalista Anand Giridharadas descreve como certos temas são incluídos ou excluídos dessas conferências e das populares TED Talks. Dirigidas a um público de negócios, tecnologia e política, as TED Talks podem abordar neurociência, psicologia positiva ou tecnologia inovadora. Por vezes, levantam questões de diversidade. Porém uma coisa que não abordarão é a desigualdade econômica.

Por que não? Giridharadas cita um organizador de TED Talks que diz: "A pobreza é essencialmente uma questão que se pode abordar pela caridade. Desigualdade", no entanto, "tem a ver com a forma como se ganha o dinheiro que estamos antes de tudo dando de volta". "Combater a desigualdade significa mudar o sistema." Isso significa ter "de olhar para o seu próprio privilégio [de riqueza]"[319].

PROSPERIDADE PARA TODOS

A alternativa à austeridade é a prosperidade. Normalmente entendemos prosperidade como significando grande fortuna, especialmente em termos financeiros. Porém, a origem latina de *prosperus* é simplesmente "fazer bem". A prosperidade é, na raiz, "uma condição de sucesso, florescimento ou condição favorável"[320]. A preocupação com o crescimento econômico é o aumento da *riqueza das nações*. A alternativa da prosperidade, ou o que consideramos como uma "Doutrina da Prosperidade", lida com a melhoria da *saúde das nações*.

Algumas das mulheres líderes mais inspiradoras do mundo, como Jacinda Ardern, da Nova Zelândia, e Katrin Jakobsdóttir, da Islândia, seguem o exemplo de economistas mulheres, incluindo Raworth e Mazzucato, ao darem primazia à qualidade de vida, ao lado e mesmo à frente do crescimento econômico. A primeira-ministra da Escócia, Nicola Sturgeon, falou por todas elas quando disse: "A meta e o objetivo de toda a política econômica deve ser o bem-estar coletivo" ou, como explicou mais adiante, "criar um mundo que considere a qualidade de vida de uma pessoa como um bem tão precioso como o sucesso financeiro"[321].

Depois de todos os sacrifícios que os cidadãos comuns e os trabalhadores de serviços essenciais fizeram durante a pandemia em todo o mundo, este é um momento para reconstruirmos algo melhor para todos a partir da busca por uma ousada nova Doutrina da Prosperidade. Ao fazê-lo, será estabelecida uma maior segurança na qualidade de vida de todos, investiremos em mais empregos e forneceremos mais fontes de apoio na educação pública em toda a parte. Podemos conseguir isso se fizermos o seguinte:

- *Investirmos no setor público, incluindo a educação pública, a fim de ajudar a reconstruir a economia.* O setor público não é um sorvedouro do PIB, mas um contribuinte ativo dele, sobretudo por meio dos empregos e da renda que ele oferece, os quais têm um efeito multiplicador na geração de gastos que impulsionam as vendas.

- *Fornecer ajuda aos estudantes vulneráveis* que têm retornado às escolas com problemas de saúde mental provocados pelo isolamento social e pelo fato de terem sido confinados por longos períodos com suas famílias em que se têm registrado aumentos nas batalhas pela custódia de crianças, taxas crescentes de violência doméstica e problemas de pobreza e segurança alimentar básica.

- *Aumentar a igualdade e a oportunidade.* Este resultado pode ser alcançado, em parte, a partir da expansão dos empregos públicos, que é frequentemente o primeiro passo para os jovens de famílias desfavorecidas. Os jovens com mobilidade ascendente normalmente não têm acesso às redes internas de famílias privilegiadas do setor privado. Setores públicos fortes aumentam as taxas de mobilidade social ascendente, oferecendo empregos de classe média com base no mérito[322].

- *Criar programas de treinamento vocacional de alto nível.* Esta iniciativa aumentará o *status* dos empregos da classe trabalhadora e diminuirá o ressentimento. Uma consequência da pandemia é que algumas fábricas voltarão de outros países. A disponibilidade de bens essenciais já não pode depender de cadeias de abastecimento globais vulneráveis. Estes novos postos de trabalho da classe trabalhadora requerem formação sofisticada[323].

- *Ensinar os jovens sobre a existência e a ética do imposto sobre a riqueza, a evasão de impostos e a evasão fiscal.* Este esforço deve ir além do ensino da alfabetização financeira e da gestão do imposto sobre o rendimento. Os jovens precisam deixar a escola com opiniões socialmente responsáveis sobre a gestão da riqueza de outras pessoas, bem como sobre a sua própria. É tempo de enfrentar o *privilégio da riqueza* além do *privilégio dos brancos*.

CONCLUSÃO

As nossas sugestões não são utopias. Durante a pandemia, Heather Boushey, conselheira econômica do presidente dos Estados Unidos Joe Biden, defendeu políticas governamentais como o apoio aos desempregados porque, dentre outras coisas, elas geram uma demanda dos consumidores em manter a economia funcionando[324]. Em *Unbound: how inequality constricts our economy and what we can do about it* (*Sem restrições: como a desigualdade restringe a nossa economia e o que podemos fazer a respeito*), ela salienta que, quando os ricos protegem as suas próprias vantagens e bloqueiam ainda mais a mobilidade ascendente, a sua ação não é apenas injusta, mas também é ineficiente. "A desigualdade econômica", diz ela, "impede a produtividade e o crescimento ao bloquear o fluxo de pessoas, de ideias e de novo capital"[325]. Em outras palavras, a desigualdade e a austeridade minam a prosperidade na qualidade de vida das pessoas, bem como em termos de melhoria material.

A qualidade de vida e a melhoria econômica podem e devem caminhar em conjunto. Se a prosperidade para todos for o nosso objetivo, então o crescimento não deve ser uma obsessão perpétua. Austeridade que dizima o bem público, que esvazia bibliotecas, escolas e outros serviços públicos vitais de recursos e que recompensa os já abastados não pode ser a resposta.

A Doutrina da Prosperidade tem a ver com a reconstrução de todos, para melhor. Trata-se de criar as condições econômicas, sociais e educacionais para a equidade e a inclusão que melhorarão as oportunidades e a qualidade de vida de todos os jovens. Deve focar em fazer do bem-estar uma prioridade, como base para uma sociedade saudável, na qual todos os jovens possam florescer.

6

Uso ético da tecnologia: o lado moral da vida na tela

Antes da pandemia, uma das questões que mais dividia a opinião entre professores e pais era o uso da tecnologia nas escolas. Os seus defensores abraçaram e promoveram a ideia de aprendizagem digital a qualquer hora e em qualquer lugar. A tecnologia digital, acreditavam eles, engajaria os alunos, estimularia a inovação e daria um fim às "escolas fabris" que pertenciam a uma era passada. Seus opositores, por sua vez, consideravam os dispositivos digitais como instrumentos que banalizavam a aprendizagem, minavam o profissionalismo dos professores, distraíam os alunos e ameaçavam seu bem-estar. Assim, enquanto alguns sistemas educacionais forneciam *laptops* e outros dispositivos para cada criança, outros impunham proibições totais ao uso de *smartphones* nas dependências das escolas.

POTENCIAL DIGITAL

Considerando o lado positivo da questão do uso da tecnologia nas escolas, podemos dizer que nossas pesquisas no Canadá e em cinco estados norte-americanos revelaram muitos benefícios, mesmo antes da pandemia. Em Ontário, os estudantes usaram recursos *on-line* para desenvolver projetos inovadores e envolventes. Os professores acompanharam e registraram a aprendizagem dos alunos com *smartphones* e *tablets* digitais, a fim de fornecer um *feedback* formativo em tempo real. Os alunos do ensino médio desenvolveram um aplicativo para alertar os professores quando um de seus colegas estava passando por problemas de saúde mental. Estudantes com necessidades especiais usaram dispositivos e programas para converter textos em sons, e vice-versa, a fim de superar barreiras à alfabetização e melhorar seu desempenho na escrita.

Centenas de professores em um desses distritos se inscreveram para um curso *on-line* altamente valorizado sobre atenção plena (*mindfulness*). Outros professores em nosso projeto nos Estados Unidos planejaram juntos um currículo em locais rurais isolados. Todos esses usos da tecnologia tinham um valor inegável.

Os professores raramente são os dinossauros digitais que alguns críticos alegam. Dados da Organização para a Cooperação e Desenvolvimento Econômico (OCDE) revelam que, em 2018, 15 países relataram que 60% ou mais dos professores já utilizavam a tecnologia digital em seu ensino, esse número aumentando para mais de 80% na Dinamarca e na Nova Zelândia[326]. Muitos países haviam aumentado significativamente seu uso de tecnologia nos cinco anos anteriores a esse relatório.

Durante a pandemia de covid-19, a tecnologia digital foi um salva-vidas para muitos jovens e seus pais e mães. Em muitos casos, ela foi a diferença entre aprender remotamente e não aprender de forma alguma. Aprender em casa com suporte digital beneficiou alguns estudantes com transtorno de déficit de atenção/hiperatividade (TDAH) que podiam sair de seus assentos, deitar-se na mesa da sala de jantar quando precisavam, às vezes pegar um brinquedo fofinho para conforto e geralmente se movimentar mais, de maneiras que não eram permitidas na escola[327]. Estudantes tímidos, que tinham medo de falar nas aulas regulares, às vezes encontravam uma nova confiança quando podiam expressar suas opiniões no seu próprio ritmo através de um dispositivo. Muitos alunos, incluindo os próprios netos de Andy, de 6 e 8 anos de idade, gostaram de fotografar seu trabalho e enviá-lo ao professor, carregar e baixar material, fazer vídeos para apresentações em sala de aula, ouvir e ler textos, autoavaliar seu progresso, sentirem-se orgulhosos de conduzir sua própria aprendizagem, apertar botões e abas para organizar o material, ensinar seus próprios professores sobre habilidades digitais quando estes tinham dificuldades e entregar seu bilhete de saída no final das aulas.

Em todo o mundo, professores que nunca haviam ministrado uma aula *on-line* de repente se viram responsáveis por alguma forma de aprendizagem virtual. Ao longo do tempo, os professores relataram melhorias significativas em suas competências digitais. A jornalista australiana Sophie Black observou que, depois de um tempo, "a tecnologia funcionou mais suavemente, os professores se tornaram mais confortáveis diante da câmera e os diretores incorporaram o *feedback* dos pais"[328]. Uma pesquisa da OCDE com administradores educacionais sêniores relatou que os esforços para manter algum tipo de continuidade de ensino para os alunos foram "elaborados de forma colaborativa incluindo os professores" em 75% dos casos[329].

Com ajuda, professores do ensino básico e do ensino superior começaram a dominar até mesmo alguns dos desafios mais assustadores do ensino remoto *on-line*, incluindo a construção de relacionamentos. Dennis e alguns de seus colegas do Boston College, por exemplo, relataram ter obtido as melhores avaliações de alunos de todos os tempos. Isso porque, durante seus dias flexíveis de trabalho em casa, esses professores puderam se comunicar com cada estudante mais efetivamente do que durante os dias "normais" do *campus*, lotados com aulas, reuniões e compromissos de projetos de pesquisa.

Os guias de recursos *on-line* também começaram a chegar aos professores. Eles às vezes atacavam os problemas mais difíceis, tais como os aspectos emocionais da interação *on-line*. Por exemplo, dois colegas de Andy da Universidade de Ottawa, Michelle Hagerman e Hugh Kellam, produziram um módulo sobre como desenvolver relações com os alunos em um espaço virtual[330]. Ele incluiu as ideias de uma professora baseada em uma escola pública de Detroit com quem Hagerman havia trabalhado em uma pesquisa em 2017. Essa professora tinha colocado fotos pessoais dela mesma e de seus alunos na página inicial da escola. Ela organizou e moderou fóruns de discussão que permitiram aos alunos refletir sobre o curso, sua própria aprendizagem e o desenvolvimento de suas habilidades digitais. A professora solicitava continuamente o *feedback* dos estudantes e o utilizava para melhorar seu ensino *on-line*. Durante todo o ano letivo, ela se engajou com os alunos em seus próprios códigos de linguagem, dialetos e expressões coloquiais, não apenas para incentivar a diversidade cultural, mas também para mantê-los concentrados em sua aprendizagem[331].

Hagerman e Kellam acrescentaram outras sugestões sobre como construir conexões emocionais. Estas incluem o uso de GIFs e memes para tornar mais leve o processo de *feedback* e agendar o tipo de interações individuais que os estudantes tanto valorizam. Eles também forneceram procedimentos e oportunidades claras para os alunos entrarem em contato com seus professores quando experimentaram dificuldades.

PERIGOS DIGITAIS

Mesmo com todas essas melhorias e ajustes, porém, professores, estudantes e pais continuaram preocupados com o fato de o ensino *on-line* ser ineficaz e indesejável. Na pandemia, todos foram forçados a fazer da melhor maneira possível um trabalho ruim. Pensando no longo prazo, no entanto, milhões não consideraram o ensino *on-line* como uma opção viável.

Em uma pesquisa realizada pela Associação de Professores de Alberta em junho de 2020, com cerca de 2.500 professores e administradores, um professor relatou "sentir-se desmotivado para ensinar a distância quando mais de 50% da minha turma não está participando e os pais estão descarregando suas frustrações em mim. Isso me faz sentir como se eu não fosse bom em meu trabalho quando na verdade estou dando o melhor de mim e lutando contra meus próprios sentimentos de depressão e ansiedade por causa dessa situação"[332]. Algo estava ocorrendo que nunca havia acontecido na história da educação pública. Todos os dias, os pais observavam os professores ensinando. Porém, muitas vezes os professores não gostavam da maneira como precisavam ensinar nesse novo contexto. Eles não se sentiam especialmente bons no que faziam.

Alguns pais interrompiam as aulas *on-line* quando não estavam satisfeitos com o que viam. Um líder de distrito escolar canadense teve de enviar uma carta a todos os pais pedindo que não criticassem os professores *on-line* quando não aprovavam o que estava acontecendo, por exemplo[333]. Cabe destacar que sempre há respostas rudes, mensagens subliminares e comentários injuriosos nas aulas regulares. Porém, *on-line*, esses acontecimentos cotidianos da escola regular tornam-se visíveis e audíveis para todos, incluindo os pais. Quando todos estão assistindo, isso é o pesadelo de um professor.

A professora australiana Amra Pajalic reclamou que o ensino a distância tinha "todas as partes ruins do trabalho – as correções, o acompanhamento administrativo, a criação de aulas digitais que muitas vezes não eram executadas devido a problemas na internet – e nenhuma das partes boas – o sentimento de satisfação quando uma aula era bem executada, quando se ajudava um aluno com um problema e o olhar nos rostos dos meus alunos quando eles alcançam um resultado". Em contraste, na sala de aula normal, disse ela, era possível "ver a partir dos cadernos deles, enquanto eu andava pela sala de aula, quem estava enfrentando dificuldades"[334].

Em uma pesquisa *on-line* concluída para a publicação norte-americana *Education Week*, 82% dos educadores disseram que o engajamento dos estudantes caiu após a instituição do ensino a distância[335]. Uma pesquisa sobre o ensino a distância na Austrália constatou que 68% dos professores do ensino fundamental achavam que essa modalidade estava tendo um impacto negativo sobre o bem-estar dos alunos[336].

Um comentário desolador sobre o impacto emocional da aprendizagem domiciliar durante a pandemia, publicado no *Washington Post,* apresentou trechos de 60 histórias e obras de arte de estudantes[337]. Um aluno do 5º ano fez uma descrição de como ele estava preocupado com o fato de que, em uma corrida entre suas emoções, a raiva estava alcançando a tristeza, com a felicidade se posicionando por último. Uma aluna do jardim de infância se mostrou gritando "Não! Não! Não!" na frente de seu computador. "As crianças estão perdendo o interesse pela comida", relataram os autores do artigo. "Elas estão reclamando de dores nas costas e olhos que ardem. Elas estão desenvolvendo sentimentos de depressão". Matthew Biel, chefe da divisão de psiquiatria infantil e adolescente da Escola de Medicina da Universidade de Georgetown, disse: "sua criança de 7 anos quer ser reconhecida quando levantar a mão. Muitas vezes [isso] não acontece no Zoom. Eles querem poder fazer um comentário, fazer uma piada com um colega – não podem fazer isso, não é permitido conversar. Querem poder se levantar e andar pela sala de aula e não podem fazer isso, precisamos ver seu rosto na tela"[338].

Refletindo sobre suas observações no final de 2020, o jornalista Ross Barkan, da cidade de Nova York, concluiu que a aprendizagem remota "ainda é um substituto de brilho insuficiente para a socialização que ocorre como resultado do ensino em uma sala de aula física". Ele continuou, "os alunos fazem amigos, aprendem uns com os outros e formam laços cruciais com seus professores". As crianças pequenas precisam, em particular, da aprendizagem presencial. O desenvolvimento mental e emocional adequado não pode acontecer em isolamento"[339].

Ironicamente, embora a aprendizagem remota por meio da tecnologia digital tenha sido uma das maiores fontes de frustração educacional durante a covid-19, ela se tornou o centro de uma campanha global em defesa por uma nova alta tecnologia normal após a pandemia. Os críticos não ficaram impressionados. Enfrentando todo o entusiasmo exagerado entre os formuladores de políticas e filantropos sobre "reinventar" a ideia básica da escola por meio da tecnologia, Daniel Willingham e Benjamin Riley, dois renomados especialistas em políticas e conselheiros de organizações, argumentaram no *Washington Post* que "precisamos de menos sonhos de sistemas transformadores e revoluções tecnológicas"[340]. Em vez disso, eles disseram, precisamos de *"maior ênfase nos seres humanos engajados na educação"* (destaques deles). Escrevendo no *The Atlantic*, a especialista em educação infantil Erika Christakis reclamou que a pandemia não foi o primeiro momento em que "parecemos cada vez mais buscando soluções tecnologicas rápidas – lições 'automonitoradas' de matemática em iPads e outros dispositivos – as quais afastam as crianças pequenas dos adultos encarregados de ensiná-las" e das conexões emocionais e faciais que são essenciais no desenvolvimento precoce do cérebro[341].

A QUESTÃO DO TEMPO NA FRENTE DAS TELAS

O caráter de "ida e volta" das discussões sobre benefícios e riscos da tecnologia é particularmente intenso nos debates sobre o tempo que as crianças e os adolescentes passam na frente das telas. Durante a pandemia, milhões de crianças pequenas vivenciaram cerca de 200 minutos por dia de ensino em tempo real, exigido pelo governo, o que vai muito além das diretrizes pediátricas recomendadas para o tempo passado na frente de telas. No Canadá, por exemplo, durante as restrições da covid-19, crianças de 5 a 11 anos de idade passavam cerca de cinco horas por dia na frente de telas – excedendo o máximo de duas horas por dia recomendado pela Sociedade Canadense de Pediatria (que é o dobro da quantidade recomendada por suas congêneres americanas)[342]. Mark Tremblay, diretor de pesquisa sobre vida ativa saudável e obesidade no Hospital Infantil de Ontário Oriental, expressou preocupação com a imensa quantidade de tempo que as crianças passavam em atividades realizadas na frente de telas durante a pandemia. Ele alertou que "todas essas tentações estão associadas a um risco maior de todas as coisas que tememos: problemas de saúde física, mental e emocional"[343].

O uso excessivo de telas pode, de fato, ser prejudicial. No documentário *O dilema das redes*, Tristan Harris, ex-funcionário do Google responsável por ética digital, descreve como os estímulos para comportamentos aditivos, tais como os usados na indústria de jogos *on-line*, são incorporados às características de *design* dos programas *on-line*. Ele se refere a seus antigos empregadores como nada menos do que "Frankensteins digitais". Estudo após estudo mostram como esses padrões de comportamento induzidos digitalmente estão ligados ao aumento da depressão em quase 40% dos usuários, enquanto as taxas de depressão e ansiedade caem quando o uso das mídias sociais é limitado a não mais do que 10 minutos por dia[344].

Em consonância com essa literatura em expansão denunciando a quantidade de tempo que os jovens de hoje passam em frente às telas, alguns dos consultores de saúde mental de nosso estudo em Ontário tinham a preocupação de que seus colegas que estavam implantando inovações tecnológicas em suas salas de aula não estavam prestando atenção aos aspectos negativos de seus esforços. Um consultor se preocupou com o fato de que "estamos vivendo em um momento em que houve tanta transformação como resultado da tecnologia" que levou a "crianças que simplesmente não se sentam e não convivem bem". Um colega estava preocupado com os "enormes impactos que estamos vendo na saúde mental e no bem-estar". Um terceiro observou que "quando olhamos tanto para as telas, isso muda a maneira como nossa biologia funciona".

Contra esse conjunto de opiniões e pesquisas existem vozes dissonantes que questionam se é verdade que todas as telas são como drogas, tendo efeitos negativos sobre o bem-estar que precisam ser limitados. Não se trata apenas da *quantidade* de tempo diante da tela, eles argumentam, mas também da *qualidade* do que é oferecido e do modo como é usado. Escrevendo na seção "Consumer Tech" do *Washington Post*, Geoffrey Fowler e Heather Kelly destacam que, para muitos jovens, interagir nas telas via Skype, Zoom ou outros meios os protegeu do isolamento. A Organização Mundial da Saúde (OMS) na verdade estimulou os jovens a jogar *videogames* para encorajá-los a ficar em casa. Os autores destacam ainda que os Centros de Controle e Prevenção de Doenças dos Estados Unidos recomendaram que as pessoas "liguem, conversem por vídeo ou fiquem conectadas usando as mídias sociais"[345]. Em tempos de pandemia, as telas podem ser melhores para o bem-estar do que as alternativas – que muitas vezes incluem pouco ou nada. É evidente, dizem eles, que passar horas sem fim em dispositivos não é uma coisa boa. Manter os dispositivos fora do quarto à noite protege o sono dos jovens. Fora isso, as consequências dependem dos objetivos para os quais as telas são usadas.

Uma mensagem de vídeo para um avô não é a mesma coisa que se entregar a um uso por horas e à obsessão de atingir níveis cada vez mais altos em um *videogame* violento. Esse exemplo enganosamente simples de tempo diante da tela destaca como os prós e os contras do uso da tecnologia para a aprendizagem não podem ser decididos simplesmente contando as horas. Eles também precisam abordar a qualidade de uso e as relações entre o uso da tecnologia e outras atividades de aprendizagem.

DECISÕES DIGITAIS

O que podemos concluir dessas pesquisas e opiniões divergentes sobre a aprendizagem com base digital e sua relação com o bem-estar dos estudantes antes, durante e depois da pandemia? Que deliberações e decisões devem ser tomadas pelos professores e escolas sobre o uso da tecnologia em relação à aprendizagem e ao bem-estar? Aqui estão algumas reflexões sobre essas questões.

APRENDIZAGEM À PROVA DE PANDEMIA

Em 2018, a OMS advertiu que "epidemias de doenças infecciosas estão ocorrendo com mais frequência, se espalhando mais rapidamente e indo mais longe do que nunca em muitas regiões diferentes do mundo". Eles acrescentaram: "os fatores de fundo dessa ameaça são mudanças biológicas, ambientais e de estilo de vida, dentre outras"[346]. Assim como com furacões, incêndios e inundações, a probabilidade de pandemias aumentará devido às mudanças climáticas, ao desmatamento, à maior proximidade de espécies exóticas das populações humanas e à quantidade de viagens internacionais. Em seu romance dos anos 1940, *A peste*, o autor ganhador do Prêmio Nobel Albert Camus escreveu: "Tem havido tantas pragas quanto guerras na história, mas mesmo assim tanto as pragas quanto as guerras pegam as pessoas de surpresa"[347].

O risco de que futuras pandemias surjam dentro de uma geração não é trivial. A OMS nos advertiu para estarmos preparados em termos de saúde. Também devemos estar preparados em termos educacionais. Devemos nos perguntar: *como nossos sistemas educacionais podem ser projetados para que operem em uma pandemia tão efetivamente, ou quase tão efetivamente, como em outras circunstâncias*?

Parte da resposta deve ocorrer por meio de uma maior disponibilidade de tecnologia. Alguns países foram capazes de responder rapidamente e com agilidade à pandemia por causa de sua postura anterior em relação à tecnologia. A Estônia, o mais alto desempenho do PISA fora da Ásia, definiu o acesso à internet como um direito humano em 2001. A Estônia tem seu currículo disponível *on-line*, como uma questão de divulgação pública[348]. O Uruguai instituiu a política de um *laptop* por criança em 2007 e tem uma agência nacional de inovação que fornece currículo e materiais de inovação *on-line*[349]. A Coreia do Sul tinha acesso quase universal a *wi-fi* e dispositivos eletrônicos antes da pandemia e um professor por escola foi designado para participar de uma rede nacional para desenvolver o ensino e a aprendizagem *on-line*[350]. Cingapura também tem uma plataforma nacional, chamada de Espaço de Aprendizagem dos Estudantes (SLS, do inglês Student Learning Space)[351].

A questão não é apenas a existência de uma plataforma nacional de aprendizagem digital, mas quão acessível ao público ela é, se tem a capacidade de ser personalizada por cada professor para cada aluno e se é interativa em vez de ser unidirecional por natureza. A aprendizagem digital tem muitas imperfeições e não deve ser um motor de mudança educacional. Ela deve ser parte integrante do que nossos sistemas educacionais oferecem, com a capacidade de expandir ou de retrair de acordo com as circunstâncias.

Para que tudo isso ocorra, o acesso à tecnologia digital para a aprendizagem deve ser público, universal, inclusivo e gratuito. Como na Estônia, o acesso à internet e a dispositivos deve ser um direito humano que esteja disponível para todos em uma plataforma de currículo interativa. Essa acessibilidade reduzirá a escala da divisão digital que é uma fonte crescente de desigualdade na educação das crianças. Ela permitirá que um grande sistema seja gerenciado e mobilizado de forma ágil e flexível para beneficiar todos os alunos.

TECNOLOGIA ÉTICA E (QUASE) IMPERCEPTÍVEL

As revelações e revoluções propostas organizadas em torno da aprendizagem digital dentro e fora das escolas são ao mesmo tempo discretas e exageradas. Elas prometem uma aprendizagem que pode estar disponível a qualquer momento, em qualquer lugar, o que implica que a aprendizagem digital estará em toda parte, o tempo todo. Ou elas propõem arranjos mistos ou híbridos que implicam algum tipo de compromisso meio a meio. Ambas as posições são erradas.

O primeiro argumento implica que, por depender tanto da tecnologia digital durante a pandemia, a aprendizagem deve ser sempre digital. No extremo, seus defensores dizem que a tecnologia deve substituir os professores e os algoritmos de *feedback* podem e devem substituir o julgamento humano. Alguns argumentam que os prédios escolares deveriam ser totalmente transformados em redes *on-line* vagamente definidas.

Esse argumento é totalmente errado. Quando voltarem à escola, durante e após a pandemia, as crianças não precisarão de uma aprendizagem *a qualquer momento, em qualquer lugar*. Elas precisarão principalmente de mais apoio presencial *aqui e agora*. Os adolescentes, por exemplo, precisam ir à escola para estarem com seus amigos, desenvolverem suas percepções sobre quem eles são, tornarem-se cidadãos responsáveis e bem informados, aprenderem sobre como lidar com o racismo e o preconceito (especialmente se eles vivem com pais racistas e preconceituosos!), e assim por diante. Eles precisam de menos tempo nas telas e não de mais tempo.

Escolas físicas cheias de educadores reais e tridimensionais no lugar de avatares e hologramas são e sempre serão essenciais para a maioria dos estudantes – e não apenas para que seus pais possam ir ao trabalho. Uma quantidade *suficiente, mas não excessiva*, de tecnologia digital e muito mais apoio presencial para o grande número de estudantes vulneráveis após a pandemia – é o que nosso novo normal para as escolas precisa alcançar.

Independentemente de seus muitos pontos fortes, a tecnologia digital nunca substituirá aulas excelentes e inspiradoras. Tampouco fará com que professores mais fracos sejam mais inspiradores, carinhosos ou empáticos. Por si só, não produzirá professores mais capazes de entender e desenvolver competências de aprendizagem global, como colaboração ou cidadania, ou mais equipados para lidar com preconceitos e *bullying*, ou ainda mais prontos para ajudar as crianças a aprender e brincar ao ar livre. Somente com boa seleção, capacitação, desenvolvimento, remuneração adequada e colaboração efetiva entre professores de alta qualidade é que eles serão capazes de fazer isso.

O segundo argumento, propondo a utilização de tecnologia híbrida ou mista, também é equivocado. Ele sugere que existem apenas dois tipos de ensino e aprendizagem – os que são baseados digitalmente e todos os demais. Ele coloca a aprendizagem digital em um nível de igualdade de condições ao de todos os outros tipos de aprendizagem juntos. Essa é uma proposta insensata. Seria igualmente absurdo propor formatos híbridos ou mistos para todos os tipos de aprendizagem ao ar livre ou baseada em artes ou em livros.

O termo *híbrido* tem uma etimologia infeliz. Derivado do latim *hybrida*, refere-se à "descendência de dois animais diferentes, especificamente uma porca domesticada e um javali selvagem"[352]. Na inovação educacional, a aprendizagem híbrida cruza a tecnologia digital dominada pelos machos (javali selvagem?) com a aprendizagem presencial que é liderada por uma força de ensino predominantemente feminina (porca doméstica?). Precisamos superar essa caracterização, e não apenas por razões metafóricas.

Em um mundo pós-pandêmico, a aprendizagem digital pode e deve se tornar tão rotineira, sem esforço e sem problemas quanto todos os outros recursos de aprendizagem – nem mais nem menos. Os recursos digitais devem estar à disposição de todos aqueles que têm as habilidades para utilizá-los, ao lado e com *status* equivalente ao das demais ferramentas. Essas ferramentas incluem livros, canetas, quadros brancos, papel para gráficos, material para pintura, recursos esportivos, ambiente externo, materiais de manipulação, equipamentos científicos, cola e tesouras – sem esquecer o puro poder e a presença da interação humana da qual depende em última instância o bem-estar de todos.

AVALIAÇÃO E GERENCIAMENTO DE RISCOS

Não devemos nos tornar excessivamente pródigos sobre a aprendizagem híbrida, sobre a aprendizagem sem paredes, sobre a onipresença da aprendizagem digital, e assim por diante. É hora de a aprendizagem relacionada à tecnologia digital se tornar eticamente transparente e plenamente ética em nossas escolas, sendo usada de forma prudente para que faça a diferença e não de uma forma perdulária que substitua atividades de maior valor.

AVALIAÇÃO E GERENCIAMENTO DE RISCOS

A tecnologia digital na educação não deve ser utilizada sem um cálculo cuidadoso dos ganhos e perdas ou das oportunidades e ameaças. Precisamos determinar a *proposta única de valor* (PUV) de qualquer uso da tecnologia digital comparada a outras alternativas de aprendizagem, para ter certeza de que ela melhorará a aprendizagem e o bem-estar.

Ao mesmo tempo, professores, escolas, distritos escolares, grandes empresas de tecnologia e o governo também precisam evitar danos resultantes de fatores como tempo excessivo passado na frente de telas, dependência *on-line*, reforço e ampliação de preconceitos e teorias conspiratórias dentro do grupo e perfeccionismo digital entre adolescentes que ficam ansiosos com sua aparência *on-line* e com os *"likes"* que eles recebem ou não.

Um exemplo motivador sobre como abordar os riscos e as maneiras de lidar com eles é o filme de animação infantil da Disney de 2018, *WiFi Ralph: quebrando a internet* [353]. Sua trama envolve dois protagonistas em um jogo de direção. Quando o jogo não funciona mais por causa de um volante quebrado e os personagens enfrentam o risco de extinção, eles migram para o novo mundo da internet em busca de soluções para sua situação. Como os protagonistas que circulam pela internet, o filme apresenta exemplos de riscos digitais às crianças que assistem. Tais riscos incluem o poder sedutor de colecionar corações e *likes* digitais em detrimento do desenvolvimento de relações no mundo real, o apelo de distração dos anúncios de *pop-up* que podem desviar os personagens de seus objetivos e a excitação viciante de permanecer no mundo dos jogos em vez de voltar à vida real, que, quando comparada com o jogo, parece ser muito mais lenta.

A Apple, o Google e outros provedores e plataformas de mídia social têm agora, é claro, aplicativos que permitem aos usuários monitorar seu tempo de tela, embora estes nem sempre façam distinção entre os diferentes tipos de uso do tempo na tela. Eles também colocam o ônus da administração dos seus hábitos nos usuários, em vez de assumir a responsabilidade de tornar seus próprios *designs* deliberadamente menos aditivos. Parte da crescente pressão global para que a grande tecnologia seja mais responsável socialmente deve incluir a regulamentação de produtos para assegurar que eles não causem danos ao bem-estar das crianças.

Escrevendo na seção de mídia social do *Guardian*, Belinda Parmar reclamou do impacto sobre seus filhos da "tecnologia do lixo" embalada com "'lanches' digitais que não requerem nenhum esforço cognitivo", abrangendo "bobagens sem sentido sobre o que as pessoas tomaram no café da manhã, [e] a verificação insaciável de gostos, comentários e formas de aprovação que nos deixam famintos por mais validação".[354] Ela propôs que toda escola deveria ter um funcionário técnico que se concentrasse não apenas nos usos e abusos da tecnologia por parte das crianças, mas também nos algoritmos e projetos aditivos que são incorporados à própria tecnologia.

Podemos dar um passo além. Deve haver um comitê ou grupo de trabalho de vigilância digital em cada escola, sistema escolar e empresa de tecnologia, formado por entusiastas e céticos (de um ponto de vista do conhecimento e experiência digital), que possam enfrentar as ameaças e as oportunidades da tecnologia digital de forma equilibrada. Todos nós precisamos abraçar as oportunidades significativas que existem na aprendizagem baseada na tecnologia, mas nenhum de nós deve ter medo de mergulhar em e criticar seu lado obscuro digital também.

CONCLUSÃO

O futuro da tecnologia digital terá uma enorme influência social sobre o bem-estar dos estudantes. A extensão em que escolas e os sistemas escolares estiverem dispostos a adotar uma abordagem *eticamente transparente* e baseada em evidências na utilização dessa tecnologia irá determinar se essa influência se revelará positiva ou negativa. Uma abordagem ética e transparente no uso da tecnologia digital exige que todos nós abordemos a equidade e a inclusão do acesso. Ela melhora a qualidade do uso em termos de benefícios para a aprendizagem e o bem-estar em vez de apenas expandir a entrega por meio de híbridos e de novos arranjos. Por último, apoia estratégias para combater os riscos relacionados à dependência na utilização de telas. A tecnologia não deve ser apresentada como um *cavaleiro brilhante* que vem para resgatar alunos e professores da (chamada) "idade das trevas" da escolaridade. Ao contrário, a tecnologia deve ser uma *luz brilhante* que ilumina as práticas de ensino e aprendizagem que já são pedagogicamente fortes.

7

Natureza restauradora:
para as pessoas e para o planeta

Depois de aprenderem em casa durante a primeira onda da pandemia, os estudantes em todo o mundo voltaram à escola sob condições que envolviam protocolos de saúde. Os requisitos de distanciamento físico levantaram questões sobre seu impacto no desenvolvimento emocional das crianças, saúde mental, relação professor-aluno e a natureza da escola como comunidade. Uma resposta que muitos países deram foi aumentar o tempo dos alunos ao ar livre, espaços onde os riscos de transmissão são significativamente reduzidos. Estar ao ar livre com outros tem benefícios para o bem-estar, não apenas durante uma pandemia, mas também como regra geral.

DE FORA PARA DENTRO

A aprendizagem ao ar livre é uma longa tradição nos países nórdicos, e pode e deve ser expandida em todos os lugares, não apenas durante uma pandemia. Na Noruega, dizem, não existe tal coisa como mau tempo – há apenas roupas ruins! Em um país que rotineiramente está entre os melhores do mundo em muitos indicadores, as crianças não são protegidas de invernos longos, escuros e frios e gelados. Elas são ensinadas a se desenvolverem em todas as condições climáticas. A resiliência não é apenas uma aptidão psicológica. É também uma característica fisiológica que pode ser nutrida por uma cultura que prioriza a saúde e deseja que seus jovens abracem o mundo natural.

A solução para o problema de criar um sistema de ensino à prova de pandemia, então, é paradoxal. Precisamos desenvolver mais aprendizagem virtual *e* mais aprendizagem ao ar livre. A Dinamarca faz mais uso da tecnologia digital para a realização dos projetos dos jovens do que qualquer outro país, mas também foi líder na aprendizagem ao ar livre durante a pandemia[355]. A aprendizagem de alta qualidade pode ser mais digital *e* mais natural. Embora muitos educadores se oponham a colocar uma contra a outra, a aprendizagem virtual *versus* a física, em uma pandemia, e como um todo, a aprendizagem precisa ser mais digital *e* mais física.

Durante vários anos, fomos professores visitantes na Universidade de Stavanger, na Noruega. Fomos lá todos os anos para trabalhar com a universidade e escolas locais. Quando fomos a uma escola do primeiro ciclo do ensino fundamental em junho, fomos saudados por um grupo de crianças do 2º ano. Elas estavam nos degraus de pedra de seu teatro ao ar livre, cantando suas canções escolares com vozes alegres, incluindo letras sobre pertencer e estar juntos. Essa atividade unificou três elementos que fazem parte integralmente do bem-estar: cantar, estar ao ar livre e enfatizar o pertencimento.

Em outra ocasião, visitamos um distrito no final de um longo fiorde. Visitamos uma das escolas, almoçamos com o prefeito e sua equipe e depois conhecemos a superintendente e seus colegas no escritório do distrito. No final da reunião, a superintendente disse: "Você deve ver mais da comunidade". Ela achava que não poderíamos entender suas escolas sem vivenciar a comunidade. Ela e alguns membros de sua equipe nos levaram ao lado oposto do fiorde, onde fomos atrás de alguns arbustos para colocarmos trajes de banho e mergulhar juntos na água gelada. Na Noruega, esse tipo de coisa constrói relacionamentos e conecta as pessoas às suas comunidades. Nas escolas americanas e nos sistemas de educação de muitos outros países, é provável que isso faça com que você seja demitido!

Utilizar atividades ao ar livre parece ser uma opção fácil e atraente em dias ensolarados de verão. Porém, o ambiente ao ar livre é um recurso para os educadores nórdicos durante todo o ano. Andy conduziu pesquisas em outra escola de ensino fundamental norueguesa que realiza regularmente assembleias ou reuniões de toda a escola ao ar livre, mesmo quando o frio está congelante. As crianças e seus professores colhem mirtilos no outono e fazem caminhadas na mata no inverno. Quando uma bola de futebol caiu em um riacho próximo, as crianças deixaram o *playground* e correram para as rochas e bancos do riacho para recuperá-la. A escola ensina as crianças a "amar se movimentar, se locomover, estar com seus amigos e aprender a falar", apontou a diretora. Ela acreditava que, quando elas estão envolvidas em brincadeiras, com a natureza e em conversas, tanto as crianças como os adultos aprendem sobre e passam a apreciar lados diferentes de suas personalidades do que apenas aqueles que são revelados no interior das paredes de uma sala de aula.

Talvez esse tipo de escola norueguesa seja apenas uma exceção idílica à regra geral – uma que é peculiar a um país que é um dos mais ricos do mundo e que tem um estilo de vida caracteristicamente coletivista. Certamente os educadores americanos que estão preocupados com processos judiciais podem se sentir apreensivos em permitir o tipo de atividades ao ar livre que os educadores noruegueses encorajam. Mas não existe uma verdadeira razão *educacional* para que a aprendizagem ao ar livre não possa ser integrada à vida escolar, mesmo em países que têm muito menos recursos do que a Noruega.

Na Colômbia, em uma das escolas da Escuela Nueva que fez parte de nossa pesquisa, as crianças registraram observações de aves migratórias. Elas cultivavam e vendiam legumes para as refeições familiares e escolares e também as vendiam na comunidade. Foi criado um mapa da escola e seus arredores para ajudar os visitantes a encontrar seu caminho. A aprendizagem ganhou vida por meio da natureza[356].

Já vimos tipos similares de engajamento com a natureza em nosso trabalho com mais de 30 escolas rurais remotas no Noroeste do Pacífico dos Estados Unidos. As comunidades rurais nos Estados Unidos e em muitos outros países são frequentemente lugares de pobreza, falta de oportunidades e isolamento geográfico. No entanto, elas também têm uma beleza natural espetacular. Na tentativa de engajar os alunos com seu processo de aprendizagem e suas comunidades, muitas das escolas e seus professores recorreram a esses ricos recursos de capital natural.

Em alguns casos, os estudantes compilaram vídeos de seu ambiente para fortalecer os sentimentos de orgulho local e construir a consciência sobre as comunidades em outros lugares. Os professores de uma escola no Oregon usaram protestos ambientais sobre a exploração de recursos em um refúgio nacional de vida selvagem para engajar os alunos em discussões envolvendo ambientalistas e grupos empresariais[357]. Outros professores envolveram os alunos em pesquisas sobre o uso de zangões na cultura agrícola local. Em Healy, Alasca, em meio a uma natureza selvagem inspiradora nas margens do Parque Nacional de Denali, os professores trabalharam para resolver as diferenças e os pontos em comum entre os mineiros de carvão locais e os guardas florestais dos parques nacionais.

A cidade de Wishram, no Estado de Washington, perdeu empregos quando seus pátios ferroviários fecharam. Ela foi cortada do mundo quando uma nova rodovia foi construída passando por ela. A cidade fica acima das margens do rio Columbia, nas terras tradicionais da tribo indígena americana Wishram, cuja herança cultural inclui a pesca do salmão. Assim, estudar e dissecar o salmão sob a supervisão de um guarda florestal local foi uma forma de conectar o patrimônio natural indígena às futuras oportunidades de turismo e aos empregos que elas proporcionam.

A escola na pequena cidade de Cusick, também no Estado de Washington, conta com membros da Reserva Indígena Kalispel entre seus estudantes. Além do emprego no cassino local, a caça e a pesca continuam a sustentar muitas famílias Kalispel. Uma professora da escola de ensino médio da cidade descreveu como um de seus alunos "atirou em seu primeiro cervo na semana passada. Ele está tentando descobrir como os costumes e as práticas tradicionais da Kalispel se combinam com o século XXI". Ela destacou como ele mostrou em seu *smartphone* fotos eviscerando e tirando a pele do cervo, assim como "preparando a pele para ser curtida e a carne para ser conservada". Esse é um excelente exemplo de como a aprendizagem pode ser mais física *e* mais digital, simultaneamente.

Um de nossos 10 distritos de Ontário, no extremo norte da província, onde 50% dos estudantes eram de comunidades indígenas, iniciou um programa educacional ao ar livre envolvendo canoagem, trenó de cachorro, pesca e construção de fogueiras e abrigos em ambientes selvagens, explorando as tradições, a cultura, as habilidades e os pontos fortes das crianças.

Um treinador do programa de hóquei famoso nacionalmente conseguiu que os estudantes indígenas melhorassem seus índices de aprendizagem e comparecimento, fazendo com que eles conectassem seus pontos fortes do hóquei ao ar livre com outras áreas de aprendizagem. Ele fez isso criando uma comunidade de aprendizagem profissional com professores regulares a fim de vincular conhecimentos e habilidades baseadas no hóquei aos objetivos de aprendizagem intercurriculares. Por exemplo, nas aulas de matemática do 8º ano, que também eram aulas de cuidado e apoio ambiental, os alunos conectavam suas experiências usando tacos e discos de hóquei para fazer cálculos matemáticos de coisas que lhes interessavam[358].

Para esse treinador e seus colegas, as habilidades e os pontos fortes tradicionais de aprendizagem ao ar livre não eram uma alternativa ou uma fuga de outros tipos de instrução em alfabetização ou matemática, por exemplo. Eles eram recursos culturais poderosos que podiam motivar os estudantes indígenas a experimentar muitos tipos de sucesso. O treinador observou que "há crianças lá dentro que você não consegue que façam coisas como escrever e ler". Então você as leva para fora da sala de aula e elas são as primeiras a saber como construir uma fogueira e um abrigo".

Há quatro coisas de valor que podemos tirar desses muitos exemplos de aprendizagem ao ar livre, antes e depois de uma pandemia, bem como durante ela. São elas (1) a conexão com as heranças indígenas, (2) o desenvolvimento da responsabilidade ambiental, (3) o combate ao "transtorno do déficit de natureza" e (4) a promoção de movimentação física saudável.

Heranças indígenas

Antigas tradições indígenas em todo o mundo nos ensinam que nosso lugar no planeta como seres humanos não é dominar a natureza ou nos colocarmos à margem ou acima dela. Ao contrário, é compreender que somos parte da natureza e que, ao entendê-la, também podemos desenvolver uma compreensão mais profunda sobre nós mesmos. A educação que é essencial para os alunos indígenas e que os reconecta com a natureza é, nesse sentido, boa para todos os estudantes.

Apesar dos séculos de devastação provocados pela colonização e a invasão cultural, o mundo ainda tem 350 milhões de povos indígenas que estão dispersos por muitos países. Os educadores devem ter a capacidade e o compromisso de trabalhar em colaboração e respeitando os povos indígenas para realizar o árduo trabalho de recuperação de tradições e línguas perdidas. Esse empreendimento deve ir além do que Natalie St. Denis, uma educadora indígena de origem Mohawk, Maliseet e Mi'kmaq, em Quebec, descreve como "simplesmente explorando". Em vez disso, deve permitir aos estudantes crescerem na direção da "adoção de maneiras indígenas de conhecer, ser e fazer"[359].

Aqui, a compreensão do bem-estar é tudo, menos puramente psicológica. Como expresso nos Princípios de Aprendizagem dos Primeiros Povos, desenvolvidos pelo Comitê Diretor de Educação das Primeiras Nações na Colúmbia Britânica, "A aprendizagem, em última análise, apoia o bem-estar do eu, da família, da comunidade, da terra, dos espíritos e dos ancestrais"[360]. A natureza e a cultura estão interligadas. Os seres humanos são parte da natureza, e a natureza é parte da humanidade. A natureza é uma entidade espiritual vinculada a um sentido de significado e valor em toda a vida.

Responsabilidade ambiental

A primatologista Jane Goodall reiterou as preocupações da Organização Mundial da Saúde (OMS) de que as mudanças ambientais modernas estão criando perturbações perigosas em nossa relação com a natureza ao aproximar pessoas e espécies exóticas de maneiras pouco saudáveis. Nossa abordagem exploradora da natureza pode ser revertida, diz ela, levando as crianças para a natureza o mais cedo possível, para apreciar suas maravilhas e desenvolver a responsabilidade por seu futuro. Ela enfatiza que "só quando você se preocupa com a natureza é que você a protege"[361].

Uma revisão sistemática de 119 artigos avaliados por pares, realizada por uma equipe da Universidade de Stanford, constatou que a educação ambiental não só ajudou os estudantes a desenvolverem suas habilidades de pensamento crítico, mas também teve vários "benefícios relacionados às habilidades sociais". Estes incluíam "autoestima, autonomia, desenvolvimento do caráter, maturidade, empoderamento, comunicação verbal, liderança, equilíbrio e capacidade de comunicação com os outros"[362].

Esse tipo de evidência tem levado alguns países, incluindo a Escócia, a fazer com que atividades diárias ao ar livre tenham um papel fundamental no currículo infantil dos primeiros anos da escolarização, com planos de estendê-lo para os primeiros anos do ensino fundamental[363]. Da mesma forma, um movimento global de escolas florestais que começou na Dinamarca envolve os alunos aprenderem enquanto se sujam, se molham, caem e sobem em árvores. As escolas florestais cresceram em popularidade durante a pandemia, quando aprender ao ar livre foi abraçado como uma opção ao ensino virtual[364]. Em abril de 2021, a Nova Escócia levou a sério as principais lições da pandemia e alocou fundos orçamentários para que todas as escolas da província pudessem projetar espaços ao ar livre (não apenas mais equipamentos de *playground*) para ensinar e aprender[365]. Muitos países agora associam esse tipo de iniciativa à Educação para o Desenvolvimento Sustentável (EDS) para que os estudantes aprendam a assumir a responsabilidade ambiental e mental de proteger o planeta e reverter a mudança climática que ameaça todo o nosso futuro[366].

"Transtorno do déficit de natureza"

Em *A última criança na natureza*, Richard Louv adverte que a perda de contato com ambientes naturais – em função da vida urbana, das muitas horas escolares dedicadas a avaliações e do excesso de tempo em frente a telas que mantêm muitas crianças pequenas dentro de casa por longos períodos de tempo – tem levado ao que ele chama de "transtorno do déficit de natureza"[367]. Essa condição deixa o jovem desprovido de qualquer sentimento de pertencimento a um espaço físico real e tem um impacto negativo na aprendizagem e no bem-estar, afirma. Ao que parece, afastar-se da conexão indígena inerente entre os seres humanos e o resto da natureza não tem sido ruim apenas para as crianças das comunidades indígenas; tem sido ruim para todos nós.

O popular documentário da Netflix intitulado *O começo da vida 2: lá fora* reúne especialistas globais de diversas disciplinas que estão preocupados com o fato de as crianças de ambientes urbanos estarem sendo privadas de benefícios sociais e em termos de saúde mental que resultam de estarem intimamente ligadas ao mundo natural. As crianças ficam mais calmas quando trabalham e brincam ao ar livre, observa o documentário[368]. Quanto mais natural for o ambiente ao ar livre, mais positivo será o impacto. Por exemplo, as crianças diagnosticadas com TDAH que são levadas para passear se beneficiam mais da caminhada em um parque do que em um ambiente edificado. Os participantes do documentário enfatizam como o fato de estarem conectadas e participarem de brincadeiras ao ar livre não é apenas benéfico física e psicologicamente. Isso também as ajuda a fazer uma conexão espiritual com nossa humanidade como parte da natureza. As crianças relatam que, uma vez envolvidas com a natureza, elas assumem mais responsabilidade e se preocupam mais com ela.

Talvez haja o risco de um joelho ralado, um cotovelo machucado ou um tornozelo torcido. Porém, as crianças se recuperam dessas lesões e aprendem, por experiência, a evitá-las. Tais riscos são menos preocupantes do que o risco de danos à saúde mental em longo prazo que advém da falta de acesso a ambientes naturais. Escrevendo no *New York Times*, Ellen Barry descreve como educadores no Canadá, na Austrália e no Reino Unido estão finalmente respondendo à cultura litigiosa de *playgrounds* almofadados, superfícies planas e capacetes para todas as coisas ao "trazerem risco", instrumentos "afiados" e arbustos "pontiagudos" para os *playgrounds*[369]. Esses elementos constroem resiliência ao incluírem mais riscos em ambientes que não são apenas ambientes externos, mas também são espaços menos manipulados e artificialmente protegidos do que muitos dos ambientes externos das escolas se tornaram.

Movimentação física saudável

É benéfico *estar* em ambientes externos. *Estar* nesses ambientes é um estímulo ainda maior para o bem-estar. Isso é o que nossos colegas noruegueses estavam dizendo quando descreveram como suas conversas com crianças mudaram quando passaram a caminhar juntos na floresta. A movimentação física melhora significativamente o bem-estar em si e por si mesmo. Em *The joy of movement* (*A alegria do movimento*), Kelly McGonigal, professora de psicologia da Universidade de Stanford, revisa e reafirma todas as reivindicações tradicionais em favor da atividade física contínua – a liberação de endorfinas, o aumento da aptidão física, a alteração dos caminhos neurais, etc. Porém, há ainda mais do que isso, diz ela[370]. A atividade física contínua, especialmente atividades ao ar livre como corridas ou caminhadas, nos reconecta, em termos sociobiológicos, com nossa natureza primitiva de caçadores-coletores em busca de alimento. É muito mais preferível estar em uma trilha correndo sobre terreno rochoso em uma floresta do que percorrer rapidamente quilômetros em esteiras em nossas academias de ginástica locais.

Há alguns anos, o escritor de viagens britânico Bruce Chatwin escreveu um livro sobre a natureza dos "caminhos de canções" aborígenes em toda a Austrália nos quais os povos indígenas andavam não só como caminhos geográficos, mas também como viagens espirituais que definiam e recontavam narrativas das suas próprias histórias e vidas espirituais[371]. Muitos dos problemas da humanidade, especulou Chatwin, começaram quando fizemos uma mudança demasiado drástica de nômades para sedentários. Caminhar não é apenas bom para o corpo, é edificante para o espírito e para a mente.

Uma citação memorável que nos acompanha a ambos como ávidos caminhantes de longa distância é a do filósofo dinamarquês Søren Kierkegaard: "não conheço nenhum pensamento tão pesado que alguém não consiga se afastar dele caminhando", disse ele[372]. Por maior ou aparentemente insolúvel que nos pareça um problema intelectual, profissional ou pessoal antes de partirmos para uma longa caminhada, no final dela, o problema tornou-se muito menor e por vezes até desapareceu por completo.

A atividade física – especialmente em ambientes externos – desenvolve a forma física, reduz a obesidade, ajuda a afastar problemas de saúde mental, incluindo depressão e ansiedade, e é muitas vezes uma alternativa mais desejável para lidar com transtornos de déficit de atenção do que medicamentos prescritos em excesso ou mesmo rotinas calmantes autorreguladas. A atividade física ao ar livre eleva o espírito, aumenta a felicidade e impulsiona a criatividade intelectual, bem como os resultados dos indicadores convencionais de desempenho.

SAINDO DA CAIXA

Apesar da esmagadora evidência e das percepções sobre os benefícios da natureza, muitas das nossas crianças mais pobres continuam a viver em blocos de apartamentos superlotados. Elas não só são privadas dos benefícios dos recursos financeiros e de outros recursos, são também excluídas do acesso ao mundo natural. São transportadas para a escola em caixas metálicas motorizadas. Quando lá chegam, passam o dia inteiro noutra caixa, isoladas do exterior, inundadas de testes padronizados e de um currículo superlotado, com cada vez menos tempo para brincar do lado de fora. Mesmo quando isso ocorre, sua única opção é fazê-lo em superfícies artificiais.

Por que existem movimentos massivos de corporações tecnológicas e filantropos para tornar a aprendizagem digital disponível universalmente – a qualquer hora, em qualquer lugar – e quase nenhum movimento para tornar a natureza e a atividade física acessíveis da mesma maneira? As provas sobre os benefícios da natureza para a aprendizagem e o bem-estar são muito mais consistentes e convincentes do que as provas em apoio das tecnologias digitais. Independentemente da investigação, a grande aposta tecnológica continua a nos empurrar mais para o mundo virtual do que para o mundo natural. É tempo de voltar ao equilíbrio entre os mundos virtual e natural.

A substituição da aprendizagem social e emocional pelo bem-estar das crianças nos Estados Unidos só contribui para esses problemas. Ao contrário das agendas de bem-estar de outras nações, nos Estados Unidos a aprendizagem socioemocional (SEL, do inglês *social emotional learning*) negligencia sobretudo o bem-estar físico e espiritual. Uma vez que os Estados Unidos têm uma das mais altas taxas de obesidade infantil do mundo, esse é um fato perturbador de negligência coletiva nacional. É como se as crianças fossem vistas da mesma forma que Ken Robinson uma vez parodiou os professores universitários – pessoas cujos corpos têm o único propósito de serem dispositivos de transporte para suas cabeças[373].

Se queremos tirar as crianças das suas caixas de concreto e metal, nós mesmos precisamos pensar fora da caixa. Temos de fazer muito mais do que acrescentar algumas viagens de acampamento ao ar livre ou excursões de campo ao currículo normal. As crianças precisam estar em contato com a natureza todos os dias, e não apenas como um complemento ou um brinde especial.

Podemos começar adotando a prática comum dos países nórdicos – tentar levar as crianças para ambientes externos para brincarem a cada 50 minutos, ou seja, não apenas exercícios de relaxamento corporal coreografados em sala de aula, mas brincadeiras livres do lado de fora das salas de aula. Depois podemos aprender com o que muitos professores e escolas fizeram durante a pandemia (e o que muitos professores em países menos desenvolvidos têm feito há muito tempo) e ensinar partes do currículo no ambiente externo – como nas escolas Hamilton e Butterfield, da rede Criança Integral (Whole Child) da Associação para Supervisão e Desenvolvimento Curricular (ASCD), que descrevemos no Capítulo 2. Essa prática é incrivelmente valiosa durante e após uma pandemia. É também uma forma importante para abordar o ensino e a aprendizagem como uma questão rotineira.

A capacidade de ensinar a própria disciplina ou currículo em um ambiente ao ar livre deve tornar-se parte de toda a formação de professores e da formação profissional contínua. As opções de aprendizagem ao ar livre devem também ser incluídas nos guias curriculares *on-line* para potenciais atividades em todo o currículo. As competências natural, física e ambiental devem ser consideradas uma prioridade tão elevada quanto a competência digital. A vida das pessoas e o futuro do planeta podem muito bem depender disso.

Se isso parece irreal, considere a forma como a escola do distrito de Shetland respondeu à pandemia na Escócia. Ela criou 10 vídeos *Empurrão da Natureza* – um por semana – com folhas de atividades de acompanhamento para "'empurrar' os alunos para o ar livre a fim de aprenderem na natureza ... O projeto conectou todas as idades à paisagem e à vida selvagem locais, proporcionando um sentimento de comunidade e aumentando as chances de um bom engajamento com a educação". Como um dos pais refletiu, "foi um grande provocador para fazermos as coisas em conjunto e no ambiente externo. Aprendemos muito, como uma família"[374].

A capacidade de fazer isso em todos os tipos de ambientes, e não apenas em ilhas escocesas remotas, exigirá um redesenho e uma adaptação dos espaços escolares para uso na aprendizagem regular, incluindo jardins, áreas selvagens, áreas ao ar livre abrigadas para a aprendizagem em tempo bom e ruim, e assim por diante. As escolas e os sistemas escolares gastaram uma fortuna para conectar as escolas à internet antes do advento do *wi-fi*, e depois na compra de dispositivos para cada criança para os seus propósitos de aprendizagem. Devemos agora também estar preparados para investir no mesmo grau para permitir que todos os nossos alunos aprendam e os nossos professores ensinem em um ambiente natural como uma rotina e parte regular da vida escolar. Tal como a aprendizagem por meio da tecnologia digital, a aprendizagem natural não deve assumir maior ou menor importância do que qualquer outro aspecto da aprendizagem. No entanto, todas as crianças devem ser capazes de aprender e brincar ao ar livre, na natureza, todos os dias[375].

Por último, podemos iniciar e apoiar movimentos educacionais e sociais que tornem a educação mais física e mais natural. Podemos defender e agir em resposta às alterações climáticas globais, como demonstrado na onda de greves escolares em todo o mundo inspiradas por Greta Thunberg[376]. Podemos apoiar e expandir mais redes difusas, tais como as escolas florestais que promovem a aprendizagem na e por meio da natureza; ou as milhares de escolas que utilizam o modelo Escuela Nueva desenvolvido na Colômbia por Vicky Colbert, que promovem a paz, a democracia e a voz dos estudantes de maneiras enraizadas na natureza. Podemos iniciar movimentos locais, tais como o programa de hóquei para estudantes indígenas no distrito escolar do norte de Ontário ou o programa Roots and Shoots de 40 anos em Lambeth e Southwark em Londres, Inglaterra, que atende a jovens com problemas sociais, emocionais e de aprendizagem, proporcionando-lhes formação profissional em ambientes externos[377].

Podemos até ser como o inspirador professor do ensino médio que Andy entrevistou há alguns anos, que se opunha à negatividade generalizada de um governo que pretendia rebaixar os professores da escola pública e lançar sobre eles reformas impraticáveis, fazendo algo de positivo todos os dias. Ele simplesmente circundou a grande caixa de tijolos vermelhos do edifício da escola com um jardim que seus alunos criaram como parte do seu currículo.

CONCLUSÃO

A hierarquia de necessidades de Maslow, a psicologia positiva, a inteligência emocional, as mentalidades de crescimento, a ideia de *mindfulness* e o conceito de criança integral são algumas das teorias mais proeminentes que as escolas e os seus professores têm utilizado quando consideram a forma de melhorar o bem-estar dos seus alunos. Abordagens como essas têm importantes pontos fortes e dão contribuições positivas, como já vimos. A melhoria do bem-estar em parte consiste, de fato, em iniciar práticas positivas e mudar pequenos hábitos relacionados aos modelos mentais que temos ou na capacidade de autorregulação, por exemplo.

Entretanto, as emoções e o bem-estar também acontecem em grande escala. Há um cenário macro de bem-estar e ele não pertence apenas aos grandes tomadores de decisão na política e no governo. Ele pertence a todos nós. É nossa responsabilidade coletiva. O ambiente social, político e econômico pode ou apoiar o bem-estar das pessoas ou prejudicá-lo.

Este capítulo e os dois anteriores exploraram como podemos aproveitar três forças inspiradoras neste contexto mais amplo de uma maneira que levará a melhores resultados de bem-estar em nossas escolas. Que grandes alternativas estão diante de nós neste momento de imensa oportunidade? Podemos nos deixar vencer pelo movimento antiquado do GERM e sermos dominados pelas caóticas influências da

VUCA ou podemos aproveitar a oportunidade de escolher o terreno privilegiado entre e além de GERM e VUCA e nos comprometermos novamente e reinventarmos a educação pública para aumentar o bem-estar e a aprendizagem de todos os jovens. No lugar dos problemas de bem-estar que surgem como resultado das pressões do GERM e da VUCA, as soluções de bem-estar podem *se elevar* a partir desses movimentos, como uma jovem e robusta cordilheira.

Ao descobrirmos como compensar os grandes déficits decorrentes dos custos da pandemia, podemos voltar às políticas de austeridade econômica fracassadas do GERM. Podemos cortar os orçamentos escolares, aumentar as desigualdades educacionais, remover os recursos financeiros para os conselheiros e os suportes de saúde mental que serão necessários ainda mais como consequência da pandemia. Alternativamente, podemos pôr em prática uma Doutrina da Prosperidade que investe na educação pública e em outros serviços públicos. Essa opção aumenta a igualdade e protege o bem-estar dos vulneráveis, fornecendo mais apoio a eles. Ela aumenta as oportunidades e a mobilidade social, criando mais empregos de classe média, no setor público, aumentando o crescimento econômico ao colocar salários mínimos no bolso das pessoas.

A força da tecnologia da VUCA na educação não deve ser uma ferramenta de fanatismo digital que oferece aprendizagem em qualquer lugar, a qualquer hora, para qualquer pessoa, não importa quão variável seja a qualidade. Nem devemos valorizar demais a tecnologia como uma solução mista ou híbrida que implica erroneamente que a tecnologia digital deve ter um *status* equivalente a todo o resto. Se há uma coisa que aprendemos com a pandemia é o quanto precisamos de escolas presenciais aqui e agora – para cuidar dos vulneráveis, oferecer oportunidades inclusivas, construir comunidade, preparar os jovens para a democracia e servir como lugares para onde as crianças possam ir para que seus pais e mães possam trabalhar.

Devemos insistir em uma abordagem ética e transparente das tecnologias digitais que as torne parte da vida escolar no mesmo nível de todas as outras ferramentas e meios de comunicação à disposição de professores e alunos, nem mais nem menos. Os professores devem ser tão proficientes no uso dessas mídias quanto em relação a todas as demais, porque os melhores e mais adequados usos da tecnologia digital, como no caso de todas as outras mídias, devem se resumir ao julgamento profissional dos docentes. Tudo isso deve ser baseado em uma plataforma nacional de recursos e acesso público, universal e gratuito, como um direito humano básico.

Finalmente, podemos nos permitir continuar desconsiderando a importância da natureza, das brincadeiras e da atividade física. Podemos persistir com as caixas de tijolos e cimento mal projetadas, nas quais muitas de nossas crianças estão condenadas a aprender. Podemos perpetuar a era industrial, as práticas de testes padronizados e os exames únicos que consomem o tempo de nossas crianças com a preparação e a prática de atividades em ambientes fechados às custas de atividades mais baseadas no corpo, exploratórias e criativas com o mundo ao seu redor. Podemos também ignorar, desconsiderar ou apenas lamentar o impacto do uso das telas e do tempo passado em frente a elas na aprendizagem e no bem-estar das crianças, bem como em sua liberdade e vontade de se relacionar umas com as outras e com o mundo natural ao seu redor.

Alternativamente, podemos restaurar a conexão dos jovens com a natureza e com a aprendizagem externa como uma forma saudável de viver e aprender que também desenvolve o senso de responsabilidade de todos pelo planeta e pelo seu futuro. O engajamento dos jovens com as mudanças climáticas e seu futuro pode ser despertado por projetos interdisciplinares e conteúdo científico curricular. Porém, toda essa contribuição intelectual fará pouca diferença a menos que as crianças também desenvolvam uma ligação emocional, física e espiritual com a natureza desde cedo, em sua vida cotidiana. Projetar deliberadamente escolas, aulas e aprendizagem para que a natureza esteja tão onipresente quanto as empresas de tecnologia e ações filantrópicas exigem que a aprendizagem digital deve ser uma de nossas maiores prioridades de bem-estar nos próximos anos.

Na terceira década do século XXI, governos, empresas e filantropos estão se apressando para adotar e expandir a tecnologia digital como base para um futuro educacional pós-pandêmico. No entanto, há pouco mais de um século, foi o acesso à natureza que animou os líderes governamentais. Em 1916, o presidente americano Woodrow Wilson assinou o ato que criou o Serviço de Parques Nacionais, abrangendo 35 parques e monumentos nacionais "para conservar a paisagem, os objetos naturais e históricos e a vida selvagem que neles se encontram e para proporcionar seu usufruto ... deixando-os intactos para o desfrute das gerações futuras"[378]. O envolvimento com a natureza foi considerado como um alicerce de uma sociedade saudável. Ao lado do entusiasmo contemporâneo pela transformação digital, portanto, precisamos restaurar e manter essa valorização histórica da restauração natural.

Juntas, as três forças inspiradoras da *prosperidade para todos,* do *uso ético da tecnologia* e da *natureza restauradora* explicam por que a Doutrina da Prosperidade na educação é necessária para superar as pressões simultâneas do GERM e da VUCA em nosso mundo pós-pandêmico. Já vimos os resultados que os caminhos alternativos a essas três forças nos levaram e percebemos que as consequências para as crianças e para o mundo são inaceitáveis e insustentáveis. É hora de revisitar e repensar para que servem as escolas. Fazer isso significa descobrir de uma vez por todas qual é a melhor relação entre desempenho e bem-estar, que é o assunto de nosso próximo capítulo.

8

Bem-estar e sucesso: opostos que podem se atrair

A relação entre bem-estar e desempenho não é simples, não acontece automaticamente e nem sempre é facilmente compreendida. Em um mundo ideal, os alunos da escola terão muito sucesso e também se sentirão bem, realizados e se desenvolvendo positivamente. Porém, os estudantes e os sistemas podem ter sucesso acadêmico sem bem-estar e até mesmo às custas do bem-estar. Por sua vez, o bem-estar também pode existir sem e até mesmo às custas do sucesso.

A pesquisa sobre a relação entre o bem-estar e os resultados foi o tema de uma revisão realizada em 2020 por Tania Clarke na Universidade de Cambridge. Clarke desafia a noção de que existe algo como um "*trade-off* entre desempenho e bem-estar na educação" no qual "o bem-estar é considerado em oposição ou em tensão com o sucesso acadêmico das crianças"[379]. Ela constatou que, embora a relação "não seja direta e apresente nuanças", em geral, "o bem-estar e o desempenho das crianças estão positivamente associados"[380].

A revisão desenvolvida por Clarke responde às preocupações generalizadas de que, aos olhos de seus defensores, o bem-estar e o desempenho podem facilmente perder de vista um ao outro. Quando o bem-estar é uma distração sensível dos princípios básicos da aprendizagem rigorosa? Ele está sendo usado para compensar o mal-estar que é criado por alguns aspectos da escolaridade atual, tais como testes padronizados e métodos ultrapassados de ensino? A realização e o bem-estar ocupam nichos separados que têm pouca ou nenhuma conexão entre si?

Interprete a agenda do bem-estar equivocadamente e os oponentes irão ignorar importantes evidências e *insights* da psicologia social e da pesquisa sobre inteligência emocional e *mindfulness*. Eles prontamente retratarão isso como autoindulgência emocional que desvia a atenção dos alunos do conhecimento acadêmico básico. Os orçamentos voltados para o bem-estar serão cortados e o GERM voltará rugindo em busca de vingança.

Interprete a agenda do bem-estar corretamente e ela apoiará e será apoiada por uma aprendizagem efetiva, para que todos os nossos estudantes possam ser plenamente bem-sucedidos e se sentirem bem. Esse resultado é o padrão ouro ao qual devemos aspirar. Aqui concordamos com o relatório da Organização para a Cooperação e Desenvolvimento Econômico (OCDE) de 2017 sobre as realizações e sobre o bem-estar dos estudantes ou sua satisfação com a vida, que argumentou que:

> a maioria dos educadores e pais concordaria que um aluno bem-sucedido não tem apenas um bom desempenho acadêmico, mas também é feliz na escola. De fato, as escolas não são apenas lugares onde os alunos adquirem habilidades acadêmicas. Elas também são ambientes sociais em que as crianças podem desenvolver as competências sociais e emocionais que precisam para prosperar[381].

SUCESSO SEM BEM-ESTAR

Na comparação da OCDE de 2017 entre países considerando indicadores de desempenho escolar e satisfação média com a vida, as tendências mais acentuadas foram entre nações que tiveram mau desempenho em ambos os conjuntos de indicadores (veja o quadrante inferior esquerdo na Figura 8.1) e países que tiveram desempenho excepcionalmente bom em ambas as áreas – principalmente países do Norte da Europa.

É discutível que os pontos mais interessantes no diagrama de dispersão da OCDE são aqueles que parecem exibir relações inversas entre bem-estar e sucesso. No canto inferior direito estão vários sistemas educacionais, localizados principalmente no Leste e Sudeste da Ásia, em que o alto desempenho acadêmico ocorre ao lado de baixos níveis médios de satisfação com a vida. Nesses países, os estudantes apresentam bom desempenho nos *testes*, mas não se *sentem* bem.

Como observamos no Capítulo 4, Richard Wilkinson e Kate Pickett apresentam uma explicação para esses padrões[382]. A saúde e o bem-estar, eles mostram, são consistentemente piores em países com maior desigualdade econômica. Por exemplo, Hong Kong, um dos 10 sistemas economicamente mais desiguais do mundo (uma situação que se agravou no último meio século), também registra uma baixa colocação, 76º, no Índice de Felicidade Mundial[383].

O relatório da OCDE sobre bem-estar ou satisfação média com a vida introduz, no entanto, outro fator-chave. O segundo pior fator de satisfação com a vida entre todos os países é o da Coreia do Sul. Junto com uma série de outros países do Leste e do Sudeste asiático, bem como do Reino Unido, ela ocupa um quadrante preo-

A satisfação com a vida e o desempenho dos alunos podem caminhar juntos

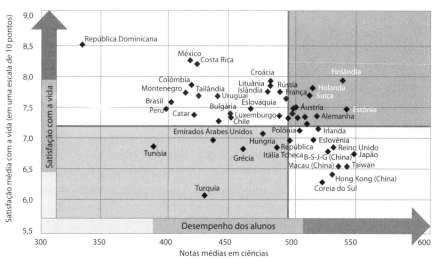

Figura 8.1 Gráfico da OCDE comparando a satisfação com a vida com as notas médias em ciências.
Fonte: OCDE, Resultados do *PISA 2015: Bem-estar dos Estudantes* (p. 232).

cupante de alto desempenho acadêmico combinado a uma baixa satisfação média com a vida, embora seu nível de desigualdade econômica não seja particularmente extremo.

Nem todos os outros países deste quadrante (o Japão, por exemplo) apresentam alta desigualdade econômica, mas eles têm uma característica em comum: uma cultura de testes que iguala o sucesso educacional ao desempenho em exames competitivos. Os resultados da pesquisa periódica do Fundo das Nações Unidas para a Infância (Unicef) sobre bem-estar infantil em economias desenvolvidas revelam que as nações com baixa classificação em bem-estar são tipicamente também as mais competitivas do ponto de vista acadêmico.

O sucesso acadêmico de vários sistemas de ensino asiáticos – incluindo Cingapura, Coreia do Sul, Xangai, China, Japão e Hong Kong – tem sido frequentemente atribuído a fatores como profissões docentes valorizadas e compromissos sociais com a educação pública[384]. Porém, o alto desempenho desses sistemas também vem com um sistema paralelo de aulas particulares após o horário escolar e de exames tradicionais[385]. Em nossas observações escolares no Leste Asiático, vimos os custos humanos de cursos noturnos em alunos que estão visivelmente exaustos quando chegam à escola na manhã seguinte. Essa situação tem levado a consequências que vão desde a "fuga da aprendizagem" observada no Japão quando os estudantes chegam à universidade após a aprovação em exames competitivos até sérios problemas de saúde mental e altos níveis de suicídio entre os jovens em Hong Kong e na Coreia do Sul[386].

Na Coreia do Sul, a competição acirrada para entrar nas três universidades mais prestigiadas, conhecidas por suas iniciais como as universidades SKY – mergulha os alunos do ensino médio em um "inferno dos exames"[387]. Esse estado de espírito é um inferno de Dante de competitividade acadêmica, com os alunos presos em espirais aparentemente intermináveis de escola, trabalhos em casa, preparação para testes depois das aulas e insônia. Aqui e em outros países da Ásia Oriental, os índices crescentes de depressão, ansiedade e suicídio entre os jovens atingiram proporções de crise.

Em *Little soldiers: an american boy, a chinese school, and the global race to achieve* (*Pequenos soldados: um menino americano, uma escola chinesa e uma corrida global pelo desempenho*), a jornalista Lenora Chu descreveu sua experiência de se mudar dos Estados Unidos para Xangai com seu marido e conseguir colocar seu filho de 3 anos no jardim de infância mais competitivo da cidade. Apenas conseguir que ele fosse aceito foi uma provação. Os repetidos esforços não obtiveram nenhum reconhecimento por parte da diretora. Somente quando a chinesa-americana Chu envolveu seu marido americano, claramente "estrangeiro", e somente depois que a escola conduziu uma entrevista com os pais e a criança é que a diretora finalmente mudou de ideia[388].

As pressões das avaliações globais só intensificam as coisas. Quando cada anúncio dos resultados do PISA está pendente, os ministros do governo de todo o mundo preparam anúncios baseados em dois cenários – um se os resultados subirem, outro se descerem. Por que eles precisam de um teste de jovens de 15 anos para lhes dizer como estão seus alunos? Por que eles já não têm essas informações afinal?

No livro *Let the children play* (*Deixem as crianças brincar*), Pasi Sahlberg e William Doyle discutem um novo teste PISA que mede as habilidades em alfabetização e álgebra de crianças de 5 anos de idade. O teste foi rotulado como "Baby PISA". Essa métrica, alertam os autores, lançará um novo "movimento para iniciar uma instrução acadêmica em leitura e matemática inadequada para a idade – e tirar de cena o brincar"[389]. O Baby PISA vai piorar as coisas à medida que as pressões para se preparar para os testes se estendem a crianças de 3 anos de idade. Os professores de Ontário já nos falaram sobre alunos do jardim de infância que estão sendo ensinados a hachurar em testes de múltipla escolha para prepará-los para seus primeiros testes aos 7 anos de idade.

Um dos principais especialistas em reforma escolar de Singapura, Pak Tee Ng, relata que os pais e mães de Singapura fazem um esforço extremo para levar seus filhos para as melhores escolas. Quando o governo introduziu novas medidas que exigem residência no mesmo bairro da escola, assim como um registro de trabalho voluntário na escola como critério de aceitação, os pais se mudaram para bairros desejados dois anos antes que seus filhos estivessem prontos para a escola. Eles começaram a ser voluntários na escola de sua escolha a fim de ganhar o favor dos administradores e dar a seus filhos uma vantagem estratégica para as batalhas que estavam por vir[390].

De volta a Xangai, aproximadamente na mesma época em que o Centro Nacional de Educação e Economia (NCEE, do inglês National Center on Education and the Economy) nos Estados Unidos elogiava os estudantes da cidade como os melhores alunos do mundo, o filho de Lenora Chu se viu em um ambiente guiado pelos imperativos gêmeos de desempenho e obediência[391]. Por exemplo, o menino odiava ovos e nunca os comia em casa. Porém sua professora o advertiu: "Se você não comer o ovo, então sua mãe não virá buscá-lo hoje"[392]. Falar era proibido durante as filas e na hora do almoço, a relutância em tirar uma soneca foi recebida com ameaças de rebaixá-lo para a turma de 2 anos de idade e, em certo momento, a não colaboração foi recebida com ameaças de ele ser levado pela polícia! Os pais também contrataram os serviços de tutores, mesmo no jardim de infância, e o tempo do café da manhã foi frequentemente ocupado com testes.

Chu denunciou essas ações extremas, mas finalmente reconheceu que esse tipo de disciplina não é tão ruim se for equilibrada com mais liberdade e criatividade em casa. O professor sino-americano Yong Zhao, autor de *What works may hurt* (*O que funciona pode ferir*) e de *Who's afraid of the big bad dragon? Why China has the best (and worst) education system in the world* (*Quem tem medo do grande dragão mau? Por que a China tem o melhor (e pior) sistema de educação do mundo*), não poderia discordar mais. Em uma resenha do livro de Chu, Zhao descreve a experiência educacional do filho de Chu e de outras crianças como "um modelo educacional ultrapassado que causa danos sérios e significativos" porque promove "uma competição rígida, autoritária e insalubre". Segundo Zhao: "Os bons comportamentos induzidos por medo são falsos"[393]. Zhao cita uma metanálise de 1.400 estudos que mostraram que esses padrões de controle levam a problemas de comportamento, laços sociais e emocionais difíceis, alta ansiedade e, por fim, maior mortalidade. No final, diz ele, essas formas de tratamento de crianças são cruéis. Pedir aos educadores ocidentais que imitem as escolas da China é uma forma segura de aumentar o mal-estar dos estudantes.

A expansão das aulas pós-escolares e de reforço na Ásia tem sido assustadora. A tendência, porém, não é exclusivamente asiática. Cerca de um quarto das famílias de Ontário contrata tutores para seus filhos[394]. No Reino Unido, Lee Elliott Major e Stephen Machin observam que a tutoria pós-escolar cresceu mais de um terço em uma década a partir de 2005. No Reino Unido e em outros lugares, dizem eles, essa tendência faz parte de uma nova "corrida armamentista" educacional global por oportunidades e sucesso[395].

O escritor e pai canadense Carl Honoré se preocupa com o fato de que "a paternidade está correndo o risco de se tornar uma corrida de pânico, culpa e decepção". As crianças "crescem aterrorizadas com o fracasso" e ainda esperam "tudo em uma bandeja de prata". "Será que todo esse empurrão, teste e avaliação de desempenho realmente funciona?", ele se pergunta retoricamente. "Será que isso torna as crianças mais felizes, mais saudáveis e mais inteligentes? Será que isso cria melhores trabalhadores e cidadãos?"[396]. Para muitos estudantes, pais e professores, a busca constante por maiores realizações leva diretamente à infelicidade.

Gabriel Heller Sahlgren, economista renomado do Centro para Economia da Educação (Centre for Education Economics) de Londres, reconhece que "a felicidade dos alunos é menor quando eles estão na sala de aula e quando vão à escola e fazem os deveres de casa"[397]. Ele também observa que algumas "pesquisas mostram que passar mais tempo na escola, mais horas de ensino e mais deveres de casa aumentam o rendimento escolar dos alunos"[398]. Se nos preocupamos com o alto desempenho, ele afirma, temos que aceitar que algumas pedagogias eficazes podem não ser "nem divertidas nem inspiradoras"[399]. De fato, Heller Sahlgren continua, "a aprendizagem eficaz muitas vezes não é nada agradável"[400].

David Tranter e seus colegas, educadores de Ontário, argumentam que existe um "terceiro caminho" entre e além do sucesso acadêmico e do bem-estar estudantil, que faz avançar o desenvolvimento dos jovens por meio de relações positivas[401]. O caminho se estende às questões sociais que afetam o bem-estar e o sucesso, como o racismo, a opressão indígena e o desenvolvimento de identidades diversas positivas. Não se justifica sacrificar a qualidade de vida pelos ganhos de conquistas acadêmicas.

Não há nenhuma razão para que o sucesso acadêmico continue sendo perseguido e alcançado à custa do bem-estar dos estudantes. Desde o final dos anos 1980, a política educacional na Inglaterra tem priorizado o desempenho acima de tudo. Porém, no Capítulo 2, vimos também como, mesmo em meio à pressão incessante para elevar os padrões acadêmicos, redes educacionais infantis inteiras ainda conseguiram evoluir. Além disso, a pandemia de covid-19 colocou as preocupações com o bem-estar dos estudantes muito à frente das exigências tradicionais para testes padronizados. Mesmo na Coreia do Sul, tradicionalmente competitiva, um movimento que começou com 13 escolas no início deste século se espalhou para mais de mil locais, ou aproximadamente 9% das escolas do país. Essas escolas se comprometem a desenvolver a dignidade, a paz e a justiça social. O movimento tem pressionado o Ministério da Educação do país a promover semestres "sem exames" para melhorar o bem-estar dos estudantes[402]. Cada vez mais, sacrificar a qualidade de vida para obter ganhos de desempenho acadêmico é considerado como inaceitável e insustentável.

BEM-ESTAR SEM SUCESSO

Assim como é possível ter sucesso acadêmico sem bem-estar, o bem-estar também pode ser alcançado ao preço do sucesso acadêmico. Vejamos a notável história da Islândia. Pessoas em todo o mundo se tornaram fascinadas por como essa pequena nação insular, com uma população de pouco mais de 340 mil habitantes, poderia dar origem a um dos times de futebol mais bem-sucedidos na terra – chegando às quartas de final nos Campeonatos Europeus e, em seguida, na Copa do Mundo.

Em 2016, Andy conheceu o então ministro da Educação, Ciência e Cultura, Illugi Gunnarsson, e lhe perguntou como a Islândia se sobressaiu no esporte. Mostrando orgulhosamente sua fotografia tirada com o ex-técnico de futebol da Inglaterra Kevin Keegan, o ministro explicou que o sucesso da Islândia foi o resultado de uma estratégia deliberada de 15 anos. A Islândia, explicou ele, estava passando por sérios problemas com o abuso de drogas e álcool, assim como com o abandono escolar, entre seus jovens[403]. Após investigar o problema, o governo islandês concluiu que os jovens simplesmente não tinham muito o que fazer.

Em resposta, o governo então construiu centros de lazer em todo o país e mais de 100 campos de futebol e contratou 600 treinadores esportivos altamente capacitados para trabalhar com os jovens. Os adolescentes passaram a treinar ao lado de jogadores profissionais, tudo pago pelo governo[404].

Todos trabalharam duro e se uniram. Ninguém foi especial. A equipe islandesa que resultou disso não tinha grandes estrelas, apenas jogadores bem treinados, que trabalhavam duro, estavam profundamente orgulhosos de seu país e que funcionavam bem juntos como uma equipe altamente colaborativa.

Os problemas de abuso de substâncias caíram drasticamente. O *Huffington Post* informou que "de 1998 a 2016, a porcentagem de jovens islandeses de 15-16 anos bêbados nos últimos 30 dias caiu de 42 para 5%; o consumo diário de cigarros caiu de 23 para 3%; e o índice dos que usaram *cannabis* uma ou mais vezes caiu de 17 para 5%"[405]. Esses são os resultados extraordinários de uma política consistentemente perseguida para melhorar o bem-estar que se baseou em uma pesquisa social científica rigorosa e empírica.

Um efeito colateral de tudo isso foi a presença de equipes masculinas e femininas de nível mundial no futebol e no handebol. Quando Andy visitou a Islândia novamente em 2018 para trabalhar com o prefeito de Reykjavik no desenvolvimento de uma nova visão educacional para a cidade, os cerca de 30 parceiros envolvidos no exercício consistiam igualmente de líderes escolares e professores, por um lado, e trabalhadores de centros de lazer, por outro[406]. Mais uma vez, todos os programas foram pagos com dinheiro público, para que todos pudessem participar do esforço de melhorar a vida dos jovens.

Entretanto, no final de 2019, quando Andy se encontrou com a nova ministra islandesa da Educação, Ciência e Cultura, Lilja Dögg Alfreðsdóttir, seu país estava enfrentando a perspectiva de divulgar seus piores resultados de todos os tempos de desempenho estudantil no PISA, apesar de ser uma nação pequena, homogênea, com uma economia forte, altas taxas de emprego e boa equidade econômica. A maior queda nos resultados do PISA, em comparação com os ciclos de avaliação anteriores, ocorreu nos cerca de 10% melhores estudantes do país[407].

O que estava acontecendo com a Islândia, que estava combinando uma forte melhora no bem-estar, mas um desempenho relativamente decepcionante em termos de sucesso acadêmico? A Islândia estava se tornando uma nação de pessoas que estavam emocionalmente satisfeitas, mas intelectualmente complacentes?

A ministra procurou então combinar sucesso acadêmico e bem-estar, aprendendo com diferentes sistemas educacionais ao redor do mundo, com um foco específico no desempenho de grupos vulneráveis e na importância dos professores e líderes escolares. Os professores e as escolas da Islândia precisavam se basear em seus sucessos anteriores para desenvolver uma compreensão compartilhada de como poderiam colaborar para aproximar bem-estar e desempenho acadêmico.

Após uma ampla consulta às partes interessadas iniciada em 2018 e uma cooperação com a OCDE e a rede de colaboração educacional de nações (ARC) que Andy lidera, a ministra apresentou uma nova política educacional para 2020-2030. Com o problema de longa data do abandono escolar precoce como preocupação, a política enfatizou a perseverança como um valor central, juntamente com a coragem, o conhecimento e a alegria. Nos cinco pilares que sustentavam a visão, a Islândia manteve, em vez de diminuir, sua força em termos de bem-estar e, assim, identificou um dos pilares como: colocar o bem-estar em primeiro lugar[408]. Qualidade, ensino de excelência e habilidades para o futuro estavam entre os demais pilares, em um esforço para atribuir alta prioridade a um maior sucesso ao lado do registro existente no país em termos de bem-estar[1]. A política da Islândia, em outras palavras, é um compromisso para alcançar tanto o sucesso quanto o bem-estar. Se olharmos a política da Islândia como um conjunto de cartas em nossa mão, ela tem mantido o bem-estar como seu ás, ao mesmo tempo em que acrescenta reis e rainhas em áreas como sucesso acadêmico e ensino de qualidade, a fim de produzir um jogo vencedor.

No Capítulo 4, chamamos a atenção para um grupo de líderes nacionais, incluindo a primeira-ministra islandesa Katrin Jakobsdóttir, que argumentaram que o bem-estar, ou qualidade de vida, é tão importante quanto o produto interno bruto

---

1 N. de R.T. O quinto pilar é a equidade: https://atrico.org/wp-content/uploads/2019/11/Iceland-Education-Policy-2030-and-its-implementation.pdf.

(PIB) para determinar o que conta como sucesso em escala nacional e global. O ideal seria, é evidente, que todas as comunidades e sociedades pudessem ter um desempenho estelar em termos de bem-estar, bem como de sucesso econômico. Porém, seria necessariamente tão ruim se o bem-estar fosse excepcional enquanto o sucesso educacional fosse apenas muito bom? Poderia ser apenas um indicador de que a vida tem algum tipo de equilíbrio? Um medalhista olímpico de ouro no heptatlo ou decatlo, por exemplo, será o melhor em diversas modalidades que compõem o evento cumulativo, mas não em todas elas. Além disso, o medalhista quase nunca superará todos os atletas do mundo em qualquer uma dessas modalidades, seja em um *sprint*, um salto com vara ou em uma corrida de obstáculos. O desejo de estar no topo ou quase no topo de tudo levará ao perfeccionismo nacional e, quando as metas irrealistas não puderem ser atingidas, a eventual desapontamento e desespero. Esse objetivo, de fato, foi a falha de concepção com a legislação Nenhuma Criança Deixada para Trás (No Child Left Behind) dos Estados Unidos, que esperava que todos os alunos em todas as escolas fossem proficientes em leitura e matemática até 2014.

BEM-ESTAR COM SUCESSO

O momento-chave em que Ontário passou de seu foco em elevar o desempenho nos testes de alfabetização e álgebra para o avanço de uma agenda de ampla excelência, equidade definida como inclusão, e de bem-estar, também ocorreu em 2014. Naquele momento, a primeira-ministra Kathleen Wynne reconheceu e respondeu à crise do bem-estar da juventude na província como um dos quatro novos pilares ou prioridades políticas.

O governo, no entanto, não desenvolveu uma estratégia de cima para baixo para implantar melhorias no bem-estar. Em vez disso, anunciou a prioridade, deu um claro sentido de direção, designou o bem-estar ao portfólio de um dos vice-ministros adjuntos e criou um comitê ministerial para administrar as iniciativas de bem-estar. Dentro desses parâmetros, os distritos escolares foram solicitados a desenvolver seus próprios entendimentos e estratégias para melhorar o bem-estar. Nossas entrevistas com os educadores de Ontário apontaram para o surgimento de três abordagens distintas:

1. *O aumento do bem-estar é um pré-requisito para o desempenho.* As crianças, em sua maioria, não conseguem ser bem-sucedidas se estiverem mal emocionalmente, sofrerem *bullying*, estiverem ansiosas, sem dormir, com raiva, famintas ou deprimidas.
2. *O desempenho acadêmico é essencial para o bem-estar.* O fracasso destrói a dignidade e leva ao mal-estar. Foco e sucesso fornecem a motivação e a direção que acalmam a ansiedade tanto em crianças como em adultos.

3. *O bem-estar tem valor intrínseco*. Ele é um complemento ao desempenho acadêmico. Ele ajuda a desenvolver pessoas equilibradas que também são felizes e realizadas. É uma forma intrínseca de sucesso.

Vamos detalhar cada uma dessas abordagens.

1. O aumento do bem-estar é um pré-requisito para o desempenho.

De acordo com o *Report Card* de 2016 sobre Pobreza Infantil e Familiar em Ontário, mais de uma em cada seis crianças cresce na pobreza, e esse número está aumentando. O mal-estar dos estudantes provém de "circunstâncias socioeconômicas e familiares desfavoráveis" que levam a "um baixo sentimento de competência pessoal, um sentimento de que não se pode controlar e planejar a própria vida"[409]. Os professores percebem as consequências do mal-estar das crianças para sua aprendizagem. Em um distrito, um professor observou:

> Sabemos desde o início que os alunos estariam prontos para aprender se estivessem bem alimentados. Muitos deles não vinham à escola bem alimentados e por isso criamos o programa de café da manhã e tivemos frutas frescas disponíveis na sala de aula o dia todo para que as crianças pudessem lanchar.

Uma diretora descreveu como seu pessoal se esforçou para garantir que as necessidades de seus alunos fossem atendidas: "eles trazem roupas, se certificam de que os alunos estejam alimentados e fazem todas aquelas pequenas coisas extras para que eles estejam prontos para aprender. Estes professores fazem o café da manhã para as crianças. Eles colocam manteiga na torrada. Se quisermos que os alunos possam aprender a ler e a escrever, eles têm que fazer essas coisas". Um colega explicou que "os óculos de uma criança do 2º ou 3º ano estavam sempre quebrando. O professor chamou um optometrista e explicou a situação. O optometrista doou óculos. O optometrista veio até mesmo à escola para a adaptação da criança".

Diante das necessidades de pais indígenas, uma escola criou um novo cargo: o de Trabalhador de Apoio da Família Aborígine. Um diretor de uma escola dos anos iniciais do ensino fundamental explicou que:

> É um novo cargo que criamos para apoiar nossas famílias. Realmente, é uma pseudo-mãe para nossos filhos. Ela está cuidando dos pais, ajudando-os a se organizarem para que seus filhos estejam na escola ou trabalhando com as agências para apoiar suas famílias e lhes conseguir os serviços que eles necessitam. Ela leva as famílias para o banco de alimentos. Ela realmente está lá para qualquer

coisa que precisemos. Ela faz checagem de piolhos com as crianças – todo esse tipo de coisas que são realmente úteis.

Sempre que possível, as escolas desse distrito tentam aproveitar os recursos que os pais oferecem em suas comunidades. Um diretor explicou como "os pais que vêm para a nossa escola são defensores de todas as nossas crianças e fazem muitas atividades. Eles são muito bons em ser defensores de *todas* as crianças". Os pais captam fundos para fornecer "almoços gratuitos para as crianças" e trabalham com fundações e agências governamentais para "ajudar a suprir a grande quantidade de alimentos que temos à disposição das crianças".

Em outros distritos, as escolas fizeram esforços especiais para lidar com uma nova "grande população de imigrantes e refugiados sírios". Um professor observou que "os números estão subindo, subindo, subindo entre os alunos de inglês. Alguns deles estão vindo de situações bastante horríveis". Esses estudantes carregam com eles os efeitos do estresse pós-traumático após terem visto membros da família mortos, casas destruídas e violência generalizada ao seu redor – bem como por terem recebido pouca ou nenhuma educação formal anteriormente. "Penso em alguns desses alunos. Vão ter problemas de saúde mental para toda a vida", disse o professor. A resposta de um distrito foi nomear um novo superintendente responsável pela saúde mental e financiar novos trabalhadores comunitários para lidar os com jovens, bem como contratar fonoaudiólogos e professores de língua inglesa para trabalhar com estudantes refugiados.

Outro distrito estava localizado em uma cidade da classe trabalhadora e seus arredores, onde as oportunidades de emprego local e as incidências de pobreza associadas aumentam e diminuem de acordo com as vicissitudes da indústria principal. Em 2011, a região tinha uma taxa de pobreza juvenil de 24,2% em comparação com uma taxa na província de 17,3%[410]. Um em cada quatro jovens vive em famílias de baixa renda, muitos dos quais estão trabalhando em vários postos de trabalho para conseguir sustento. Os educadores agradeceram o compromisso dos sindicatos e filantropos com essa comunidade. "É uma parte da cultura daqui", disse um deles. "Há um enorme cuidado neste distrito", observou outro colega. "Há um enorme cuidado em torno da saúde mental, um enorme cuidado em torno das parcerias, um enorme cuidado em torno da pobreza. Quando eu vim para cá, percebi que a filantropia é um valor cultural nesta comunidade e assim as pessoas ajudam".

O sentimento de responsabilidade cívica nessa comunidade é evidente entre instituições de caridade, grupos comunitários como o City Pride, trabalho sindicalizado e parcerias com a United Way, com a faculdade comunitária local e com indústrias e estágios de aprendizagem. Eles financiam seminários de saúde mental sobre tópicos incluindo a ansiedade dos estudantes, bem como o evento Corrida para o Bem-estar (Run for Well-Being) para educar os professores sobre a saúde mental dos estudantes.

O mal-estar não se manifesta apenas nos níveis mais baixos da hierarquia das necessidades de Maslow. Ele pode ser tanto psicológico quanto fisiológico, e pode afetar os ricos assim como os pobres, por meio de histórias sociais e pressões ao redor que criam ansiedade e estresse, por exemplo. "Parte de sua ansiedade está relacionada à pressão dos pais", observou uma professora sobre seus alunos. "Parte da ansiedade é perfeccionismo." Como vimos na Figura 2.6, uma forma de as escolas apoiarem os estudantes pode ser por meio da oferta de um espaço de relaxamento que os ajuda a se reunirem e se acalmar quando estão estressados ou chateados. No exemplo, "As crianças tinham a opção de ir lá quando fosse necessário", disse um professor. Isso proporcionava um valioso descanso das pressões acadêmicas, "onde se podia simplesmente ir e relaxar".

Apesar de todos esses desenvolvimentos, a pesquisa sobre bem-estar indica que o cuidado com os estudantes que apresentam risco de experimentar o mal-estar é muitas vezes insuficiente. A promoção do bem-estar envolve mais do que evitar o mal-estar. Como, por exemplo, preparamos os estudantes para se desenvolverem em salas de aula com material acadêmico desafiador, ambientes sociais complexos e tecnologias digitais? A aprendizagem requer disciplina e entusiasmo, a habilidade de se concentrar, a capacidade de explorar tópicos de diferentes pontos de vista, as habilidades sociais para interagir com os outros e a energia ou garra para perseverar nas dificuldades e se recuperar do desapontamento. Aumente o bem-estar positivo, destaque este argumento, e você também melhorará o desempenho.

Nas palavras de um dos líderes do sistema educacional de Ontário que participaram do nosso projeto, "fazer o que precisamos fazer para potencializar esse bem--estar que estamos tentando gerar em todo o sistema a fim de aumentar o desempenho dos alunos – essa é uma das metas agora".

2. O desempenho acadêmico é essencial para o bem-estar.

A relação entre bem-estar e desempenho acadêmico vai em ambas as direções. O bem-estar pode apoiar o desempenho e a realização também pode ser um catalisador para o bem-estar. Por exemplo, um diretor quis elevar os resultados matemáticos no teste padronizado da província, mesmo que "as crianças já tenham um bom desempenho" e "tenham notas altas". "Promover esse pensamento e promover essa questão" de como elevar os resultados em matemática foi um componente central das reformas em outro distrito. O aumento das expectativas foi feito para permitir que os alunos "aumentassem sua confiança" e "se sentissem bem por estar aprendendo". A clareza de propósito e direção também era importante. O diretor desse distrito declarou: "acho que é estressante perder tempo e não saber para onde se está indo". "Na ausência de direção, as pessoas fazem o que querem. O que nem sempre é a coisa com mais propósito."

No meio disso e indo além do debate entre desempenho e bem-estar está o conceito de Carol Dweck de mentalidade de crescimento, com o qual muitas escolas e distritos estavam comprometidos, como vimos no Capítulo 2. Os conjuntos de mentalidades de crescimento promovem a ideia simples, mas convincente, de que "suas qualidades básicas são coisas que você pode cultivar a partir de seus próprios esforços"[411]. A mentalidade de crescimento "faz com que você se preocupe em melhorar", diante do fato de *ainda* não poder fazer ou saber algo[412]. As mentalidades de crescimento estão relacionadas com "o amor ao desafio, a crença no esforço, a resiliência diante de contratempos e a maior sucesso"[413]. Elas são a ponte entre o bem-estar e o sucesso acadêmico.

Ter um sentimento de realização não é ou não deveria ser apenas uma questão de obter boas notas nos testes. Embora fosse desconhecido por muitos dos educadores de Ontário, o ápice de Maslow em sua hierarquia de necessidades, a autotranscendência, estava por trás de muitas inovações de aprendizagem nos 10 distritos. Por exemplo, elas incluíam a comparação da qualidade da água nas Reservas das Primeiras Nações com a das comunidades vizinhas e aprender a respeito das famílias de refugiados sírios, assim como obter fundos para adotar e acomodar essas famílias. Em casos como esses, os estudantes aprofundaram sua própria aprendizagem e seu senso de realização lidando com o bem-estar de outros.

A incorporação da identidade dos estudantes no currículo também pode levar a uma maior realização acadêmica e ao aumento do bem-estar. O sucesso em atividades que têm valor em termos da cultura de cada um leva a sentimentos de orgulho que restauram a dignidade das pessoas. Os estudantes indígenas no norte do Canadá agora têm um currículo que aborda seu conhecimento e experiência sobre a natureza selvagem. Estudantes com dificuldades de aprendizagem aprendem sobre suas dificuldades, sobre pessoas famosas e bem-sucedidas que também têm essas dificuldades e sobre como se apoiarem em seus professores e por meio de seus planos educacionais individuais para que possam se tornar bem-sucedidos e também mais autoconfiantes como jovens.

A complexa mas estreita inter relação entre bem-estar e desempenho também é evidente em outros tempos e lugares. Por vários anos, Andy tem atuado como conselheiro do governo da Escócia em relação à sua estratégia educacional. Uma das quatro prioridades curriculares da Escócia é desenvolver "alunos confiantes"[414]. Visitas às escolas confirmam que, em todo o país, muitos alunos são capazes de expressar com confiança o que estão aprendendo e por que estão aprendendo.

Um aspecto fundamental e inalienável do bem-estar é a dignidade humana. O primeiro princípio da Declaração dos Direitos Humanos das Nações Unidas é que "todos os seres humanos nascem livres e iguais em dignidade e direitos"[415]. De acordo com o dicionário de inglês *Oxford*, dignidade vem do latim *dignitas* e significa "o estado ou qualidade de ser digno de consideração ou respeito"[416].

A dignidade pode ser tirada das pessoas por meio de violação, abuso ou humilhação. Nas escolas, a fonte mais comum de perda de dignidade para os alunos envolve ser rotulado como um fracasso. Um dos principais argumentos contra reprovar os alunos em uma série relaciona-se com suas intensas experiências de vergonha social resultantes dessa reprovação.

A desigualdade extrema prejudica o senso de valor humano e a dignidade das pessoas. Em 1973, Richard Sennett e Jonathan Cobb escreveram um livro intitulado *The hidden injuries of class* (*Os danos ocultos da classe*), baseado em entrevistas com 150 adultos da classe trabalhadora em Boston, Massachusetts, sobre suas vidas. Os entrevistados se esforçavam para conseguir muitas coisas, mas o que eles desejavam era dignidade e respeito. Entretanto, o que eles experimentavam repetidamente era uma negação de sua dignidade por meio de experiências de fracasso na escola. Um entrevistado se sentiu "estúpido" na escola e "chegou a pensar que seu poder de compreensão era prejudicado por seus defeitos de caráter, sua falta de perseverança e de força de vontade para ter um bom desempenho"[417]. Sennett e Cobb concluíram: "o terrível sobre as classes em nossa sociedade é que elas estabelecem uma competição pela dignidade"[418].

O sucesso pode reforçar o bem-estar. O fracasso pode destruí-lo. Limitar o que conta como sucesso em testes sobre duas ou três matérias básicas aumenta a frequência do fracasso. Por sua vez, ampliar o que conta como sucesso para incluir as artes ou a aprendizagem ao ar livre, por exemplo, reduz a frequência do fracasso. Ajudar os alunos a serem mais bem-sucedidos não envolve apenas questões de foco, resultados e desempenho. Trata-se também de ampliar e aprofundar as muitas maneiras pelas quais suas aspirações por um sentimento de realização real, duramente conquistado, podem ser possíveis.

3. O bem-estar tem valor intrínseco.

Anteriormente apontamos como vários distritos de Ontário adotaram programas de aprendizagem social e emocional para estudantes, na crença de que eles complementam o desempenho acadêmico. O trabalho de Stuart Shanker, autor do livro *Calm, alert, and learning* (*Calmo, alerta e aprendendo*), tem sido uma referência em muitos deles[419]. Os professores que participaram de oficinas sobre a pesquisa de Shanker foram encorajados a fazer uso inventivo de materiais da sala de aula como formas de ajudar seus alunos a regular seu comportamento.

Seguindo o conselho de um terapeuta ocupacional, uma sala de aula montou um muro de escalada para que os estudantes com transtornos do espectro alcoólico fetal pudessem usar quando estivessem inquietos. Outras salas de aula forneceram dispositivos giratórios como cones e cadeiras em formato de ovos (tipo cápsulas), em que os alunos podiam sentar-se, girar e se fechar no seu interior em busca de segurança. Outra escola no mesmo distrito tinha espaços autorreguladores para meditação e salas de aula com dispositivos calmantes, onde os alunos podiam relaxar até ficarem calmos o suficiente para prestar atenção à aula. Todas essas são maneiras pelas quais os professores adaptaram seus ambientes de aprendizagem para promover o bem-estar dos alunos.

Os professores e administradores observaram como houve melhorias significativas na capacidade de autorregulação dos alunos desde que tais materiais foram fornecidos. Levou muito menos tempo para acalmar os alunos antes que eles pudessem voltar a participar de uma aula. Agora, metade dos alunos estava sendo retirada de sala para se acalmar, durante menos da metade do tempo, em comparação com situações anteriores, disseram os professores. Eles acreditavam que era melhor dar aos alunos o tempo e o espaço de que precisavam para se concentrar na aprendizagem do que puni-los quando suas mentes estavam viajando ou quando seus corpos estavam inquietos.

Em outro distrito, "havia brigas" e "não havia muita comunicação" entre as crianças de uma turma. O professor trabalhou com elas para desenvolver sua linguagem oral e suas habilidades de autorregulação para que pudessem compartilhar verbalmente seus sentimentos sem recorrer à violência. Em outra aula envolvendo uma criança "realmente retraída", uma professora decidiu usar mais o "centro de teatro e brincadeiras do seu jardim de infância para criar oportunidades de brincadeiras criativas" a fim de desenvolver as habilidades da criança na interação com os demais.

Em todos esses exemplos está acontecendo mais do que uma mera autorregulação. Os alunos estão adquirindo o que os educadores do distrito francófono descreveram como *autonomie* – a capacidade de aprender independentemente enquanto estão na companhia de outros. Essa capacidade de autorregulação, ou autonomia, é consistente com o argumento de que o bem-estar pode melhorar o desempenho e também é valorizado por si só.

Outra estratégia para complementar o desempenho acadêmico com o bem--estar foi a ideia de resiliência, ou o que os educadores chamaram de "recuperar-se", refletindo a origem latina da resiliência em *resilere* – reagir de volta. A estrutura de resiliência nas escolas de um distrito surgiu da pesquisa de um consultor que tinha realizado oficinas no distrito. Assim como com as mentalidades de crescimento, o distrito queria que seus alunos soubessem que a resiliência é algo que se desenvolve, em vez de uma capacidade fixa. "Você constrói a resiliência. Você não nasce com ela", disse um diretor. Uma escola dos anos iniciais do ensino fundamental levou a ideia de "construir" a resiliência literalmente. Nas próprias palavras de seu diretor,

> Sabe de uma coisa? Precisamos dar um impulso. Nós nos vestimos de trabalhadores da construção civil. Desenvolvemos "*kits* de ferramentas" para estudantes. Eles tinham seu próprio conjunto de ferramentas de diferentes tipos. Construímos um

muro de resiliência. Cada estudante tinha um tijolo e eles podiam [escrever]: "Quem me apoia quando estou me sentindo por baixo?".

Esses muros de resiliência e *kits* de ferramentas foram erguidos em toda a escola. Os alunos escreveram sobre várias fontes de apoio com as quais podiam contar a partir de seus *kits* de ferramentas de resiliência que os ajudavam a se sentir relaxados, calmos ou fortes o suficiente para seguir em frente. Os professores relataram que os alunos às vezes procuravam literalmente esses *kits* de ferramentas quando sentiam que precisavam de ajuda para lidar com uma questão frustrante.

Outra escola dos anos iniciais do ensino fundamental organizou uma atividade com foco em super-heróis quando um aluno foi diagnosticado com uma doença grave. De acordo com um professor, isso "unia todos os temas de zonas de controle, saúde mental e super-heróis. Foi fabuloso". Quando o menino faleceu no final daquele ano, os alunos "lidaram muito bem com isso", de acordo com um superintendente. "Basicamente, nos saímos melhor na recuperação", acrescentou um professor da escola. "Quando as coisas ficam difíceis, precisamos encontrar nossos poderes sobre-humanos dentro de nós mesmos."

Uma questão que emergiu do foco no bem-estar dos estudantes nos distritos foi o crescente envolvimento dos próprios alunos nessa agenda. Um distrito criou grupos de bem-estar liderados por estudantes chamados Fontes de Força. Um administrador de nível distrital descreveu como o grupo consistia de "líderes de cada setor da escola. Você tem crianças que não são os atletas e aquelas que não são as crianças artísticas. Você quer que todos se sintam representados". Os estudantes se voluntariaram para fazer parte do grupo porque sentiram que, ao serem abertos sobre suas próprias dificuldades lutando contra ansiedade, depressão ou simplesmente por se sentirem diferentes por causa de uma dificuldade da fala, por exemplo, seriam capazes de ajudar outros que estavam passando por experiências semelhantes. Suas próprias fraquezas e vulnerabilidades tornaram-se fontes da força para outros estudantes.

Os alunos receberam treinamento de mentores na escola. Eles organizaram eventos como uma Caminhada para Conscientização da Depressão, para que estudantes e membros da comunidade não ignorassem nenhum estudante que estivesse lutando contra esse problema. Um cartaz sobre recursos de saúde mental exibido na escola incentivava os alunos a "sentar-se na natureza", "ler um livro" ou "acariciar uma criatura peluda" como formas de reverter estados emocionais que poderiam levá-los à depressão e à ansiedade.

Dessa forma, o distrito estava encorajando os estudantes a prestar atenção uns nos outros, a se relacionarem com os demais com gentileza e a garantir que ninguém fosse deixado sozinho sofrendo em silêncio. O bem-estar aqui foi uma realização que mostrou que os estudantes estavam aprendendo a estar uns com os outros de uma maneira que não levava ao egocentrismo individual, mas que atendia às suas aspirações de cuidar uns dos outros.

CONCLUSÃO

As três perspectivas sobre a relação entre desempenho e bem-estar são distintas apenas em termos teóricos. Na prática, elas se sobrepõem. Por exemplo, programas de *mindfulness* foram desenvolvidos juntamente com programas de autorregulação em escolas que também encaram o desempenho como uma forma de ajudar as crianças a se sentirem bem-sucedidas. Porém, as distinções teóricas nos ajudam a entender que as estratégias psicológicas para desenvolver o bem-estar, tais como regulação emocional, *mindfulness* (atenção plena), construção da habilidade de resiliência e o uso de mentalidades de crescimento, são intrinsecamente valiosas, bem como meios importantes para atingir fins relacionados ao desempenho.

Relaxar com meditação, mover-se com ioga, sair para tomar ar fresco ou mergulhar em um livro ou desenho que possa dar-lhes uma pausa das pressões acadêmicas – todas essas são formas de os jovens desenvolverem seu bem-estar. Os educadores também estão se esforçando para melhorar o bem-estar de seus alunos com paredes de escalada, áreas de relaxamento, programas de resiliência, meditação e que promovam movimento.

Seja qual for a teoria da relação entre bem-estar e desempenho, o entusiasmo pelas iniciativas de bem-estar se espalhou por todos os 10 distritos que discutimos. Professores, líderes, escolas e sistemas educacionais eram solidários às lutas que seus alunos enfrentavam e estavam empenhados em ajudar todos eles a ter sucesso e a ficar bem. Eles responderam iniciando com programas que ajudaram a acalmar as mentes agitadas de seus alunos; estabeleceram uma gama de apoios abrangentes, incluindo os que eram liderados por alunos, e se engajaram reciprocamente e com vários parceiros para desenvolver as capacidades para o sucesso.

É muito fácil fazer críticas injustas contra o bem-estar ou o desempenho quando eles são encarados ou apresentados como objetivos singulares e opostos. Por um lado, não queremos um sistema escolar obcecado pelo bem-estar a ponto de os jovens viverem em um mundo superficial e autoindulgente de felicidade sem exigências. Esse caminho só levará a uma nação de adultos narcisistas excessivamente elogiados que sentem que o sucesso e os conhecimentos adquiridos não são importantes e que tudo o que importa são as necessidades e opiniões sobre si mesmos e sobre os outros que por acaso concordam com eles.

Da mesma forma, a realização não deve ser reduzida a notas e resultados de testes, esperando-se que os alunos se apliquem com uma determinação sombria mesmo diante de um ensino deficiente, de testes irrelevantes ou de um currículo tão enfadonho que não consigam ver nenhum valor nele. A realização deve estar conectada a coisas como propósito, valores e interesse por si mesmo e pelos outros. Deve trazer uma sensação de realização duradoura, não apenas alívio na conclusão do teste ou diversão passageira.

Bem-estar e desempenho não deveriam existir em dois mundos separados, com diferentes especialistas os povoando – matemáticos e alfabetizadores de um lado e especialistas em saúde mental do outro. Em todos os níveis, desde a escola até todo o sistema, é importante estabelecer estruturas bem definidas que unam aqueles que têm portfólios e responsabilidades no currículo e na aprendizagem com aqueles que têm experiência em bem-estar e saúde mental. Os próprios líderes precisam criar, articular e repetir narrativas claras e convincentes que aproximem desempenho e bem-estar.

O bem-estar é necessário para apoiar o desempenho, especialmente quando as crianças vêm de origens que lhes apresentam grandes desafios. Desempenho e realização são também fontes de bem-estar. É difícil para os jovens manterem sua dignidade se eles sentem que estão falhando o tempo todo.

Nem o bem-estar nem a realização acadêmica são suficientes em si mesmos para produzir seres humanos equilibrados. Não queremos que as escolas produzam legiões de pessoas felizes, presunçosas e estúpidas, mas também não queremos um mundo cheio de pessoas inteligentes que são más, doentes e distorcidas.

O bem-estar tem sido uma prioridade há muito negligenciada na educação. Ele está agora sendo trabalhado em escolas de todo o mundo. Nosso trabalho em Ontário aponta para muitas maneiras diferentes nas quais os educadores têm avidamente aproveitado as oportunidades para desenvolver o bem-estar de seus alunos. Porém, quando a austeridade é iminente e os cortes orçamentários se aproximam, iniciativas em ioga, meditação ou papéis de apoio em aconselhamento e áreas semelhantes podem parecer as opções mais fáceis nas quais fazer economia, em comparação com alfabetização ou matemática. Para manter sua importância e foco, a ênfase no bem-estar, portanto, deve encontrar sua relação adequada com a missão de aprendizagem das escolas e sistemas de ensino. Quer trabalhemos em tempos de abundância ou em uma era de austeridade, não devemos ter de escolher entre o sucesso de um lado e o bem-estar do outro. Devemos nos esforçar para que os jovens adultos sejam bem-sucedidos *e* realizados ao mesmo tempo. É assim que a Doutrina da Prosperidade deve se parecer quando colocada em prática.

Epílogo: Melhorando

Em 26 de dezembro de 2004 ocorreu um tsunâmi na Ásia, eliminando quase um quarto de milhão de vidas. Seu impacto sobre as economias e a infraestrutura foi devastador. Os ex-presidentes norte-americanos Bill Clinton e George H. W. Bush uniram forças para coordenar um enorme esforço de recuperação. O secretário-geral da Organização das Nações Unidas (ONU) nomeou posteriormente Clinton como enviado especial para o alívio do tsunâmi.

Foi por meio desse trabalho que o ex-presidente introduziu a ideia de "reconstruir melhor" após uma catástrofe[420]. Suas mesmas palavras foram empregadas após outros desastres naturais e induzidos pelo homem, bem como em resposta ao colapso econômico global de 2008. Na época da pandemia de covid-19, os governos nacionais e organizações transnacionais, incluindo a Organização para a Cooperação e Desenvolvimento Econômico (OCDE), a ONU e o Fórum Econômico Mundial, estavam todos falando sobre "reconstruir melhor".

O que Clinton quis dizer com essa expressão? Reconstruir fisicamente escolas, estradas, hotéis, empresas, lugares de culto e outras infraestruturas era a prioridade óbvia. Porém, em seu Relatório da ONU de 2006, *Propostas-chave para reconstruir melhor*, Clinton foi muito além da reconstrução física. "Embora um desastre possa na verdade criar oportunidades para mudar padrões de desenvolvimento – para *reconstruir melhor* – a recuperação também pode perpetuar os padrões preexistentes de vulnerabilidade e desvantagem", argumentou ele[421]. Os desastres muitas vezes amplificaram as desigualdades existentes, por isso era importante que o esforço para reconstruir melhor não só reparasse os danos, mas também corrigisse problemas antigos de injustiça que os precederam. As propostas de Clinton, portanto, afirmavam que a reconstrução melhor deveria:

136 Hargreaves & Shirley

- Fazer com que as famílias e comunidades "conduzam sua própria recuperação".
- "Promover a justiça e a equidade".
- "Aumentar a preparação para desastres futuros".
- "Empoderar governos locais para administrar os esforços de recuperação".
- Evitar "rivalidade e competição não saudável".
- "Deixar as comunidades mais seguras ao reduzir riscos e construir resiliência"[422].

"Reconstruir melhor" não é apenas um *slogan*. Em junho de 2020, a OCDE informou que reconstruir melhor significava mais do que "recuperar rapidamente as economias e os meios de subsistência"[423]. Em vez disso, "uma dimensão central da reconstrução melhor é a necessidade de uma recuperação baseada nas pessoas, que se concentre no *bem-estar*, melhore a *inclusão* e reduza a *desigualdade*" (ênfase acrescentada)[424]. Ela expressa a necessidade de "reduzir a probabilidade de choques futuros e aumentar a resiliência da sociedade a esses choques quando eles ocorrerem"[425]. A OCDE apelou aos governos para trabalharem juntos na abordagem dos objetivos ambientais e na criação de "soluções baseadas na natureza" para os desafios mais difíceis, tais como a mudança climática[426].

Em resposta à pandemia, muitos governos e organizações transnacionais adotaram a linguagem e o espírito do reconstruir melhor como uma forma de pensar e criar uma resposta para a recuperação. Eles viram que isso envolveria mais do que simplesmente restaurar o crescimento econômico ou repetir e reforçar as desigualdades e injustiças existentes. Em *Reimagining our future: building back better from covid-19* (*Reinventando nosso futuro: reconstruindo melhor a partir da covid-19*), por exemplo, o Fundo das Nações Unidas para a Infância (Unicef) apelou por respostas à pandemia que "ao mesmo tempo criariam uma base para um futuro mais verde e sustentável para as crianças" e também "fortaleceriam ... sistemas para melhor responder a crises futuras"[427]. "As crianças e os jovens estão observando atentamente enquanto lidamos com esta crise que ameaça seu futuro", argumentou o Unicef[428]. "Se nós, por nossa vez, mantivermos o foco neles, eles podem ser a chave para a solidariedade sem precedentes que precisamos para superar a covid-19 e nos reconstruirmos melhor"[429].

Diante do enfrentamento da maior pandemia em um século, da maior crise econômica desde os anos 1930, de níveis de desigualdade extrema que haviam subido em espiral por décadas, de crescente agitação política, de mudanças globais perturbadoras rumo ao autoritarismo e de uma crise ambiental que ameaça nossa própria existência, as organizações econômicas transnacionais não se limitaram a girar ou fazer piruetas, como haviam feito em resposta a outras crises. Elas rejeitaram, se retrataram e renegaram praticamente tudo o que haviam defendido nos 40 anos anteriores.

Por exemplo, em julho de 2020, o Fórum Econômico Mundial publicou um artigo intitulado "Para reconstruir melhor, temos de reinventar o capitalismo. Eis como"[430]. O artigo incitava "uma transformação profundamente positiva da economia global, nos aproximando de um mundo em que todos possam viver bem, dentro das fronteiras planetárias"[431]. Os autores observaram a:

> necessidade de "reconstruir melhor", de "reiniciar", se quisermos enfrentar as profundas vulnerabilidades sistêmicas que a pandemia expôs. Para as empresas, reconstruir melhor é muito mais do que responsabilidade social da corporação: trata-se de alinhar verdadeiramente os mercados com os sistemas naturais, sociais e econômicos dos quais eles dependem. Trata-se de construir uma verdadeira resiliência, impulsionar um crescimento equitativo e sustentável e reinventar o próprio capitalismo[432].

O QUE O COMPROMISSO EXIGIRÁ

O tipo de compromisso necessário para *reconstruir melhor* requer um intenso engajamento emocional. Em grande parte da pesquisa sobre bem-estar e aprendizagem social e emocional (ASE), as chamadas emoções negativas, tais como raiva e medo, devem ser controladas em vez de despertadas. No entanto, descobrir como lidar com o sofrimento humano de maneiras que não o minimizem – ou que o envolvam em mentalidades despreocupadas e do tipo "mantenha a calma e continue" – é essencial para restaurar a saúde e a prosperidade em longo prazo. Considere os seguintes pontos, que nunca são mencionados pelos principais defensores do bem-estar e da ASE:

- *Uma pessoa feliz pode ser "mais lenta do que uma pessoa com medo"* na detecção de uma ameaça potencial ao meio ambiente. "Quando uma pessoa enfrenta uma ameaça grave que exige respostas muito rápidas, um atraso na identificação de algo" pode ser catastrófico[433].

- *"Pessoas que não sentem medo ou raiva podem estar em desvantagem"* ao enfrentar uma ameaça "porque seus corpos não estão bem preparados para uma luta" comparados aos daqueles cujas pressão sanguínea e frequência cardíaca aumentadas os tornam alertas às mudanças do ambiente[434].

- *A alegria pode "tornar as pessoas mais crédulas"* e "pessoas que acreditam em tudo o que escutam podem estar em sério perigo quando se encontram em um ambiente hostil"[435].

- *"Indivíduos com estados de espírito negativos"* são frequentemente mais criativos do que os outros, porque pessoas felizes "avaliam o *status quo* e suas próprias ideias positivamente", enquanto a criatividade exige que as pessoas "exerçam altos níveis de esforço e persistência" diante da adversidade ou dificuldade[436].

- *"Pessimistas defensivos" esperam o pior e se tornam hábeis em antecipar dificuldades.* Quando são instados a serem menos pessimistas seu desempenho declina porque não conseguem enfrentar os desafios de maneira realista[437].

A pandemia de covid-19, a opressão e a injustiça racial, o nacionalismo vacinal, as ameaças à democracia, o Brexit, a desigualdade extrema e o fato de estarmos à beira de uma mudança climática catastrófica e irreversível – todas essas coisas são reais e profundamente interligadas. *Estamos na luta mais importante de nossas vidas.* A hipercompetitividade das preocupações com os desempenhos individuais e os conhecimentos básicos testados, decorrentes do GERM, não oferece nenhuma resposta. Nem a linguagem positiva e a regulação emocional da psicologia positiva. Qual é a alternativa?

Em um mundo VUCA de desigualdade e turbulência, precisamos aceitar e não evitar nossas chamadas emoções negativas. Vamos começar pelo *medo* e a *raiva*. O célebre aventureiro Bear Grylls explica que as pessoas que afirmam não ter medo ou estão mentindo ou "não vivenciaram nada suficientemente grande em suas vidas". Grylls continua: "Você tem que buscar coisas difíceis. A ironia é que as coisas que tememos com mais frequência desaparecem"[438].

Precisamos ficar coletivamente indignados e desafiar os líderes que traíram a confiança pública e perpetuaram ativamente a desigualdade, a exclusão e a injustiça. Não podemos deixar que nosso medo de retaliação por parte dos políticos ou de alguns segmentos do público nos obrigue a adotar posições que nos fazem avançar apenas, por exemplo, em pequenos ajustes nas avaliações, não realizando movimentos fundamentais, necessários e possíveis, como nos afastar dos testes de alto impacto. Devemos aproveitar essas emoções de raiva e medo para despertar a mudança para melhor. Às vezes também devemos ensinar nossos jovens a se moverem em direção ao perigo.

E quanto às outras emoções desagradáveis? A *depressão*, por exemplo, é algo no qual não devemos mergulhar e nem simplesmente tentar nos livrar. A depressão é uma resposta emocional razoável a circunstâncias que não oferecem boas soluções em situações em que sentimos que não temos controle. Entretanto, reconhecer a existência da depressão pode levar as pessoas a recuperar alguma aparência de controle interno, desenvolvendo soluções conjuntas para problemas comuns. Envolver as crianças em projetos sobre mudança climática, por exemplo, pode levar a um caminho produtivo em uma nova economia em expansão, neutra em carbono, que pode fazer a diferença para salvar o mundo.

A *angústia* e a *ansiedade* podem nos levar a meditar, relaxar e respirar profundamente. No entanto, mesmo que isso não pareça ser uma resposta suficiente às ameaças importantes, elas também podem nos estimular a surtos de criatividade frenética que levam à invenção de vacinas em tempo recorde ou à aprendizagem *on-line* em questão de dias. Reconhecer a existência dessas emoções também pode motivar os adolescentes a deixar de lado seus aparelhos eletrônicos e sair ao ar livre, onde eles podem reduzir muito suas ansiedades, ao mesmo tempo em que se engajam em uma aprendizagem que é em si mesma criativa.

Luto e *sentimento de perda* não são patologias. Eles são reações normais a todo tipo de perda. Estas incluem perder um membro da família, testemunhar uma separação dos pais, deixar para trás um país, ser abandonado por um namorado ou namorada ou experimentar a morte de um animal de estimação. A melhor resposta ao luto e à perda é não dizer às pessoas para se reergurem, superarem isso ou até mesmo se recuperarem o mais rápido possível. Muros de resiliência e respostas rudes podem apressar muito rapidamente o processo de luto das pessoas apenas para que todos possam voltar ao trabalho e continuar o mais rápido possível. A pressão para colocar as pessoas de volta ao trabalho é agora tão grande que a American Psychiatric Association classifica o luto e a depressão que dura mais de duas semanas como uma "doença médica grave"[439]. Discordamos! Ao lidar com todos os tipos de perdas, incluindo aconselhamento aos estudantes sobre escolhas alternativas de carreira, apoio aos professores em um ambiente *on-line* ou implantação de mudanças significativas no currículo, precisamos aceitar a normalidade do processo de luto. Precisamos trabalhar a partir dele, em vez de apressar as pessoas a superá-lo.

Reconstruir melhor em saúde ou educação não envolve apenas o aumento do desempenho, seguindo as evidências, ou se concentrar mais. Também requer atenção ao mundo psíquico e emocional daqueles que sofreram ou se esforçaram, bem como daqueles que servem, apoiam e fazem sacrifícios por eles. Exige ainda que façamos isso em relação a toda a gama de emoções das pessoas, não apenas aquelas que são mais fáceis de administrar ou que trazem benefícios mais imediatos para a organização – ao serem controladas.

A literatura psicológica corrente sobre desenvolvimento emocional e inteligência emocional fornece estratégias importantes para os professores. Os professores podem ajudar os alunos a reconhecer e administrar suas emoções. Eles podem introduzir a meditação para guiar os estudantes para uma maior consciência e compaixão. Eles também podem criar grupos de apoio aos pares para que os estudantes canalizem suas energias em direções mais positivas.

Esse tipo de apoio também pode contribuir para o desenvolvimento emocional dos próprios professores. Como passageiros adultos em cabines de voo despressurizadas que são aconselhados a colocar suas próprias máscaras de oxigênio antes de ajudar as crianças com as suas, os professores terão dificuldade em apoiar seus alunos por muito tempo se eles próprios estiverem em dificuldades psicológicas.

Por mais importante que toda essa orientação psicológica seja, no entanto, ainda falta algo. As pesquisas que relatamos ao longo deste livro vão além das descobertas da psicologia positiva, da literatura sobre inteligência emocional, da pesquisa de Dweck sobre mentalidades de crescimento, da hierarquia de necessidades de Maslow e dos benefícios pessoais da atenção plena (*mindfulness*) e da meditação. Elas abordam a vida emocional dos estudantes e educadores de forma holística, incluindo os aspectos desagradáveis e menos fáceis de administrar dessas vidas, que as escolas e outras organizações tendem a evitar quando utilizam a psicologia positiva em seu auxílio.

Nossa abordagem anterior questionando o bem-estar e nossa percepção do papel contra-intuitivamente positivo das emoções negativas nos permitiu olhar para a vida interior dos alunos e seus professores através de diferentes lentes. O que essas lentes nos ajudaram a ver, além da felicidade, da calma, da coragem, da resiliência e do pensamento positivo?

- O estágio mais negligenciado de Abraham Maslow, a *autotranscedência*, pode na verdade nos inspirar às vezes a praticar o autossacrifício.

- As *emoções supostamente negativas de luto, frustração e raiva* podem nos levar a ações construtivas e corretoras.

- Assim como *se manter calmo e prosseguir* diante do caos, no mundo atual devemos também lidar com estados emocionais como *repulsa* (e preconceito) e *tédio* (e privilégios) que não podem ser administrados apenas pela calma.

- Mesmo as *mentalidades de crescimento* têm seus limites. Dizer às crianças que elas podem ser qualquer coisa que quiserem, sem levar em conta seus talentos específicos ou a falta deles, é uma mentira cruel. Mentalidades de crescimento devem definitivamente encorajar maior desempenho e ambição, mas elas também devem evitar a promoção de ilusões e de sucesso sem limites.

- A *atenção plena (mindfulness)*, como demonstramos, pode e deve ser utilizada como uma maneira de se concentrar e lutar por maior justiça, não apenas como um refúgio interno da injustiça do mundo exterior.

Para fazer tudo isso de forma eficaz a fim de abordar a *vida interior* das pessoas, devemos também fazer algo a respeito dos *mundos externos* em que elas trabalham. Essa mensagem é essencial para a Doutrina da Prosperidade, distinguindo nossa abordagem de muitas outras.

Considere os desafios monumentais enfrentados por todos os profissionais da educação que lutam pelo bem-estar de seus alunos. Qual é a sensação de lidar com estudantes em situação de pobreza cujas famílias trabalhadoras não conseguem ganhar um salário básico de subsistência? Saber que há um suicídio adolescente esperando para acontecer enquanto o sistema de assistência social não prioriza o suporte de aconselhamento é devastador para qualquer educador. Trabalhar em um distrito de alta pobreza, onde inúmeras iniciativas levam centenas de professores a fazerem cursos *on-line* sobre *mindfulness* para que eles possam se recuperar do estresse de seus empregos é um sinal preciso de que há algo errado com as exigências que o sistema está enfrentando. Por que desperdiçar vastos recursos em *tablets* digitais que colocam as crianças em frente às telas a maior parte do dia, quando não há um impulso ou investimento semelhante para transferir a aprendizagem e as brincadeiras para ambientes saudáveis e ao ar livre? Até que ponto os professores devem respeitar os testes padronizados quando eles sabem que eles criam mal-estar entre suas crianças mais vulneráveis?

Não há nada de errado em estarmos conscientes, calmos e otimistas quando sentimos que tudo está sob controle. Porém, quando o próprio sistema começa a nos deixar doentes, é bom começar a nos sentir culpados por ocupar o tempo das crianças com a preparação para os testes, pois isso pode então gerar uma oposição organizada a eles. É bom estarmos irritados com a desigualdade e a injustiça para que possamos lutar juntos por algo melhor em vez de ficarmos sozinhos fazendo todos os sacrifícios. Também é útil capitalizar sobre nossas frustrações para desencadear movimentos de mudança e transformação que precisamos para trazer à existência uma nova era de prosperidade – o que nos leva de volta à Doutrina da Prosperidade.

A DOUTRINA DA PROSPERIDADE – NOVAMENTE

Se realmente estamos na luta mais importante de nossas vidas, não podemos ir para a batalha de mãos vazias. O bem-estar é mais bem assegurado quando todos nós assumimos um papel proativo na reconstrução da vida de todos para melhor. É aqui que entra a Doutrina da Prosperidade como uma agenda para melhorar a qualidade de vida de todos e para gerar oportunidades para florescer e prosperar. Como podemos fazer isso? E o que também devemos evitar fazer?

Primeiro, não podemos contar com as 26 pessoas que controlam mais da metade da riqueza do mundo para que elas mesmas se transformem. Quando a Iniciativa Chan Zuckerberg financiou um relatório sobre bem-estar após a pandemia de covid-19, quase não foi mencionada uma palavra sobre os aspectos sociais do bem-estar, além dos esforços dos professores para garantir que os alunos fossem alimentados, vestidos e abrigados[440]. Enquanto este livro era impresso, a Receita Federal dos Estados Unidos estava procurando cobrar US$ 9 bilhões em impostos não pagos pelo marido de Priscilla Chan e fundador do Facebook, Mark Zuckerberg[441]. Em seguida, há os dois homens mais ricos do mundo – Jeff Bezos, fundador e ex-CEO da Amazon, e Elon Musk, fundador e CEO da Tesla. Eles têm gasto grande parte de seu patrimônio líquido global de US$ 363 bilhões[442] para se tornarem astronautas que podem fazer viagens espaciais por conta própria[443].

Chegou a hora de os bilionários do mundo pagarem sua justa parcela de impostos e deixarem que seus concidadãos exerçam o controle democrático sobre como as receitas são distribuídas, em vez de afirmarem suas próprias preferências filantrópicas ditando o que é melhor para todos os outros. Em uma era de prosperidade que se aproxima, o bem-estar para todos exige o fim do privilégio da extrema riqueza para poucos.

Em segundo lugar, não podemos recorrer a outra onda de políticas de austeridade fracassadas para nos colocar de volta em uma situação de equilíbrio após a pandemia de saúde. Relembrando o Plano Marshall de 1948, no qual os Estados Unidos investiram na reconstrução econômica da Europa Ocidental, os superintendentes da cidade de Nova York, Los Angeles e Chicago pediram "um Plano Marshall para as escolas". Esse esforço proporcionaria financiamento de emergência, quando o pico do coronavírus passasse, para instrução presencial extra e "apoio à saúde mental dos estudantes para lidar com o trauma significativo que estão enfrentando"[444]. Isso significa entender que os empregos no setor público e os aumentos associados na recuperação econômica e na mobilidade social ajudam a todos, reunindo os elementos básicos de uma democracia política renovada.

Em terceiro lugar, não podemos esperar que os interesses das empresas de testes reduzam a quantidade de testes padronizados em favor de reformas curriculares e de avaliações que enriquecerão os estudos sociais, expandirão as artes e deslocarão mais aprendizagem para o ar livre – melhorando assim a qualidade de vida, o bem-estar e a prosperidade de todos os jovens. Um tempo de prosperidade, realização e desenvolvimento na aprendizagem e na vida deve ser enfrentado com uma transformação nas avaliações educacionais. Com a ajuda da moderna tecnologia digital, essas devem deixar para trás testes de desempenho padronizados em larga escala (como o estado da Califórnia anunciou em 2020 que faria) e avançar para mais avaliações formativas do sistema como um todo (como o estado de Oregon propôs)[445]. Como Andy e seus colegas conselheiros recomendaram para a Escócia, as avaliações educacionais transformadas também podem se afastar de exames competitivos do tipo ganhar ou perder, realizados em um único momento ao final do ensino médio, na direção a exames que são concebidos mais como testes de orientação, a serem oferecidos de forma contínua e retomados até que a proficiência seja alcançada[446].

Em quarto lugar, embora *possamos* esperar que as empresas de tecnologia e seus parceiros injetem mais inovação digital nas escolas, *não podemos* esperar que elas fiscalizem os riscos que resultam de seus esforços e entusiasmos. Em vez de aprendizagem e tecnologia *híbridas*, deveríamos adotar uma nova terminologia e abordagem de aprendizagem e tecnologia *eticamente transparentes*.

A Doutrina da Prosperidade abraça a tecnologia digital quando ela melhora a qualidade de vida de todas as pessoas. Ela também aborda os riscos agora bem conhecidos da tecnologia. Há muitas estratégias para fazer isso. As escolas e os distritos escolares podem estabelecer comitês de vigilância tecnológica ou grupos de trabalho que também envolvam os estudantes. As instituições educacionais e os governos podem inserir cláusulas nos contratos educacionais e regionais com empresas de tecnologia e de dados que exijam que eles abordem os danos e riscos.

Em quinto lugar, a Doutrina da Prosperidade restaura nossa relação com a natureza, incluindo nossa própria natureza humana. Dado o poder dos interesses tecnológicos para impulsionar a inovação em um sistema escolar pós-pandêmico, os próprios educadores precisam insistir e assegurar que a aprendizagem ao ar livre na natureza não seja posta de lado, mas protegida e expandida. Uma relação restauradora com a natureza – e com o planeta – nos conecta com a herança indígena, cultiva o respeito e a responsabilidade ambiental desde os primeiros anos de vida e combate o mal-estar gerado pelo transtorno de déficit da natureza. Ela enriquece e melhora a saúde física e espiritual dos jovens, assim como sua aprendizagem.

As escolas podem e às vezes já abraçam os benefícios da natureza para a aprendizagem e o bem-estar, programando pausas regulares ao ar livre, criando superfícies de brincadeiras irregulares em vez de manipuladas, reintroduzindo atividades ao ar livre que têm o que um diretor islandês nos caracterizou como "um pouco de perigo", criando jardins do lado de fora, cuidando de plantas do lado de dentro e organizando caminhadas e passeios regulares na floresta e nas montanhas, espaços nos quais essas oportunidades estão disponíveis. Finalmente, como relatamos em pesquisas, a Doutrina da Prosperidade significa prestar atenção tanto ao bem--estar dos adultos quanto ao dos estudantes[447]. Aos professores (diretores de escolas) na Escócia foram oferecidos treinadores e conselheiros durante a pandemia de covid-19 para apoiá-los em sua própria liderança[448]. Essa oportunidade deveria ser um direito de todas as lideranças escolares e sistemas educacionais, sempre. Na Finlândia, um país muito bem colocado em indicadores de bem-estar, os professores têm mais tempo fora da sala de aula para colaborar com outros professores – um fator-chave para o bem-estar profissional – do que os professores de qualquer outro lugar[449].

Em nosso trabalho no Canadá, na Noruega e na Coreia do Sul, os sindicatos de professores colaboram com governos e universidades para empreender inovações que apoiam a aprendizagem dos estudantes, bem como a aprendizagem e o bem--estar de seus próprios membros[450]. Certamente, quando os professores chegam ao fim de suas carreiras e algumas de suas tarefas podem não ser tão fáceis como antes, também encontramos novas funções para eles como mentores e treinadores.

EM BUSCA DO BEM-ESTAR UNIVERSAL

Há muitas maneiras criativas de engajá-los novamente em vez de apenas empurrá--los para o lado, para uma aposentadoria antecipada.

EM BUSCA DO BEM-ESTAR UNIVERSAL

Somente quando integrarmos as três forças promotoras da prosperidade social, o uso ético da tecnologia e a natureza restauradora é que conseguiremos desenvolver escolas e sociedades que permitam que todos floresçam. Não é tarde demais para seguir a determinação do relatório da Comissão Europeia de 1996 que descrevemos no Capítulo 1 e aprender não apenas *como ser* indivíduos, mas também *como viver juntos*. Apoiar o desenvolvimento de toda criança significa que também temos de abordar o desenvolvimento e a transformação de todo o nosso mundo.

O bem-estar universal deve ser um imperativo ético. A realização acadêmica desconectada do bem-estar deve se tornar uma coisa do passado. A busca unânime pelo crescimento econômico sem uma preocupação com o bem-estar social ou a sustentabilidade ambiental logo se tornará algo do passado também. O bem-estar como a realização solitária de um indivíduo desconectado da escola e da sociedade não pode ser nossa aspiração final.

Uma mudança gigantesca está em andamento. Como já vimos, um termo geológico que descreve o que emerge por meio de tal mudança é *elevação*. Nosso desafio na educação de hoje é garantir que essa elevação emergente seja bem-sucedida e sustentável. Para elevar aqueles a quem servimos, devemos também elevar aqueles que os servem[451]. Devemos promover o bem-estar e a aprendizagem para todos.

Mais do que qualquer outra profissão, professores e outros educadores estão em uma posição privilegiada para influenciar os jovens. Eles podem e devem se tornar os campeões de mundo e de seus sistemas educacionais que avançam e integram o árduo trabalho de aprendizagem e desempenho com a realização profunda do bem-estar e da prosperidade social. Eles devem educar a criança integral no e para o mundo integral. Essa aspiração é o verdadeiro significado do que deve ser necessário para *reconstruir melhor* para o bem-estar e para o sucesso de todos os estudantes em todos os lugares, agora e no futuro.

Notas

1. BARNARDO'S. *Generation lockdown:* a third of children and young people experience increased mental health difficulties. 2020. Disponível em: https://www.barnardos.org.uk/news/generation-lockdown-third-children-and-young--people-experience-increased-mental-health. Acesso em: 26 abr. 2022.
2. MASLOW, A. H. *Motivation and personality.* New York: Harper, 1954.
3. Por exemplo, o endereço eletrônico de Gwyneth Paltrow, *Goop,* foi criado em 2008 e está disponível em https://goop.com/whats-goop/.
4. Ver, por exemplo, MERISSE, T. *Master your emotions:* a practical guide to overcome negativity and better manage your feelings. [S. l.: s. n.], 2018; FOGG, B. J. *Tiny habits:* the small changes that change everything. Boston: Houghton Mifflin Harcourt, 2019; e NEESE, A. *How to breathe:* 25 simple practices for calm, joy, and resilience. California: Ten Speed, 2019.
5. Em um vídeo no YouTube de 2008 para a EmmyTVLegends.org, o ator Leonard Nimoy lembra que esta frase foi inserida pela primeira vez na série original Star Trek pelo roteirista Theodore Sturgeon, em um episódio intitulado "Amok Time." LEONARD Nimoy on the Spock "Star Trek" Vulcan Salute. [S. l.: s. n.], 2008. 1 vídeo (3 min). Publicado pelo canal Foundation INTERVIEWS. Disponível em: https://www.youtube.com/watch?v=jmkDOzjfSSY. Acesso em: 29 abr. 2022.
6. ONTARIO. Ministry of Education. *Achieving excellence:* a renewed vision for education in Ontario. Toronto: Queen's Printer for Ontario, 2014.
7. HARGREAVES, A. et al. *Leading from the middle:* spreading learning, well-being, and identity across Ontario. Toronto: Council of Ontario Directors of Education, 2018.
8. ONTARIO. Ministry of Education. *Achieving excellence:* a renewed vision for education in Ontario. Toronto: Queen's Printer for Ontario, 2014.
9. ONTARIO. Ministry of Education. *Education facts 2019–2020.* 2022. Disponível em: http://www.edu.gov.on.ca/eng/educationFacts.html. Acesso em: 28 abr. 2022.
10. ORGANISATION FOR ECONOMIC CO-OPERATION AND DEVELOPMENT. *PISA 2018 results*: what students know and can do. Paris: OECD, 2020.

v. 1. Disponível em: https://www.oecd-ilibrary.org/docserver/5f07c754-en.pdf? expires=1650578954&id=id&accname=guest&checksum=A7FFEA5856D8BE-3F7DE7034830B85555. Acesso em: 21 abr. 2022.

[11] CAMPBELL, C. Educational equity in Canada: the case of Ontario's strategies and actions to advance excellence and equity for students. *School Leadership & Management*, v. 41, n. 4-5, p. 409–428, 2021; HARGREAVES, A.; SHIRLEY, D. L. Leading from the middle: its nature, origins, and importance. *Journal of Professional Capital and Community*, v. 5, n. 1, p. 92–114, 2020.

[12] ORGANISATION FOR ECONOMIC CO-OPERATION AND DEVELOPMENT. *PISA 2018 results*: what students know and can do. Paris: OECD, 2020. v. 1. Disponível em: https://www.oecd-ilibrary.org/docserver/5f07c754-en.pdf? expires=1650578954&id=id&accname=guest&checksum=A7FFEA5856D8BE-3F7DE7034830B85555. Acesso em: 21 abr. 2022.

[13] Ver VAN PELT, D.; MACLEOD, A. More parents turning away from public school system. *Toronto Sun*, 27 June 2017. Disponível em: https://torontosun. com/2017/06/27/more-parents-turning-away-from-public-school-system. Acesso em: 28 abr. 2022; FULLAN, M.; RINCÓN-GALLARDO, S. Developing high-quality public education in Canada: the case of Ontario. *In*: ADAMSON, F.; ASTRAND, B.; DARLING-HAMMOND, L. (ed.). *Global education reform*: how privatization and public investment influence education outcomes. New York: Routledge, 2016.

[14] HARGREAVES, A. Large-scale assessments and their effects: the case of mid-stakes tests in Ontario. *Journal of Educational Change*, v. 21, p. 393–420, 2020.

[15] CAMPBELL, C. Educational equity in Canada: the case of Ontario's strategies and actions to advance excellence and equity for students. *School Leadership & Management*, v. 41, n. 4-5, p. 409–428, 2021.

[16] ONTARIO. Ministry of Education. *Achieving excellence:* a renewed vision for education in Ontario. Toronto: Queen's Printer for Ontario, 2014. p. 1, nota 7.

[17] Para ver o relatório técnico de nossa pesquisa, ver HARGREAVES, A. *et al. Leading from the middle:* spreading learning, well-being, and identity across Ontario. Toronto: Council of Ontario Directors of Education, 2018.

[18] SIGALOS, M. *Biden's economic recovery plan, called Build Back Better, would spend more than $7.3 trillion and invest in green infrastructure, health care, and more.* 2020. Disponível em: https://www.cnbc.com/2020/11/10/president-elect-joe-bidens-plan-for-the-economy-jobs-and-covid-19-.html. Acesso em: 28 abr. 2022.

[19] GREEN, E. L. DeVos abandons a lifetime of local advocacy to demand schools reopen. *The New York Times*, 13 July 2020. Disponível em: https://www.nytimes. com/2020/07/13/us/politics/betsy-devos-schools-coronavirus.html. Acesso em:

28 abr. 2022; COUGHLAN, S. *Penalty fines for missing school next term.* 2020. Disponível em: https://www.bbc.com/news/education-53221741. Acesso em: 28 abr. 2022.

[20] CHRISTAKIS, N. A. *Apollo's arrow:* the profound and enduring impact of coronavirus on the way we live. New York: Little Brown, 2020.

[21] WORLD HEALTH ORGANIZATION. *Constitution.* Geneva: WHO, c2022. Disponível em: https://www.who.int/about/governance/constitution. Acesso em: 29 abr. 2022.

[22] AMERICA'S PROMISE ALLIANCE. *The state of young people during COVID-19:* findings from a nationally representative survey of high school youth. [Washington: America's Promise Alliance], 2020. Disponível em: https://www.americaspromise.org/sites/default/files/d8/YouthDuringCOVID_FINAL%20%281%29.pdf. Acesso em: 29 abr. 2022.

[23] BIESTA, G. J. J. *Good education in an age of measurement:* ethics, politics, democracy. New York: Routledge, 2010.

[24] DELORS, J. *et al. Learning:* the treasure within. Paris: UNESCO, 1996. Report to UNESCO of the International Commission on Education for the Twenty-First Century.

[25] FAURE, E. *et al. Learning to be:* the world of education today and tomorrow. Paris: UNESCO, 1972.

[26] DELORS, J. *et al. Learning:* the treasure within. Paris: UNESCO, 1996. Report to UNESCO of the International Commission on Education for the Twenty-First Century. p. 13.

[27] DELORS, J. *et al. Learning:* the treasure within. Paris: UNESCO, 1996. Report to UNESCO of the International Commission on Education for the Twenty-First Century. p. 11.

[28] DELORS, J. *et al. Learning:* the treasure within. Paris: UNESCO, 1996. Report to UNESCO of the International Commission on Education for the Twenty-First Century. p. 86–98.

[29] DELORS, J. *et al. Learning:* the treasure within. Paris: UNESCO, 1996. Report to UNESCO of the International Commission on Education for the Twenty-First Century. p. 21.

[30] DELORS, J. *et al. Learning:* the treasure within. Paris: UNESCO, 1996. Report to UNESCO of the International Commission on Education for the Twenty-First Century. p. 21.

[31] DELORS, J. *et al. Learning:* the treasure within. Paris: UNESCO, 1996. Report to UNESCO of the International Commission on Education for the Twenty-First Century. p. 20.

32 DELORS, J. *et al. Learning:* the treasure within. Paris: UNESCO, 1996. Report to UNESCO of the International Commission on Education for the Twenty-First Century. p. 21.

33 FALLACE, T. D. The origins of Holocaust education in American public schools. *Holocaust and Genocide Studies,* v. 20, n. 1, p. 80–102, 2006. O endereço eletrônico de Facing History and Ourselves está disponível em https://www.facinghistory.org/about-us.

34 STROM, M. S. A work in progress. *In:* TOTTEN, S. (ed.). *Working to make a difference:* the personal and pedagogical stories of Holocaust educators across the globe. Lanham: Lexington Books, 2003. p. 69–102. p. 76.

35 STROM, M. S. *Facing history and ourselves:* holocaust and human behavior. Brookline: Facing History and Ourselves National Foundation, 1994. p. xiv.

36 HOLOCAUST. Direção: Marvin J. Chomsky. Roteiro: Gerald Green. [*S. l.*]: CBS Television, 1978. Minissérie de TV.

37 STROM, M. S. *Facing history and ourselves:* holocaust and human behavior. Brookline: Facing History and Ourselves National Foundation, 1994. p. xiv.

38 FACING HISTORY AND OURSELVES. *How do we know it works?:* researching the impact of Facing History and Ourselves since 1976. Brookline: Facing History and Ourselves, 2019.

39 FACING HISTORY AND OURSELVES. *How do we know it works?:* researching the impact of Facing History and Ourselves since 1976. Brookline: Facing History and Ourselves, 2019.

40 Ver FACING HISTORY AND OURSELVES. *About us.* c2022. Disponível em: https://www.facinghistory.org/about-us. Acesso em: 26 abr. 2022.

41 Ver FACING HISTORY AND OURSELVES. *Support for teachers during the COVID-19 pandemic.* 2021. Disponível em: https://www.facinghistory.org/resource-library/support-teachers-coronavirus-covid-19-outbreak. Acesso em: 26 abr. 2022.

42 Ver ROOTS OF EMPATHY. c2022. Disponível em: http://www.rootsofempathy.org. Acesso em: 29 abr. 2022.

43 Ver ROOTS OF EMPATHY. *Roots of empathy.* c2022. Disponível em: https://rootsofempathy.org/roots-of-empathy/. Acesso em: 29 abr. 2022.

44 A organização HundrED lista as 100 maiores inovações do mundo em educação. Entre elas está a Roots of Empathy. Ver HUNDRED. *Roots of Empathy.* c2021. Disponível em: https://hundred.org/en/innovations/roots-of-empathy. Acesso em: 29 abr. 2022.

45 Ver ROOTS OF EMPATHY. *Roots of empathy.* c2022. Disponível em: https://rootsofempathy.org/roots-of-empathy/. Acesso em: 29 abr. 2022.

46 SANTOS, R. G. *et al*. Effectiveness of school-based violence prevention for children and youth. *Healthcare Quarterly*, v. 14, n. 2, p. 80–91, 2011; SCHONERT-REICHL, K. A. *et al*. Promoting children's prosocial behaviours in school: impact of the "Roots of Empathy" program on the social and emotional competence of school-aged children. *School Mental Health*, v. 4, n. 1, p. 1–21, 2012; CAIN, G.; CARNELLOR, Y. Roots of Empathy: a research study on its impact on teachers in Western Australia. *Journal of Student Wellbeing*, v. 2, n. 1, p. 52–73, 2008.

47 Citado em uma entrevista com DECANNIERE, A. para *UR Chicago Magazine Online*, January 20, 2014.

48 Citado em uma entrevista com DECANNIERE, A. para *UR Chicago Magazine Online*, January 20, 2014.

49 SMITH, A. *The theory of moral sentiments*. 12th ed. Glasgow: Chapman, 1809. Obra originalmente publicada em 1759.

50 UNICEF. *Worlds of influence:* understanding what shapes child well-being in rich countries. Florence: UNICEF, 2020. (Innocenti Report Card, 16).

51 ORGANISATION FOR ECONOMIC CO-OPERATION AND DEVELOPMENT. *PISA 2015 results:* students' well-being. Paris: OECD, 2017. v. 3. Disponível em: https://www.oecd-ilibrary.org/docserver/9789264273856-en.pdf?expires=1650916825&id=id&accname=guest&checksum=6E32E86AEBB6925AAD6A2F0A62325286. Acesso em: 21 abr. 2022.

52 HARGREAVES, A. Large-scale assessments and their effects: the case of mid-stakes tests in Ontario. *Journal of Educational Change*, v. 21, p. 393–420, 2020.

53 ONTARIO. Ministry Of Children and Youth Services. Youth Development Committee. *Stepping stones:* a resource on youth development. Toronto: Queen's Printer for Ontario, 2012. p. 12–13.

54 ONTARIO. Ministry Of Children and Youth Services. Youth Development Committee. *Stepping stones:* a resource on youth development. Toronto: Queen's Printer for Ontario, 2012. p. 12–13.

55 ONTARIO. Ministry Of Children and Youth Services. Youth Development Committee. *Achieving excellence:* a renewed vision for education in Ontario. Toronto: Queen's Printer for Ontario, 2014. p. 15.

56 BOAK, A. *et al. The mental health and well-being of Ontario students, 1991–2015:* detailed OSDUHS findings. Toronto: Centre for Addiction and Mental Health, 2016. (CAMH Research Document, 43).

57 ONTARIO HUMAN RIGHTS COMMISSION. *Gender identity and gender expression (brochure).* 2014. Disponível em: http://www.ohrc.on.ca/en/gender-identity-and-gender-expression-brochure. Acesso em: 29 abr. 2022.

58 ONTARIO. Ministry of Education. Achieving excellence: a renewed vision for education in Ontario. Toronto: Queen's Printer for Ontario, 2014. p. 16.

150 Notas

59 ONTARIO. Ministry of Education. *Achieving excellence:* a renewed vision for education in Ontario. Toronto: Queen's Printer for Ontario, 2014. p. 12.

60 ONTARIO. Ministry of Education. *Well-being in our schools, strength in our society.* Toronto: Queen's Printer for Ontario, 2016. p. 6.

61 ONTARIO. Ministry of Education. *Well-being in our schools, strength in our society.* Toronto: Queen's Printer for Ontario, 2016. p. 7.

62 ONTARIO. Ministry of Education. *Well-being in our schools, strength in our society.* Toronto: Queen's Printer for Ontario, 2016. p. 7.

63 O modelo de bem-estar de Ontário e os documentos e relatórios associados foram removidos do endereço eletrônico do Ministério da Educação do governo conservador seguinte.

64 EDMONDS, R. Effective schools for the urban poor. *Educational Leadership,* v. 37, n. 1, 15–24, 1979; RUTTER, M. *et al. Fifteen thousand hours:* secondary schools and their effects on children. Cambridge: Harvard University, 1979.

65 CENTERS FOR DISEASE CONTROL AND PREVENTION. *Well-being concepts.* 2018. Disponível em: https://www.cdc.gov/hrqol/wellbeing.htm. Acesso em: 29 abr. 2022.

66 ASSOCIATION FOR SUPERVISION AND CURRICULUM DEVELOPMENT. *The learning compact renewed:* whole child for the whole world. Alexandria: ASCD, 2020. p. 28.

67 LEWIN, K. Psychology and the process of group living. *Journal of Social Psychology,* v. 17, n. 1, p. 113–131, 1943.

68 MASLOW, A. H. A theory of human motivation. *Psychological Review,* v. 50, n. 4, p. 370–396, 1943.

69 MASLOW, A. H. *Religions, values, and peak-experiences.* New York: Penguin, 1970.

70 LOWRY, R. J. (ed.). *The journals of Abraham Maslow.* Lexington: Lewis, 1982. p. 204.

71 MASLOW, A. H. The farther reaches of human nature. *Journal of Transpersonal Psychology,* v. 1, n. 1, 1969. p. 4.

72 LOWRY, R. J. (ed.). *The journals of A. H. Maslow.* Monterey: Brooks, 1979. 2 v. p. 799.

73 BLACKSTOCK, C. The emergence of the breath of life theory. *Journal of Social Work Values and Ethics,* v. 8, n. 1, p. 1–16, 2011; veja também BLACKSTOCK, C. Revisiting the breath of life theory, *British Journal of Social Work,* v. 49, n. 4, p. 854–859, 2019.

74 SELIGMAN, M. E. P. Learned helplessness. *Annual Review of Medicine,* v. 23, n. 1, p. 407–412, 1972.

Notas **151**

75 SELIGMAN, M. E. P. *Authentic happiness:* using the new positive psychology to realize your potential for lasting fulfillment. New York: Free, 2002.

76 MASLOW, A. H. *Toward a psychology of being.* Princeton: Van Nostrand, 1968.

77 SELIGMAN, M. E. P. *Authentic happiness:* using the new positive psychology to realize your potential for lasting fulfillment. New York: Free, 2002. p. 128.

78 SELIGMAN, M. E. P. *Flourish:* a visionary new understanding of happiness and well-being. New York: Free, 2011. p. 89.

79 A interação entre Martin Seligman e o Primeiro Ministro Cameron, seu contexto e consequências, é relatada em CEDERSTRÖM, C.; SPICER, A. *The wellness syndrome.* Malden: Polity, 2015. p. 75–80.

80 CSIKSZENTMIHALYI, M. *Beyond boredom and anxiety:* experiencing *flow* in work and play. San Francisco: Jossey Bass, 1975; CSIKSZENTMIHALYI, M. *Flow:* the psychology of optimal experience. New York: Harper & Row, 1990.

81 SELIGMAN, M. E. P. *Flourish:* a visionary new understanding of happiness and well-being. New York: Free, 2011. p. 237–241.

82 ADLER, A. *Teaching well-being increases academic performance:* evidence from Bhutan, Mexico, and Peru. 2016. Dissertation (Doctor of Philosophy) – University of Pennsylvania, Philadelphia, 2016. Disponível em: https://repository. upenn.edu/cgi/viewcontent.cgi?article=3358&context=edissertations. Acesso em: 2 maio 2022.

83 O site da CASEL está disponível em https://casel.org.

84 Ver GOLEMAN, D. *Emotional intelligence:* why it can matter more than IQ. New York: Bantam Books, 1995; GOLEMAN, D. *Working with emotional intelligence.* New York: Bantam Books, 1998; GOLEMAN, D.; BOYATZIS, R.; MCKEE, A. *Primal leadership:* learning to lead with emotional intelligence. Boston: Harvard Business Review, 2002.

85 As competências centrais são descritas em COLLABORATIVE FOR ACADEMIC, SOCIAL, AND EMOTIONAL LEARNING. *Fundamentals of SEL.* 2022. Disponível em: https://casel.org/fundamentals-of-sel/. Acesso em: 29 abr. 2022.

86 Ver COLLABORATIVE FOR ACADEMIC, SOCIAL, AND EMOTIONAL LEARNING. *What is SEL.* 2022. Disponível em: https://casel.org/fundamentals-of-sel/. Acesso em: 29 abr. 2022.

87 Ver COLLABORATIVE FOR ACADEMIC, SOCIAL, AND EMOTIONAL LEARNING. *Impact.* 2022. Disponível em: https://casel.org/fundamentals-of-sel/. Acesso em: 29 abr. 2022.

88 Ver COLLABORATIVE FOR ACADEMIC, SOCIAL, AND EMOTIONAL LEARNING. *SEL Policy at the State Level.* 2022. Disponível em: https://casel.org/collaborative-state-initiative/. Acesso em: 29 abr. 2022.

152 Notas

[89] DIVERTIDA Mente. Direção: Pete Docter e Ronnie Del Carmen. Emeryville: Pixar Animation Studios, 2015. 1h 35 min.

[90] KELTNER, D. *Born to be good:* the science of a meaningful life. New York: Norton, 2009.

[91] DARWIN, C. *The expression of the emotions in man and animals.* London: John Murray, 1872.

[92] KUYPERS, L. *The zones of regulation:* a curriculum designed to foster self-regulation and emotional control. San Jose: Think Social Publishing, 2011.

[93] DWECK, C. S. *Mindset:* the new psychology of success. New York: Ballantine, 2006; THE POWER of believing you can improve. Carol Dweck para o TEDxNorrkoping. [*S. l.: s. n.*], 2014. 1 vídeo (10 min). Disponível em: https://www.ted.com/talks/carol_dweck_the_power_of_believing_that_you_can_improve. Acesso em: 29 abr. 2022.

[94] Ver YIDAN PRIZE. *Championing people with the courage to commit and achieve in education.* c2022. Disponível em: https://yidanprize.org/the-prize/overview/. Acesso em: 29 abr. 2022

[95] DWECK, C. S. *Mindset:* the new psychology of success. New York: Ballantine, 2006. p. 7.

[96] DWECK, C. S. *Mindset:* the new psychology of success. New York: Ballantine, 2006. p. 7.

[97] DWECK, C. S. *Mindset:* the new psychology of success. New York: Ballantine, 2006. p. 75.

[98] DWECK, C. S. *Mindset:* the new psychology of success. New York: Ballantine, 2006. p. 73.

[99] IMPERFECTIONS. Intérprete: Celine Dion. Compositores: Ari Leff, Michael Pollack, Nicholas Perloff-Giles e Dallas Koehlke. *In:* COURAGE. Intérprete: Celine Dion. New York: Columbia Records, 2019. 1 CD.

[100] DWECK, C. S. *Mindset:* the new psychology of success. New York: Ballantine, 2006. p. 74.

[101] DWECK, C. S. *Mindset:* the new psychology of success. New York: Ballantine, 2006. p. ix.

[102] DWECK, C. S. *Mindset:* the new psychology of success. New York: Ballantine, 2006. p. 195.

[103] DWECK, C. S. *Mindset:* the new psychology of success. New York: Ballantine, 2006. p. 17.

[104] FRENCH, R. P. The fuzziness of mindsets: divergent conceptualizations and characterizations of mindset theory and praxis. *International Journal of Organizational Analysis,* v. 24, n. 4, p. 673–691, 2016.

Notas **153**

[105] Citado em PHILLIPS, N. *Carol Dweck says mindset is not 'a tool to make children feel good'*. 2015. Disponível em: https://schoolsweek.co.uk/why-mindset-is-not--a-tool-to-make-children-feel-good. Acesso em: 29 abr. 2022.

[106] DWECK, C. *Carol Dweck revisits the 'growth mindset'*. 2015. Disponível em: https://www.edweek.org/leadership/opinion-carol-dweck-revisits-the-growth--mindset/2015/09. Acesso em: 29 abr. 2022.

[107] FARRARONS, E. *Moments of mindfulness*: anti-stress coloring & activities for busy people. New York: The Experiment, 2016.

[108] Retirado de GOOGLE. *Books ngram viewer*. [2019]. Disponível em: https://books.google.com/ngrams/graph?content=mindfulness&year_start=1950&year_end=2005&corpus=15&smoothing=3. Acesso em: 29 abr. 2022.

[109] Ver LOVE SERVE REMEMBER FOUNDATION. *About*. c2022. Disponível em: ramdass.org/about-ram-dass. Acesso em: 29 abr. 2022.

[110] RAM DASS. *Be here now*. Boulder: Hanuman Foundation, 1978.

[111] NHAT HANH, T. *Interbeing*: fourteen guidelines for engaged Buddhism. 3rd ed. Berkeley: Parallax, 1998.

[112] NHAT HANH, T. *The miracle of mindfulness:* a manual of meditation. Boston: Beacon, 1976. p. 41.

[113] NHAT HANH, T. *Interbeing*: fourteen guidelines for engaged Buddhism. 3rd ed. Berkeley: Parallax, 1998. p. 17.

[114] MASLOW, A. H. *The farther reaches of human nature*. New York: Viking, 1971.

[115] KABAT-ZINN, J. *Full catastrophe living*: using the wisdom of your body and mind to face stress, pain, and illness. New York: Delta, 2005.

[116] KABAT-ZINN, J. *et al*. Influence of a mindfulness meditation-based stress reduction intervention on rate of skin clearing in patients with moderate to severe psoriasis undergoing phototherapy (UVB) and photochemotherapy (PUVA). *Psychosomatic Medicine*, v. 60, n. 5, p. 625–632, 1998.

[117] DAVIDSON, R. J.; LUTZ, A. Buddha's brain: neuroplasticity and meditation. *IEEE Signal Processing Magazine*, v. 25, n. 1, 2008. Disponível em: https://www ncbi.nlm.nih.gov/pmc/articles/PMC2944261/pdf/nihms83558.pdf. Acesso em: 29 abr. 2022.

[118] SHIRLEY, D.; MACDONALD, E. *The mindful teacher*. 2nd ed. New York: Teachers College, 2017.

[119] HASSED, C.; CHAMBERS, R. *Mindful learning*: reduce stress and improve brain performance for effective learning. Boston: Shambhala, 2015; JENNINGS, P. A. *Mindfulness for teachers*: simple skills for peace and productivity in the classroom. New York: Norton, 2015; RECHTSCHAFFEN, D. *The way of mindful education*: cultivating well-being in teachers and students. New York: Norton, 2014.

154 Notas

[120] MINDFUL SCHOOLS. c2022. Disponível em: www.mindfulschools.org. Acesso em: 29 abr. 2022.

[121] FLOOK, L. *et al.* Promoting prosocial behavior and self-regulatory skills in preschool children through a mindfulness-based Kindness Curriculum. *Developmental Psychology,* v. 51, n. 1, p. 44–51, 2015. p. 44.

[122] FLOOK, L. *et al.* Effects of mindful awareness practices on executive functions in elementary school children. *Journal of Applied School Psychology,* v. 26, n. 1, p. 70–95, 2010. p. 70.

[123] QUACH, D.; JASTROWSKI MANO, K.; ALEXANDER, K. A randomized control trial examining the effect of mindfulness meditation on working memory capacity of adolescents. *Journal of Adolescent Health,* v. 58, n. 5, p. 489–496, 2015. p. 493–494.

[124] UNITED KINGDOM. Department for Education. *One of the largest mental health trials launches in schools.* 2019. Disponível em: https://www.gov.uk/government/news/one-of-the-largest-mental-health-trials-launches-in-schools. Acesso em: 29 abr. 2022.

[125] SHIRLEY, D.; MACDONALD, E. *The mindful teacher.* 2nd ed. New York: Teachers College, 2017.

[126] MORCUM, L. A. Indigenous holistic education in philosophy and practice. *Foro de educacíon,* v. 15, n. 23, p. 121–138, 2017.

[127] DEWEY, J. *Democracy and education:* an introduction to the philosophy of education. Scotts Valley: CreateSpace, 2013. p. 46. Obra publicada originalmente em 1916.

[128] GUPTA, U. D. (ed.). *The Oxford India Tagore:* selected writings on education and nationalism. Delhi: Oxford University, 2009.

[129] MONTESSORI, M. *The Montessori method.* New York: Schocken Books, 1964. Obra publicada originalmente em 1912.

[130] LILLEY, I. M. (ed.). *Friedrich Froebel:* a selection from his writings. Cambridge: Cambridge University, 1967.

[131] Para mais informações sobre a World Education Fellowship, visite o endereço eletrônico disponível em http://wef-international.org/about.

[132] BREHONY, K. J. A new education for a new era: the contribution of the conferences of the New Education Fellowship to the disciplinary field of education 1921–1938. *Paedagogica Historica,* v. 40, n. 5-6, p. 733–755, 2004.

[133] BERMAN, P.; MCLAUGHLIN, M. W. *Federal programs supporting educational change, vol. 3:* implementing and sustaining innovations. Santa Monica: RAND, 1978.

[134] HONIG, M. I. Where's the "up" in bottom-up reform? *Educational Policy,* v. 18, n. 4, p. 527–561, 2004.

[135] Mary Hindle, que agora é falecida, apresentou estas citações manuscritas à escola para seu centenário em 1999. Elas estão incluídas em um documento apresentado pelos governadores da escola a Andy em 6 de maio de 2004, intitulado Notas Curiosas Sobre a Infância.

[136] Em 2004, Andy foi convidado para lançar a pedra fundamental de um novo prédio dessa antiga escola, Spring Hill Community Primary School, e ele sugeriu que a cerimônia fosse realizada junto com sua antiga professora, Mary Hindle. Como presente, os diretores da escola fizeram uma coleção para ele de registros antigos da escola, tais como listas de classes, registros de diário de aula e trechos retirados de relatórios de inspeção.

[137] CENTRAL ADVISORY COUNCIL FOR EDUCATION (England). *Children and their primary schools*. London: HMSO, 1967. v. 1. p. 185.

[138] CENTRAL ADVISORY COUNCIL FOR EDUCATION (England). *Children and their primary schools*. London: HMSO, 1967. v. 1. p. 185.

[139] PHILLIPS, N. *Tim Brighouse, former schools commissioner for London*. 2014. Disponível em: https://schoolsweek.co.uk/tim-brighouse/. Acesso em: 29 abr. 2022.

[140] WHOLE EDUCATION. c2022. Disponível em: https://www.wholeeducation.org/. Acesso em: 29 abr. 2022.

[141] WHOLE EDUCATION. c2022. Disponível em: https://www.wholeeducation.org/lawet/. Acesso em: 29 abr. 2022.

[142] WHOLE EDUCATION. c2022. Disponível em: https://www.wholeeducation.org/lawet/. Acesso em: 29 abr. 2022.

[143] Citações retiradas de WHOLE EDUCATION. *Watch:* how Braunstone Frith Primary School support their local community. 2020. Disponível em: https://www.wholeeducation.org/braunstone-frith-local-community/. Acesso em: 29 abr. 2022.

[144] Ver ABRAMS, S. E. *Education and the commercial mindset*. Cambridge: Harvard University, 2016; LEVINSON, M. *No citizen left behind*. Cambridge: Harvard University, 2012.

[145] Citação retirada de ASSOCIATION FOR SUPERVISION AND CURRICULUM DEVELOPMENT. *The whole child approach to education*. 2019. Disponível em: http://www.ascd.org/ASCD/pdf/siteASCD/publications/wholechild/WC-One-Pager.pdf. Acesso em: 29 abr. 2022.

[146] ASSOCIATION FOR SUPERVISION AND CURRICULUM DEVELOPMENT. *The learning compact renewed*: whole child for the whole world. Alexandria: ASCD, 2020. p. 6.

[147] ASSOCIATION FOR SUPERVISION AND CURRICULUM DEVELOPMENT. *The learning compact renewed*: whole child for the whole world. Alexandria: ASCD, 2020. p. 12.

156 Notas

[148] ASSOCIATION FOR SUPERVISION AND CURRICULUM DEVELOPMENT. *The learning compact renewed:* whole child for the whole world. Alexandria: ASCD, 2020. p. 11–12.

[149] ASSOCIATION FOR SUPERVISION AND CURRICULUM DEVELOPMENT. *The learning compact renewed:* whole child for the whole world. Alexandria: ASCD, 2020. p. 27–41.

[150] ASCD. *Washington's Hamilton Elementary School named winner of 2018 Vision in Action:* The Whole Child Award, 2018.

[151] ASCD. *Washington's Hamilton Elementary School named winner of 2018 Vision in Action:* The Whole Child Award, 2018.

[152] ASCD. *Arkansas's Butterfield Middle School named 2017 Vision in Action winner:* The Whole Child Award, 2017.

[153] Ver BRIGHOUSE, T. Sir Alec Clegg. *Education 3–13,* v. 36, n. 2, p. 103–108, 2008.

[154] DARK side. Intérprete: Kelly Clarkson. Compositores: busbee e Alexander Geringas. *In:* STRONGER. Intérprete: Kelly Clarkson. New York: RCA, 2012. 1 CD.

[155] MAYO, E. *The human problems of an industrial civilization.* New York: Macmillan, 1933.

[156] TAYLOR, F. W. *The principles of scientific management.* New York: Harper & Brothers, 1911.

[157] ROETHLISBERGER, F. J.; DICKSON, W. J. *Management and the worker:* an account of a research program conducted by the Western Electric Company, Hawthorne Works, Chicago. Cambridge: Harvard University, 1961.

[158] ROSENZWEIG, P. *The halo effect... and the eight other business delusions that deceive managers.* New York: Free, 2007.

[159] DAVIES, W. *The happiness industry:* how the government and big business sold us well-being. London: Verso, 2015.

[160] Os parágrafos seguintes se baseiam em DAVIES, W. *The happiness industry:* how the government and big business sold us well-being. London: Verso, 2015; e CEDERSTRÖM, C.; SPICER, A. *The wellness syndrome.* Malden: Polity, 2015.

[161] CEDERSTRÖM, C.; SPICER, A. *The wellness syndrome.* Malden: Polity, 2015. p. 75–80.

[162] DAVIES, W. *The happiness industry:* how the government and big business sold us well-being. London: Verso, 2015. p. 11.

[163] CEDERSTRÖM, C.; SPICER, A. *The wellness syndrome.* Malden: Polity, 2015. p. 133.

[164] BERLINER, D. C. Effects of inequality and poverty vs. teachers and schooling on America's youth. *Teachers College Record,* v. 115, n. 12, p. 1–26, 2013; COOK,

W. *How intake and other external factors affect school performance*. London: Research and Information on State Education, 2013.

[165] Ver FINEMAN, S. Organizations as emotional arenas. *In*: FINEMAN, S. (ed.). *Emotions in organizations*. London: Sage, 1993. p. 9–35. Veja também MATTHEWS, G.; ZEIDNER, M.; ROBERTS, R. D. (ed.). *Emotional intelligence*: science and myth. Cambridge: MIT, 2004.

[166] ABOLITIONIST TEACHING NETWORK. *Guide for racial justice and abolitionist social and emotional learning*. [*S. l.*]: Abolitionist Teaching Network, 2020. Disponível em: https://abolitionistteachingnetwork.org/guide. Acesso em: 29 abr. 2022.

[167] ABOLITIONIST TEACHING NETWORK. *Guide for racial justice and abolitionist social and emotional learning*. [*S. l.*]: Abolitionist Teaching Network, 2020. Disponível em: https://abolitionistteachingnetwork.org/guide. Acesso em: 29 abr. 2022.

[168] Ver KARANGA. c2020. Disponível em: https://karanga.org/. Acesso em: 29 abr. 2022.

[169] Ver STRAUSS, V. The 'mindset' mindset: what we miss by focusing on kids' attitudes. *The Washington Post*, 24 Aug. 2015. Disponível em: https://www.washingtonpost.com/news/answer-sheet/wp/2015/08/24/the-mindset-mindset-what-we-miss-by-focusing-on-kids-attitudes/. Acesso em: 29 abr. 2022.

[170] Dweck, citado em GROSS-LOH, C. How praise became a consolation prize. *The Atlantic*, 16 Dec. 2016. Disponível em: https://www.theatlantic.com/education/archive/2016/12/how-praise-became-a-consolation-prize/510845/. Acesso em: 29 abr. 2022.

[171] STRAUSS, V. The problem with teaching 'grit' to poor kids? They already have it. Here's what they really need. *The Washington Post*, 10 May 2016. Disponível em: https://www.washingtonpost.com/news/answer-sheet/wp/2016/05/10/the-problem-with-teaching-grit-to-poor-kids-they-already-have-it-heres-what-they-really-need/. Acesso em: 29 abr. 2022.

[172] SANYAOLU, A. *et al*. Childhood and adolescent obesity in the United States: a public health concern. *Global Pediatric Health*, v. 6, 2019. Disponível em: https://www.ncbi.nlm.nih.gov/pmc/articles/PMC6887808/pdf/10.1177_2333794X19891305.pdf. Acesso em: 29 abr. 2022.

[173] FUHRMAN, J. The hidden dangers of fast and processed food. *American Journal of Lifestyle Medicine*, v. 12, n. 5, p. 375–381, 2018.

[174] Para evidências do Banco Mundial e da UNESCO, ver PSACHAROPOULOS, G.; ROJAS, C.; VELEZ, E. *Achievement evaluation of Colombia's Escuela Nueva*: is multigrade the answer? Washington: Technical Deptartment Latin America and the Caribbean Region, 1992. (Policy Research Working Papers). Disponível

em: http://documents.worldbank.org/curated/en/887031468770448877/pdf/multi-page.pdf. Acesso em: 29 abr. 2022; e CASSASUS, J. *et al*. *First international comparative study of language, mathematics, and associated factors for students in the third and fourth grade of primary school:* second report. Santiago: UNESCO, 2002. (Latin American Laboratory for Assessment of Quality in Education). Disponível em: http://unesdoc.unesco.org/images/0012/001231/123143eo.pdf. Acesso em: 29 abr. 2022; Vicky Colbert recebeu, em 2013, US$ 1 milhão referente ao Prêmio WISE para Educação e, em 2017, US$ 4 milhões referentes ao Prêmio Yidan para Desenvolvimento da Educação. YIDAN PRIZE. *Ms Vicky Colbert*. c2022. Disponível em: https://yidanprize.org/global-community/laureates/ms-vicky-colbert/. Acesso em: 29 abr. 2022.

[175] BAUMEISTER, R. F. *et al*. Does high self-esteem cause better performance, interpersonal success, happiness, or healthier lifestyles? *Psychological Science in the Public Interest*, v. 4, n. 1, p. 1–44, 2003.

[176] BAUMEISTER, R. F. *et al*. Does high self-esteem cause better performance, interpersonal success, happiness, or healthier lifestyles? *Psychological Science in the Public Interest*, v. 4, n. 1, p. 1–44, 2003. Também BAUMEISTER, R. F. VOHS, K. D. Revisiting our reappraisal of the (surprisingly few) benefits of high self-esteem. *Perspectives on Psychological Science*, v. 13, n. 2, p. 137–140, 2018.

[177] CEDERSTRÖM, C.; SPICER, A. *The wellness syndrome*. Malden: Polity, 2015. p. 133.

[178] FREUD, S. On narcissism: an introduction. *In*: J. SANDLER, J.; PERSON, E. S.; FONAGY, P. (ed.). *Freud's "On narcissism: an introduction"*. London: International Psychoanalytical Association, 2004. p. 1–32.

[179] AMERICAN PSYCHIATRIC ASSOCIATION. *Diagnostic and statistical manual of mental disorders*. 5th ed. Washington: APA, 2013 p. 714.

[180] LASCH, C. *The culture of narcissism*: American life in an age of diminishing expectations. New York: Norton, 1979.

[181] KLUGER, J. *The narcissist next door*: understanding the monster in your family, in your office, in your bed – in your world. New York: Riverhead Books, 2014. p. 13.

[182] STORR, W. *Selfie: How we became so self-obsessed and what it's doing to us*. New York: Harry N. Abrams, 2018.

[183] Essa seção se baseia em STORR, W. *Selfie*: how we became so self-obsessed and what it's doing to us. New York: Harry N. Abrams, 2018.

[184] BRANDEN, N. *The psychology of self-esteem*. Los Angeles: Nash Publishing Corporation, 1969.

[185] BAUMEISTER, R. F. *et al*. Does high self-esteem cause better performance, interpersonal success, happiness, or healthier lifestyles? *Psychological Science in the Public Interest*, v. 4, n. 1, p. 1–44, 2003.

186 BAUMEISTER, R. F.; VOHS, K. D. Narcissism as addiction to esteem. *Psychological Inquiry*, v. 12, n. 4, p. 206–210, 2001.

187 TWENGE, J. M.; CAMPBELL, W. K. *The narcissism epidemic:* living in the age of entitlement. New York: Free, 2009.

188 TWENGE, J. M.; CAMPBELL, W. K. *The narcissism epidemic:* living in the age of entitlement. New York: Free, 2009. p. 14.

189 TWENGE, J. M.; CAMPBELL, W. K. *The narcissism epidemic:* living in the age of entitlement. New York: Free, 2009. p. 30.

190 PAPAGEORGIOU, K. A.; DENOVAN, A.; DAGNALL, N. The positive effect of narcissism on depressive symptoms through mental toughness: narcissism may be a dark trait but it does help with seeing the world less grey. *European Psychiatry*, v. 55, p. 74–79, 2018.

191 JOHN OF THE CROSS, S. *Dark night of the soul.* Mineola: Dover, 2003. Obra original publicada em língua espanhola em 1618.

192 SAMEER, C. *Are we raising the "strawberry generation"– entitled and rude brats?* 2021. Disponível em: https://www.asiaone.com/lifestyle/are-we-raising-strawberry-generation-entitled-and-rude-brats. Acesso em: 29 abr. 2022.

193 Ver SHIRLEY, D.; HARGREAVES, A. *Five paths of student engagement:* blazing the trail to learning and success. Bloomington: Solution Tree, 2021.

194 CAMPBELL, D. T. Assessing the impact of planned social change. *In:* LYONS, G. M. (ed.). *Social research and public policies:* the Dartmouth/OECD conference. Hanover: Public Affairs Center: Dartmouth College, 1975. p. 35.

195 O conceito de testes de médio risco foi introduzido pela primeira vez em relação a políticas de avaliação na Coréia do Sul por LEE, J.; KANG, C. A litmus test of school accountability policy effects in Korea: cross-validating high-stakes test results for academic excellence and equity. *Asia Pacific Journal of Education*, v. 39, n. 4, p. 517–531, 2019.

196 WILSON, R. et al. *Putting students first:* moving on from NAPLAN to a new educational assessment system. Sydney: UNSW Gonski Institute, 2021. (The Gonski Institute Policy Paper, 2-2021)

197 Para maiores informações sobre as avaliações em larga escala de Ontário ver HARGREAVES, A. Large-scale assessments and their effects: the case of mid-stakes tests in Ontario. *Journal of Educational Change*, v. 21, p. 393–420, 2020; e SHIRLEY, D.; HARGREAVES, A. *Five paths of student engagement:* blazing the trail to learning and success. Bloomington: Solution Tree, 2021.

198 Q&A with Michael Fullan. *Lead the change series*, n. 16, 2012. Disponível em: https://michaelfullan.ca/wp-content/uploads/2016/06/13514675730.pdf. Acesso em: 29 abr. 2022.

160 Notas

199 HARGREAVES, A. Large-scale assessments and their effects: the case of mid-stakes tests in Ontario. *Journal of Educational Change,* v. 21, p. 393–420, 2020; SHIRLEY, D.; HARGREAVES, A. *Five paths of student engagement:* blazing the trail to learning and success. Bloomington: Solution Tree, 2021.

200 CAMPBELL, C. *et al. Ontario:* a learning province. Toronto: [*s. n.*], 2018.

201 STRAUSS, V. It looks like the beginning of the end of America's obsession with standardized tests. *The Washington Post,* 21 June 2020. Disponível em: www.washingtonpost.com/education/2020/06/21/it-looks-like-beginning-end-americas-obsession-with-student-standardized-tests/. Acesso em: 21 abr. 2022.

202 STRAUSS, V. It looks like the beginning of the end of America's obsession with standardized tests. *The Washington Post,* 21 June 2020. Disponível em: www.washingtonpost.com/education/2020/06/21/it-looks-like-beginning-end-americas-obsession-with-student-standardized-tests/. Acesso em: 21 abr. 2022.

203 KELLEY, J. P. Ohio House passes bill to further limit state school testing. *Dayton Daily News,* 30 May 2020. Disponível em: https://www.daytondailynews.com/news/local-education/ohio-house-passes-bill-further-limit-state-school-testing/HJTZxlgVcIMBEPPht8gYJL/. Acesso em: 24 abr. 2022.

204 HUBLER, S. University of California will end use of SAT and ACT in admissions. *The New York Times,* 21 May 2020. Atualizado em 15 maio 2021. Disponível em: https://www.nytimes.com/2020/05/21/us/university-california-sat-act.html. Acesso em: 24 abr. 2022.

205 RAVITCH, D. *Slaying Goliath:* the passionate resistance to privatization and the fight to save America's public schools. New York: Knopf, 2020. p. 89–114.

206 TUCKER, M. *COVID-19 and our schools:* the real challenge. 2020. Disponível em: https://ncee.org/2020/06/covid-19-and-our-schools-the-real-challenge/. Acesso em: 21 abr. 2022.

207 FINN, C. How badly has the pandemic hurt K–12 learning?: let state testing in the spring tell us. *The Washington Post,* 25 Nov. 2020. Disponível em: https://www.washingtonpost.com/opinions/2020/11/25/how-badly-has-pandemic-hurt-k-12-learning-let-state-testing-spring-tell-us/. Acesso em: 21 abr. 2022.

208 EDITORIAL BOARD. Why we shouldn't abandon student testing this spring. *The Washington Post,* 8 Jan. 2021. Disponível em: https://www.washingtonpost.com/opinions/why-we-shouldnt-abandon-student-testing-this-spring/2021/01/08/839eb860-4ed4-11eb-83e3-322644d82356_story.html. Acesso em: 21 abr. 2022.

209 JIMENEZ, L. *Student assessment during COVID-19.* 2020. Disponível em: https://www.americanprogress.org/issues/education-k-12/reports/2020/09/10/490209/student-assessment-covid-19/. Acesso em: 21 abr. 2022.

210 STRAUSS, V. Education Secretary Cardona stands firm on standardized testing mandate amid criticism. *The Washington Post,* 24 Mar. 2021. Disponível em: https://

www.washingtonpost.com/education/2021/03/24/cardona-stands-firm-on-standardized-testing-mandate-amid-criticism/. Acesso em: 21 abr. 2022.

[211] MCGAW, B.; LOUDEN, W.; WYATT-SMITH, C. *NAPLAN review final report.* Parramatta: Australian Capital Territory, 2020.

[212] CAREY, A. Push for NAPLAN to be expanded into new test for all students. *The Sydney Morning Herald, 28 Aug. 2020.* Disponível em: https://www.smh.com.au/education/push-for-naplan-to-be-expanded-into-new-test-for-all-students-20200828-p55q9v.html. Acesso em: 21 abr. 2022.

[213] SAHLBERG, P. The epidemic Australia is failing to control. *The Sydney Morning Herald,* 5 Jan. 2021. Disponível em: https://www.smh.com.au/education/the-epidemic-australia-is-failing-to-control-20201229-p56qq3.html. Acesso em: 21 abr. 2022.

[214] Ver RAVITCH, D. *Slaying Goliath:* the passionate resistance to privatization and the fight to save America's public schools. New York: Knopf, 2020; e SAHLBERG, P. *Finnish lessons 3.0:* what can the world learn from educational change in Finland? New York: Teachers College, 2021.

[215] BURKEMAN, O. *The antidote:* happiness for people who can't stand positive thinking. Melbourne: Faber & Faber, 2012.

[216] DAVIES, W. *The happiness industry:* how the government and big business sold us well-being. London: Verso, 2015.

[217] BURKEMAN, O. *The antidote:* happiness for people who can't stand positive thinking. Melbourne: Faber & Faber, 2012. p. 8.

[218] COWARD, H. *The perfectibility of human nature in eastern and western thought.* Albany: SUNY, 2008; KOLTKO-RIVERA, M. E. Rediscovering the later version of Maslow's hierarchy of needs: self-transcendence and opportunities for theory, research, and unification. *Review of General Psychology,* v. 10, n. 4, p. 302–317, 2006; BLACKSTOCK, C. The emergence of the breath of life theory. *Journal of Social Work Values and Ethics,* v. 8, n. 1, p. 1–16, 2011.

[219] Ver LI, J. *Cultural foundations of learning:* East and west. New York: Cambridge University, 2012.

[220] DICKENS, C. *Hard times.* London: MacMillan, 2016. p. 11. Obra publicada originalmente em 1854.

[221] RAWORTH, K. *Doughnut economics:* seven ways to think like a 21st century economist. White River Junction: Chelsea Green, 2017.

[222] SAEZ, E. ZUCMAN, G. *Wealth inequality in the United States since 1913:* evidence from capitalized income tax data. Cambridge: National Bureau of Economic Research, 2014. (Working Paper, 20625).

[223] MAZZUCATO, M. *The value of everything:* making and taking in the global economy. New York: Public Affairs, 2018.

162 Notas

224 TOP economists warn the UK not to repeat austerity after the COVID-19 crisis. *The New Statesman,* 4 May 2020. Disponível em: https://www.newstatesman. com/politics/economy/2020/05/top-economists-warn-uk-not-repeat-austerity-after-covid-19-crisis. Acesso em: 29 abr. 2022.

225 WILKINSON, R.; PICKETT, K. *The spirit level:* why greater equality makes societies stronger. New York: Bloomsbury, 2010.

226 BOOTH, R.; BUTLER, P. UK austerity has inflicted 'great misery' on citizens, UN says. *The Guardian,* 16 Nov. 2018. Disponível em: https://www.theguardian. com/society/2018/nov/16/uk-austerity-has-inflicted-great-misery-on-citizens-un-says. Acesso em: 29 abr. 2022.

227 Ver CEDERSTRÖM, C.; SPICER, A. *The wellness syndrome.* Malden: Polity, 2015. p. 75–80.

228 STEIN, J. An explosive U.N. report shows America's safety net was failing before Trump's election. *The Washington Post,* 6 June 2018. Disponível em: https:// www.washingtonpost.com/news/wonk/wp/2018/06/06/an-explosive-un-report-shows-americas-safety-net-was-failing-before-trumps-election/. Acesso em: 29 abr. 2022.

229 Ver SAHLBERG, P. *Finnish lessons 3.0:* what can the world learn from educational change in Finland? 3rd ed. New York: Teachers College, 2021.

230 Para relatos de como as estratégias do tipo GERM se espalharam nos Estados Unidos, ver HARGREAVES, A.; SHIRLEY, D. *The fourth way:* the inspiring future for educational change. Thousand Oaks: Corwin, 2009; e HARGREAVES, A.; SHIRLEY, D. *The global fourth way:* the quest for educational excellence. Thousand Oaks: Corwin, 2012.

231 HARGREAVES, A.; SHIRLEY, D. *The global fourth way:* the quest for educational excellence. Thousand Oaks: Corwin, 2012.

232 Ver KLEES, S. J. *et al.* The World Bank's SABER: a critical analysis. *Comparative Education Review,* v. 64, n. 1, 2020.

233 ORGANISATION FOR ECONOMIC CO-OPERATION AND DEVELOPMENT. *Measuring student knowledge and skills:* the PISA assessment of reading, mathematical and scientific literacy. Paris: OECD, 2000.

234 ROBINSON, K.; ARONICA, L. *You, your child and school:* navigate your way to the best education. New York: Penguin Books, 2018.

235 ORGANISATION FOR ECONOMIC CO-OPERATION AND DEVELOPMENT. *PISA 2015 results:* students' well-being. Paris: OECD, 2017. v. 3.

236 HAN, B. C. *The burnout society.* Stanford: Stanford Briefs, 2015.

237 BENNIS, W.; NANUS, B. *Leaders: the strategies for taking charge.* New York: HarperCollins, 1985; US ARMY HERITAGE & EDUCATION CENTER. *Who first originated the term VUCA (Volatility, Uncertainty, Complexity and Ambi-*

guity)? 2021. Disponível em: https://usawc.libanswers.com/faq/84869. Acesso em: 29 abr. 2022; BENNETT, N.; LEMOINE, G. J. What VUCA really means for you. *Harvard Business Review,* Jan.-Feb., 2014. Disponível em: https://hbr.org/2014/01/what-vuca-really-means-for-you. Acesso em: 29 abr. 2022.

238 LIMITLESS. Intérprete: Bon Jovi. Compositor: Jon Bon Jovi. *In:* 2020. Intérprete: Bon Jovi. [*S. l.*]: Island, 2020. 1 CD.

239 PUBLIC HEALTH ENGLAND; DEPARTMENT FOR EDUCATION (England). *Promoting children and young people's emotional health and wellbeing:* a whole school and college approach. London: Public Health England, 2015. p. 6.

240 SIRIN, S. R.; ROGERS-SIRIN, L. *The educational and mental health needs of Syrian refugee children.* Washington: Migration Policy Institute, 2015.

241 BUNN, C. *et al. Say their names:* how Black Lives Matter came to America. New York: Grand Central, 2021; MAQBOOL, A. *Black Lives Matter:* from social media post to global movement. 2020. Disponível em: https://www.bbc.com/news/world-us-canada-53273381. Acesso em: 29 abr. 2022.

242 SANTORA, M. London police stop star athletes, setting off racial profiling debate. *The New York Times,* 7 July 2020. Disponível em: https://www.nytimes.com/2020/07/07/world/europe/uk-police-bianca-williams-racial-profiling.html. Acesso em: 29 abr. 2022; DODD, V. Black Met inspector stopped by police while driving home from work. *The Guardian,* 18 Aug. 2020. Disponível em: https://www.theguardian.com/uk-news/2020/aug/18/black-met-police-inspector-stopped-by-officers-while-driving-home-from-work. Acesso em: 29 abr. 2022.

243 CASE, A.; DEATON, A. *Deaths of despair and the future of capitalism.* Princeton: Princeton University, 2020; CASE, A.; DEATON, A. Mortality and morbidity in the 21st century. *Brookings Papers on Economic Activity,* v. 48, n. 1 p. 397–476, 2017. Disponível em: https://www.brookings.edu/wp-content/uploads/2017/08/casetextsp17bpea.pdf. Acesso em: 24 abr. 2022.

244 MATTINSON, D. *Beyond the red wall:* why Labour lost, how the Conservatives won and what will happen next. London: Biteback, 2020; e WUTHNOW, R. *The left behind:* decline and rage in rural America. Princeton: Princeton University, 2018.

245 PA MEDIA. A third of girls say they won't post selfies without enhancement. *The Guardian,* 27 Aug. 2020. Disponível em: https://www.theguardian.com/society/2020/aug/27/a-third-of-girls-say-they-wont-post-selfies-without-enhancement. Acesso em: 29 abr. 2022.

246 TWENGE, J. M. *iGen:* why today's super-connected kids are growing up less rebellious, more tolerant, less happy – and completely unprepared for adulthood. New York: Atria, 2017.

247 GEDDES, L.; MARSH, S. Concerns grow for children's health as screen times soar during COVID crisis. *The Guardian,* 22 Jan. 2021. Disponível em: https://

www.theguardian.com/world/2021/jan/22/children-health-screen-times-covid-crisis-sleep-eyesight-problems-digital-devices. Acesso em: 29 abr. 2022; MCGINN, D. Parents struggle to wean children off 'perfect storm' of screen time during pandemic. *The Globe and Mail,* 13 July 2020. Disponível em: https://www.theglobeandmail.com/canada/article-parents-struggle-to-wean-children-off-perfect-storm-of-screen-time/. Acesso em: 29 abr. 2022; CANADIAN PAEDIATRIC SOCIETY. Digital media: promoting healthy screen use in school-aged children and adolescents. *Paediatric Child Health,* v. 24, n. 6, p. 402–4082016. Disponível em: https://www.cps.ca/en/documents/position/digital-media. Acesso em: 29 abr. 2022.

[248] WOLF, M. Screen-based online learning will change kids' brains: are we ready for that? *The Guardian,* 24 Aug. 2020. Disponível em: https://www.theguardian.com/commentisfree/2020/aug/24/deep-literacy-technology-child-development-reading-skills. Acesso em: 29 abr. 2022.

[249] STURDY, B. *Screen time vs green time:* the health impacts of too much screen time. 2018. Disponível em: https://naturecanada.ca/enjoy-nature/for-children/screen-time-vs-green-time/. Acesso em: 29 abr. 2022.

[250] SCHWARZFISCHER, P. *et al.* Effects of screen time and playing outside on anthropometric measures in preschool aged children. *PLoS One,* v. 15, n. 3, 2020; MOORE, S. A. *et al.* Impact of the COVID-19 virus outbreak on movement and play behaviours of Canadian children and youth: a national survey. *International Journal of Behavioral Nutrition and Physical Activity,* v. 17, n. 85, 2020; HINKLEY, T. *et al.* Cross sectional associations of screen time and outdoor play with social skills in preschool children. *PloS One,* v. 13, n. 4, 2018.

[251] HOBBS, T. Three decades of school shootings: an analysis. *The Wall Street Journal,* 19 Apr. 2019. Disponível em: https://www.wsj.com/graphics/school-shooters-similarities/. Acesso em: 20 abr. 2022.

[252] BOOTH, R. Anxiety on rise among the young in social media age. *The Guardian,* 4 Feb. 2019. Disponível em: https://www.theguardian.com/society/2019/feb/05/youth-unhappiness-uk-doubles-in-past-10-years. Acesso em: 11 abr. 2022.

[253] WHANG, O. *Greta Thunberg reflects on living through multiple crises in a 'post-truth society'.* 2020. Disponível em: https://www.nationalgeographic.com/environment/article/greta-thunberg-reflects-on-living-through-multiple-crises--post-truth-society. Acesso em: 2 maio 2022.

[254] UNESCO. *Education:* from disruption to recovery. c2021. COVID-19 impact on education. Disponível em: https://en.unesco.org/covid19/educationresponse. Acesso em: 21 abr. 2022.

[255] THE WORLD BANK. *Urgent, effective action required to quell the impact of COVID-19 on education worldwide.* 2021. Disponível em: https://www.worldbank.org/en/news/immersive-story/2021/01/22/urgent-effective-action-re-

quired-to-quell-the-impact-of-covid-19-on-education-worldwide. Acesso em: 2 maio 2022; ORGANISATION FOR ECONOMIC CO-OPERATION AND DEVELOPMENT. *Education and COVID-19:* focusing on the long-term impact of school closures. Paris: OECD, 2020. Disponível em: https://read.oecd-ilibrary.org/view/?ref=135_135187-1piyg9kc7w&title=Education-and-CO-VID-19-Focusing-on-the-long-term-impact-of-school-closures. Acesso em: 2 maio 2022.

[256] DORN, E. *et al. COVID-19 and student learning in the United States:* the hurt could last a lifetime. 2020. Disponível em: https://www.mckinsey.com/industries/public-and-social-sector/our-insights/covid-19-and-student-learning-in-the-united-states-the-hurt-could-last-a-lifetime. Acesso em: 2 maio 2022; UNESCO. Santiago Office; INTER-AMERICAN DEVELOPMENT BANK. *Reopening schools in Latin America and the Caribbean:* key points, challenges, and dilemmas to plan a safe return to in-person classes. Santiago: UNESCO, 2021.

[257] BALINGIT, M. Unprecedented numbers of students have disappeared during the pandemic. Schools are working harder than ever to find them. *The Washington Post,* 25 Feb. 2021. Disponível em: https://www.washingtonpost.com/education/pandemic-schools-students-missing/2021/02/25/f0b27262-5ce8-11eb-a976-bad6431e03e2_story.html. Acesso em: 11 abr. 2022.

[258] WHITLEY, J. *et al. Diversity via distance:* lessons learned from families supporting students with special education needs during remote learning. 2020. Disponível em: https://www.edcan.ca/articles/diversity-via-distance/. Acesso em: 2 maio 2022.

[259] WHITLEY, J. *Coronavirus:* distance learning poses challenges for some families of children with disabilities. 2020. Disponível em: https://theconversation.com/coronavirus-distance-learning-poseschallenges-for-some-families-of-children-with-disabilities-136696. Acesso em: 21 abr. 2022.

[260] UN WOMEN. *The shadow pandemic:* violence against women during COVID-19. 2020. Disponível em: https://www.unwomen.org/en/news/in-focus/in-focus-gender-equality-in-covid-19-response/violence-against-women-during-covid-19. Acesso em: 2 maio 2022; OWEN, B. *Calls to Canadian domestic violence helplines jump during pandemic.* 2020. Disponível em: https://www.ctvnews.ca/canada/calls-to-canadian-domestic-violence-helplines-jump durin g-pandemic-1.5145983. Acesso em: 2 maio 2022; TWOHEY, M. New battle for those on coronavirus front lines: child custody. *The New York Times,* 7 Apr. 2020. Disponível em: https://www.nytimes.com/2020/04/07/us/coronavirus--child-custody.html. Acesso em: 2 maio 2022.

[261] BATTY, D. Lockdown having 'pernicious impact' on LGBT community's mental health. *The Guardian,* 5 Aug. 2020. Disponível em: https://www.theguardian.com/society/2020/aug/05/lockdown-having-pernicious-impact-on-lgbt-communitys-mental-health. Acesso em: 2 maio 2022.

166 Notas

262 BLOOM, B. S. (ed.). *Taxonomy of educational objectives:* the classification of educational goals. New York: Longman, 1956.

263 BINTLIFF, A. V. *How COVID-19 has influenced teachers' well-being:* a new study shows decreases in teacher well-being during the pandemic. 2020. Disponível em: https://www.psychologytoday.com/ca/blog/multidimensional-aspects-adolescent-well-being/202009/how-covid-19-has-influenced-teachers-well. Acesso em: 2 maio 2022.

264 KAMENETZ, A. *US pediatricians call for in-person school this fall.* 2020. Disponível em: https://www.npr.org/sections/coronavirus-live-updates/2020/06/29/884638999/u--s-pediatricians-call-for-in-person-school-this-fall. Acesso em: 2 maio 2022; SICK KIDS. *COVID-19:* guidance for school re-opening. [Toronto: SickKids], 2020. Disponível em: https://www.sickkids.ca/siteassets/news/news-archive/2020/covid-19-recommendations-for-school-reopening-sickkids.pdf. Acesso em: 2 maio 2022.

265 BUCK, N. Children face a deluge of excess screen time – inside the classroom. *The Globe and Mail,* 12 Nev. 2020. Disponível em: https://www.theglobeandmail.com/opinion/article-children-face-a-deluge-of-excess-screen-time-inside-the-classroom/. Acesso em: 2 maio 2022.

266 LOADES, M. E. *et al.* Rapid systematic review: the impact of social isolation and loneliness on the mental health of children and adolescents in the context of COVID-19. *Journal of the American Academy of Child and Adolescent Psychiatry,* v. 59, n. 11, p. 1218–1239.e3, 2020.

267 BETHUNE, S. Teen stress rivals that of adults. *American Psychological Association,* v. 45, n. 4, 2014. Disponível em: https://www.apa.org/monitor/2014/04/teen-stress. Acesso em: 2 maio 2022.

268 PRESS ASSOCIATION. Growing social media backlash among young people, survey shows. *The Guardian,* 5 Oct. 2017. Disponível em: https://www.theguardian.com/media/2017/oct/05/growing-social-media-backlash-among-young-people-survey-shows. Acesso em: 2 maio 2022.

269 ROXBY, P. *Coronavirus social-contact curbs 'put adolescents at risk'.* 2020. Disponível em: https://www.bbc.com/news/health-53022369. Acesso em: 2 maio 2022.

270 BBC. *Coronavirus:* teens' anxiety levels dropped during pandemic, study finds. 2020. Disponível em: https://www.bbc.com/news/uk-53884401. Acesso em: 2 maio 2022.

271 BBC. *Coronavirus:* Denmark lets young children return to school. Disponível em: https://www.bbc.com/news/world-europe-52291326. Acesso em: 2 maio 2022.

272 LEADERS. The risks of keeping schools closed far outweigh the benefits. *The Economist,* 18 July 2020. Disponível em: https://www.economist.com/leaders/

2020/07/18/the-risks-of-keeping-schools-closed-far-outweigh-the-benefits. Acesso em: 2 maio 2022.

[273] Ver GREEN, E. L. DeVos abandons a lifetime of local advocacy to demand schools reopen. *The New York Times,* 13 July 2020. Disponível em: https://www.nytimes.com/2020/07/13/us/politics/betsy-devos-schools-coronavirus.html. Acesso em: 2 maio 2022.

[274] Ver COUGHLAN, S. *Penalty fines for missing school next term.* 2020. Disponível em: https://www.bbc.com/news/education-53221741. Acesso em: 2 maio 2022.

[275] MAHONEY, J. Students miss out and teachers feel overwhelmed as school boards blend in-person and virtual classes. *The Globe and Mail,* 1 Nov. 2020. Disponível em: https://www.theglobeandmail.com/canada/article-students-miss-out-and-teachers-feel-overwhelmed-as-school-boards-blend/. Acesso em: 2 maio 2022.

[276] BASKIN, K. *Your school district's reopening survey.* 2020. Disponível em: https://www.mcsweeneys.net/articles/your-school-districts-reopening-survey. Acesso em: 2 maio 2022.

[277] DURKHEIM, E. *Suicide:* a study in sociology Glencoe: Free, 1951. Obra originalmente publicada em 1897.

[278] KUMAR, M. B.; TJEPKEMA, M. *Suicide among First Nations people, Métis and Inuit (2011–2016):* findings from the 2011 Canadian Census Health and Environment Cohort (CanCHEC). 2019. Disponível em: https://www150.statcan.gc.ca/n1/pub/99-011-x/99-011-x2019001-eng.htm. Acesso em: 2 maio 2022; THE TREVOR PROJECT. *National survey on LGBTQ youth mental health 2020.* 2020. Disponível em: https://www.thetrevorproject.org/survey-2020/?-section=Introduction. Acesso em: 2 maio 2022; GREENHALGH, S. *The hidden costs of Asia's high test scores.* 2016. Disponível em: https://thediplomat.com/2016/12/the-hidden-costs-of-asias-high-test-scores/. Acesso em: 2 maio 2022.

[279] HELLIWELL, J. F. *et al.* (ed.). *World happiness report 2020.* Paris: Sustainable Development Solutions Network, 2020.

[280] TRANSPARENCY INTERNATIONAL. *Corruption perceptions index 2020.* c2022. Disponível em: https://www.transparency.org/en/cpi/2020/index/nzl. Acesso em: 2 maio 2022.

[281] ECONOMIST INTELLIGENCE UNIT. *Democracy index 2020:* in sickness and in health? 2021. Disponível em: https://www.eiu.com/n/campaigns/democracy--index-2020/. Acesso em: 2 maio 2022.

[282] UNICEF. *Worlds of influence:* understanding what shapes child well-being in rich countries. Florence: UNICEF, 2020. (Innocenti Report Card, 16).

[283] WILKINSON, R.; PICKETT, K. *The spirit level:* why greater equality makes societies stronger. New York: Bloomsbury, 2010.

284 WILKINSON, R.; PICKETT, K. *The spirit level:* why greater equality makes societies stronger. New York: Bloomsbury, 2010. p. 25.

285 GODOY, M.; WOOD, D. *What do coronavirus racial disparities look like state by state?* 2020. Disponível em: https://www.npr.org/sections/health-shots/2020/05/30/865413079/what-do-coronavirus-racial-disparities-look-like-state-by-state. Acesso em: 2 maio 2022.

286 CAMPBELL, D.; SIDDIQUE, K. COVID-19 death rate in England higher among BAME people. *The Guardian,* 2 June 2020. Disponível em: https://www.theguardian.com/world/2020/jun/02/covid-19-death-rate-in-england-higher-among-bame-people. Acesso em: 2 maio 2022.

287 PUBLIC HEALTH ENGLAND. *Beyond the data:* understanding the impact of COVID-19 on BAME groups. London: Public Health England, 2020. Disponível em: https://assets.publishing.service.gov.uk/government/uploads/system/uploads/attachment_data/file/892376/COVID_stakeholder_engagement_synthesis_beyond_the_data.pdf. Acesso em: 2 maio 2022.

288 CASE, A.; DEATON, A. *Deaths of despair and the future of capitalism.* Princeton: Princeton University, 2020; CASE, A.; DEATON, A. Mortality and morbidity in the 21st century. *Brookings Papers on Economic Activity*, v. 48, n. 1 p. 397–476, 2017. Disponível em: https://www.brookings.edu/wp-content/uploads/2017/08/casetextsp17bpea.pdf. Acesso em: 24 abr. 2022.

289 WILSON, W. J. *When work disappears:* the world of the new urban poor. New York: Vintage, 1997.

290 CASE, A.; DEATON, A. *Deaths of despair and the future of capitalism.* Princeton: Princeton University, 2020. p. 5.

291 JOHNS, G. Presenteeism: a short history and a cautionary tale. *In:* HOUDMONT, J.; LEKA, S.; SINCLAIR, R. R. (ed.). *Contemporary occupational health psychology:* global perspectives on research and practice. Chichester: Wiley Blackwell, 2012. v. 2, p. 204–220.

292 CASE, A.; DEATON, A. *Deaths of despair and the future of capitalism.* Princeton: Princeton University, 2020. p. 8.

293 WILKINSON, R.; PICKETT, K. *The inner level:* how more equal societies reduce stress, restore sanity, and improve everyone's well-being. New York: Penguin, 2018.

294 JONES, O. *Chavs:* the demonization of the working class. London: Verso, 2011; SANDEL, M. J. *The tyranny of merit:* what's become of the common good? New York: Farrar, Straus & Giroux, 2020.

295 EDSALL, T. B. The resentment that never sleeps. *The New York Times,* 9 Dec. 2020. Disponível em: https://www.nytimes.com/2020/12/09/opinion/trump-social-status-resentment.html. Acesso em: 2 maio 2022.

Notas **169**

296 HARGREAVES, A. *Moving:* a memoir of education and social mobility. Bloomington: Solution Tree, 2020.

297 MATTINSON, D. *Beyond the red wall:* why Labour lost, how the Conservatives won, and what will happen next. London: Biteback, 2020.

298 BURNLEY: 'Children ripping bags open for food' during pandemic. Produtor: Louise Martin. Edição: Phillip Edwarsd. *[S. l.]:* BBC News, 2020. 1 vídeo (5 min). Disponível em: https://www.bbc.com/news/av/uk-55133081. Acesso em: 2 maio 2022.

299 HOCHSCHILD, A. R. *Strangers in their own land:* anger and mourning on the American right. New York: New, 2016.

300 METZL, J. M. *Dying of whiteness:* how the politics of racial resentment is killing America's heartland. New York: Basic Books, 2019.

301 DUBOIS, W. E. B. *Black reconstruction:* an essay toward a history of the part Black folk played in the attempt to reconstruct democracy in America: 1860–1880. Cambridge: Athenaeum, 1971. p. 21.

302 LAMMY, D. Foreword. *In:* WILLIAMSON, S. *Fighting for deep social justice.* London: SSAT, 2019. p. 1.

303 LAMMY, D. Foreword. *In:* WILLIAMSON, S. *Fighting for deep social justice.* London: SSAT, 2019. p. 2.

304 BAKER, B. D. *Educational inequality and school finance:* why money matters for America's students. Cambridge: Harvard University, 2018.

305 LEE, N. T. *Bridging digital divides between schools and communities.* 2020. Disponível em: https://www.brookings.edu/research/bridging-digital-divides-between-schools-and-communities/. Acesso em: 2 maio 2022.

306 WILKINSON, R.; PICKETT, K. *The spirit level:* why greater equality makes societies stronger. New York: Bloomsbury, 2010. p. 193.

307 DAVIES, R. Norway's $1tn wealth fund to divest from oil and gas exploration. *The Guardian,* 8 Mar. 2019. Disponível em: https://www.theguardian.com/world/2019/mar/08/norways-1tn wealth fund-to-divest-from-oil-and-gas-exploration. Acesso em: 2 maio 2022.

308 Ver, por exemplo, SAHLBERG, P. *Finnish lessons 3.0:* what can the world learn from educational change in Finland? 3rd ed. New York: Teachers College, 2021.

309 Ver HARGREAVES, A. *Teachers and professional collaboration:* how Sweden has become the ABBA of educational change. 2016. Disponível em: http://www.shankerinstitute.org/blog/teachers-and-professional-collaboration-how-sweden-has-become-abba-educational-change. Acesso em: 2 maio 2022; e HJELM, S. *Vouchers and market-driven schools in Sweden.* 2020. Disponível em: https://larrycuban.wordpress.com/2020/12/31/ vouchers-and-market-driven-schools-in-sweden-sara-hjelm/. Acesso em: 2 maio 2022.

310 UNICEF. *Worlds of influence:* understanding what shapes child well-being in rich countries. Florence: UNICEF, 2020. (Innocenti Report Card, 16). p. 11.

311 Discurso do Presidente Nelson Mandela no lançamento do fundo infantil Nelson Mandela, Mahlamba'ndlopfu, Pretória, África do Sul, em 8 de maio de 1985.

312 O'HARA, M. Robert Reich: austerity is a terrible mistake. *The Guardian,* 18 Mar. 2014. Disponível em: https://www.theguardian.com/society/2014/mar/18/robert-reich-attacks-economic-austerity. Acesso em: 2 maio 2022.

313 ANDREW, S. *The US has 4% of the world's population but 25% of its coronavirus cases.* 2020. Disponível em: https://www.cnn.com/2020/06/30/health/us-coronavirus-toll-in-numbers-june-trnd/index.html. Acesso em: 2 maio 2022.

314 NEW STATESMAN. Top economists warn the UK not to repeat austerity after the COVID-19 crisis. 2020. Disponível em: https://www.newstatesman.com/politics/economy/2020/05/top-economists-warn-uk-not-repeat-austerity-after-covid-19-crisis. Acesso em: 2 maio 2022.

315 RAWORTH, K. *Doughnut economics:* seven ways to think like a 21st century economist. White River Junction: Chelsea Green, 2017.

316 REICH, R. B. *The system:* who rigged it, how we fix it. New York: Knopf, 2020.

317 REICH, R. B. *The system:* who rigged it, how we fix it. New York: Knopf, 2020. p. 69.

318 FREELAND, C. *Plutocrats:* the rise of the new global super-rich and the fall of everyone else. New York: Doubleday Canada, 2012.

319 GIRIDHARADAS, A. Winners take all: the elite charade of changing the world. New York: Alfred Knopf, 2019. p. 122–123.

320 Ver PROSPERITY. *In:* DICTIONARY. COM. 2022. Disponível em: https://www.dictionary.com/browse/prosperity. Acesso em: 2 maio 2022.

321 SCOTTISH GOVERNMENT. *Health and well-being as fundamental as GDP.* 2020. Disponível em: https://www.gov.scot/news/health-and-wellbeing-as-fundamental-as-gdp/#:~:text=Wellbeing%20focus%20needed%20to%20deal,Minister%20Nicola%20Sturgeon%20has%20said. Acesso em: 2 maio 2022.

322 Andy desenvolve seu argumento em HARGREAVES, A. *Moving:* a memoir of education and social mobility. Bloomington: Solution Tree, 2020.

323 LYNCH, K.; DEEGAN, P. Five lasting implications of COVID-19 for Canada and the world. *The Globe and Mail,* 1 Apr. 2020. Disponível em: https://www.theglobeandmail.com/business/commentary/article-five-lasting-implications-of-covid-19-for-canada-and-the-world/. Acesso em: 2 maio 2022.

324 BOUSHEY, H. *Economic inequality made the US more vulnerable to the pandemic.* 2020. Disponível em: https://policyoptions.irpp.org/magazines/october-2020/economic-inequality-made-the-u-s-more-vulnerable-to-the-pandemic/. Acesso em: 2 maio 2022.

[325] BOUSHEY, H. *Unbound*: how inequality constricts our economy and what we can do about it. Cambdrige: Harvard University, 2019. p. 30.

[326] ORGANISATION FOR ECONOMIC CO-OPERATION AND DEVELOPMENT. *TALIS 2018 results*: teachers and school leaders as lifelong learners. Paris: OECD, 2019. v. 1. Tabela 1.2.4. "Change in teaching practices from 2013–2018".

[327] WHITLEY, J. *Coronavirus*: distance learning poses challenges for some families of children with disabilities. 2020. Disponível em: https://theconversation.com/coronavirus-distance-learning-poseschallenges-for-some-families-of-children-with-disabilities-136696. Acesso em: 21 abr. 2022.

[328] BLACK, S. Learning in lockdown: 'The largest social experiment we've ever done'. *The Guardian*, 5 Sept. 2020. Disponível em: https://www.theguardian.com/australia-news/2020/sep/06/learning-in-lockdown-the-largest-social-experiment-weve-ever-done. Acesso em: 2 maio 2022.

[329] GOUËDARD, P. ; PONT, B. ; VIENNET, R. (2020). *Education responses to COVID-19*: implementing a way forward. Paris: OECD, 2020. p. 31. (OECD Working Paper, 224). Disponível em: http://www.oecd.org/officialdocuments/publicdisplaydocumentpdf/?cote=EDU/WKP(2020) 12&docLanguage=En. Acesso em: 17 abr. 2022.

[330] HAGERMAN, M. S. ; KELLAM, H. *Learning to teach online*: an open educational resource for pre-service teachers. 2020. Disponível em: http://onlineteaching.ca. Acesso em: 17 abr. 2022.

[331] A descrição original do trabalho dessa professora é relatada em HEINTZ, A. *et al.* Teacher awareness and blended instruction practices: Interview research with K–12 teachers. *In*: MARCUS-QUINN, A.; HOURIGAN, T. (ed.). *Handbook on digital learning for K–12 schools*. Cham: Springer, 2017. p. 465–482.

[332] THE ALBERTA TEACHER'S ASSOCIATION. *Alberta teachers responding to Coronavirus (COVID-19)*: pandemic research study initial report. Alberta: The Alberta Teacher's Association, 2020. p. 15. Disponível em: https://www.teachers.ab.ca/SiteCollectionDocuments/ATA/News%20and%20Info/Issues/COVID-19/Alberta%20Teachers%20Responding%20to%20Coronavirus%20(COVID-19)%20-%20ATA%20Pandemic%20Research%20Study%20(INITIAL%20REPORT)-ExSum.pdf. Acesso em: 2 maio 2022.

[333] MILLER, S. *Uma mensagem de Stuart Miller*, diretor do Comitê da Halton School. 2020. Disponível em: https://hdsb.ca/our-board/Pages/Administration%20and%20Superintendents/Messages-From-Director.aspx. Detalhes enviados por Susan Thrasher e Stuart Miller do Comitê da Halton School.

[334] PAJALIC, A. I hated remote teaching during the COVID-19 lockdown. It should never replace the classroom. *The Guardian*, 7 June 2020. Disponível em: https://www.theguardian.com/commentisfree/2020/jun/08/i-hated-remote-teaching-during-the-covid-19-lockdown-it-should-never-replace-the-classroom. Acesso em: 2 maio 2022.

172 Notas

[335] HEROLD, B.; KURTZ, H. Y. *Teachers work two hours less per day during COVID-19*: 8 key EdWeek survey findings. 2020. Disponível em: www.edweek.org/ew/articles/2020/05/11/teachers-work-an-hour-less-per-day.html. Acesso em: 20 abr. 2022.

[336] ZIEBELL, N. *et al. Australian education survey*: examining the impact of COVID-19: report summary. Melbourne: Melbourne Graduate School of Education, 2020. Disponível em: https://education.unimelb.edu.au/__data/assets/pdf_file/0008/3413996/Australian-Education-Survey.pdf. Acesso em: 2 maio 2022.

[337] NATANSON, H.; MECKLER, L. Remote school is leaving children sad and angry. *The Washington Post*, 26 Nov. 2020. Disponível em: https://www.washingtonpost.com/education/2020/11/27/remote-learning-emotional-toll/?arc404=true. Acesso em: 2 maio 2022.

[338] Biel é citado por NATANSON, H.; MECKLER, L. Remote school is leaving children sad and angry. *The Washington Post*, 26 Nov. 2020. Disponível em: https://www.washingtonpost.com/education/2020/11/27/remote-learning-emotional-toll/?arc404=true. Acesso em: 2 maio 2022.

[339] BARKAN, R. This year proved once and for all: screens are no substitute for real life. *The Guardian*, 30 Sept. 2020. Disponível em: https://www.theguardian.com/commentisfree/2020/dec/30/coronavirus-screens-no-substitute-schools. Acesso em: 2 maio 2022.

[340] STRAUSS, V. Why calls to 'reinvent schooling' in response to the pandemic are wrong. *The Washington Post*, 9 July 2020. Disponível em: https://www.washingtonpost.com/education/2020/07/09/why-calls-reinvent-schooling-response-pandemic-are-wrong/. Acesso em: 2 maio 2022.

[341] CHRISTAKIS, E. School wasn't so great before COVID, either. *The Atlantic*, Dec. 2020. Disponível em: https://www.theatlantic.com/magazine/archive/2020/12/school-wasnt-so-great-before-covid-either/616923/. Acesso em: 12 abr. 2022.

[342] KIDS vs screens: how screens affect our children's development, learning abilities and mental health. Direção e produção: Leora Eisen. [S. l.]: CBC, 2020. Episódio da série "The Nature of Things".

[343] MCGINN, D. All that excess screen time parents were told not to worry about at the start of COVID-19? It's time to worry. *The Globe and Mail*, 29 Oct. 2020. Disponível em: https://www.theglobeandmail.com/canada/article-parents-rethink-more-screen-time-for-kids-in-covid-19-pandemic-as/. Acesso em: 2 maio 2022.

[344] O DILEMA das redes. Direção: Jeff Orlowski. Produção: Larissa Rhodes. [S. l.]: Netflix, 2020. 1 h 34 min.

[345] FOWLER, G. A.; KELLY, H. 'Screen time' has gone from sin to survival tool. *The Washington Post*, 9 Apr. 2020. Disponível em: https://www.washingtonpost.

com/technology/2020/04/09/screen-time-rethink-coronavirus/. Acesso em: 2 maio 2022.

346 WORLD HEALTH ORGANIZATION. *Managing epidemics:* key facts about major deadly diseases. Geneva: WHO, 2018. p. 11. Disponível em: https://www.who.int/publications/i/item/managing-epidemics-key-facts-about-major-deadly-diseases. Acesso em: 2 maio 2022.

347 CAMUS, A. *The plague.* New York: Vintage Books, 1991. Obra publicada originalmente em 1948. p. 37.

348 GOUËDARD, P. ; PONT, B. ; VIENNET, R. *Education responses to COVID-19:* implementing a way forward. Paris: OECD, 2020. (OECD Working Paper, 224).

349 PLAN CEIBAL. *COVID-19 in Uruguay:* educational disruption and response. 2020. Disponível em: http://atrico.org/wp-content/uploads/2020/04/COVID-19-in-Uruguay-Educational-Disruption-and-Response.pptx.pdf. Acesso em: 2 maio 2022.

350 REPUBLIC OF KOREA. Ministry of Education. *Responding to COVID 19:* online classes in Korea: a challenge toward the future of education. Sejong: Ministry of Education, 2020.

351 Ver NG, P. T. Timely change and timeless constants: COVID-19 and educational change in Singapore. *Educational Research for Policy and Practice,* v. 20, p. 19–27, 2021. p. 24.

352 Ver HYBRID. *In:* ONLINE Etymology Dictionary. c2022. Disponível em: https://www.etymonline.com/word/hybrid. Acesso em: 2 maio 2022.

353 WIFI RALPH: quebrando a internet. Direção: Phil Johnston e Rich Moore. Burbank: Walt Disney Animation Studios, 2018. 1 h 52 min.

354 PARMAR, B. Screen time is as addictive as junk food: how do we wean children off? *The Guardian,* 12 Oct. 2020. Disponível em: www.theguardian.com/commentisfree/2020/oct/12/screen-time-addictive-social-media-addiction. Acesso em: 21 abr. 2022.

355 Ver dados sobre a Dinamarca como líder no uso de tecnologia por professores em projetos da OCDE em ORGANISATION FOR ECONOMIC CO-OPERATION AND DEVELOPMENT. *TALIS 2018 results:* teachers and school leaders as lifelong learners. Paris: OECD, 2019. v. 1. Tabela 1.2.4, "Change in teaching practices from 2013–2018"; e para a utilização pela Dinamarca de estratégias ao ar livre durante a pandemia ver NOACK, R. In Denmark, the forest is the new classroom. *The Washington Post,* 16 Sept. 2020. Disponível em: https://www.washingtonpost.com/world/2020/09/16/outdoor-school-coronavirus-denmark-europe-forest/. Acesso em: 21 abr. 2022.

356 Ver HARGREAVES, A.; O'CONNOR, M. T. *Collaborative professionalism:* when teaching together means learning for all. Thousand Oaks: Corwin, 2018.

174 Notas

[357] Esses exemplos vem de nossa pesquisa com a rede NW RISE no Noroeste do Pacífico, que discutimos em SHIRLEY, D.; HARGREAVES, A. *Five paths of student engagement:* blazing the trail to learning and success. Bloomington: Solution Tree, 2021.

[358] CBC News: The National: the KPDSB Hockey solution. [*S. l.: s. n.*], 2016. 1 vídeo (13 min). Publicado pelo canal Keewatin-Patricia District School Board. Disponível em: https://www.youtube.com/watch?v=T721qBLlA8A. Acesso em: 2 maio 2022.

[359] ST-DENIS, N.; WALSH, C. Reclaiming my Indigenous identity and the emerging warrior: an autoethnography. *Journal of Indigenous Social Development,* v. 5, n. 1, p. 1–17, 2016. p. 8.

[360] FIRST NATIONS EDUCATION STEERING COMMITTEE. *First People's principles of learning.* [20--]. Disponível em: http://www.fnesc.ca/first-peoples-principles-of-learning. Acesso em: 2 maio 2022.

[361] WATTS, J. Jane Goodall: 'change is happening: there are many ways to start moving in the right way'. *The Guardian,* 21 Jan. 2021. Disponível em: https://www.theguardian.com/environment/2021/jan/03/jane-goodall-change-is-happening-there-are-many-ways-to-start-moving-in-the-right-way. Acesso em: 2 maio 2022.

[362] ARDOIN, N. M. *et al.* Environmental education and K–12 student outcomes: a review and analysis of research. *Journal of Environmental Education,* v. 49, n. 1, p. 1–17, 2017.

[363] INTERNATIONAL COUNCIL OF EDUCATION ADVISERS. *Report 2018–2020.* Edinburgh: Scottish Government, 2020.

[364] Detalhes sobre a Ottawa Forest School estão disponíveis em https://childnature.ca.

[365] Ver EDUCATION AND EARLY CHILDHOOD DEVELOPMENT. *New outdoor learning fund for Nova Scotia's elementary schools.* 2021. Disponível em: https://novascotia.ca/news/release/?id=20210413001. Acesso em: 2 maio 2022.

[366] UNESCO. *Education for sustainable development:* a roadmap. Paris: UNESCO, 2020.

[367] LOUV, R. *Last child in the woods:* saving our children from nature-deficit disorder. Chapel Hill: Algonquin Books, 2005.

[368] O COMEÇO da vida 2: lá fora. Direção: Renata Terra. Roteiro: Laís Fleury, Renata Terra e Ana Lucia Villela. [*S. l.*]: Flow, 2020. 1 h 32 min.

[369] BARRY, E. In Britain's playgrounds, 'bringing in risk' to build resilience. *The New York Times,* 10 Mar. 2018. Disponível em: https://www.nytimes.com/2018/03/10/world/europe/britain-playgrounds-risk.html. Acesso em: 2 maio 2022.

Notas **175**

370 MCGONIGAL, K. *The joy of movement:* how exercise helps us find happiness, hope, connection, and courage. New York: Avery, 2019.

371 CHATWIN, B. *The songlines.* New York: Penguin, 1988.

372 KIERKEGAARD, S. *Kierkegaard's writings.* Princeton: Princeton University, 2014. v. 25, p. 214.

373 DO SCHOOLS kill creativity? Sir Ken Robinson para o TED Talks. [*S. l.: s. n.*], 2006. 1 vídeo (19 min). Disponível em: 2020https://www.ted.com/talks/sir_ken_robinson_do_schools_kill_creativity. Acesso em: 21 abr. 2022.

374 EDUCATION SCOTLAND. *What Scotland learned:* building back better. Livingston: Education Scotland, 2021. p. 38. Disponível em: https://education.gov.scot/media/nwibvl2q/what-scotland-learned-building-back-better.pdf. Acesso em: 2 maio 2022.

375 MCNAMARA, L. School recess and pandemic recovery efforts: ensuring a climate that supports positive social connection and meaningful play. *In:* VAILLANCOURT, C. (ed.). *Children and schools during COVID-19 and beyond:* engagement and connection through opportunity. Ottawa: The Royal Society of Canada, 2021.

376 KRAEMER, D. *Greta Thunberg:* who is the climate campaigner and what are her aims? 2021. Disponível em: https://www.bbc.com/news/world-europe-49918719. Acesso em: 2 maio 2022.

377 O endereço eletrônico do Roots and Shoots está disponível em http://www.rootsandshoots.org.

378 Ver NATIONAL PARK SERVICE. *Quick history of the National Park Service.* 2018. Disponível em: https://www.nps.gov/articles/quick-nps-history.htm. Acesso em: 2 maio 2022.

379 CLARKE, T. Children's well-being and their academic achievement: The dangerous discourse of "trade-offs" in education. *Theory and Research in Education,* v. 18, n. 3, p. 263–294, 2020. p. 263.

380 CLARKE, T. Children's well-being and their academic achievement: The dangerous discourse of "trade-offs" in education. *Theory and Research in Education,* v. 18, n. 3, p. 263–294, 2020. p. 285.

381 ORGANISATION FOR ECONOMIC CO-OPERATION AND DEVELOPMENT. *PISA 2015 results: students' well-being.* Paris: OECD, 2017. v. 3, p. 232.

382 WILKINSON, R.; PICKETT, K. *The spirit level:* why greater equality makes societies stronger. New York: Bloomsbury, 2010.

383 LAI, C. *City of sadness?:* Hong Kong drops five spots to 76th in UN World Happiness Report. 2018. Disponível em: https://hongkongfp.com/2018/03/15/city-sadness-hong-kong-drops-five-spots-76th-un-world-happiness-report/. Acesso em: 2 maio 2022; WONG, M. Why the wealth gap?: Hong Kong's disparity between

176 Notas

rich and poor is greatest in 45 years, so what can be done? *South China Morning Post,* 27 Sept. 2018. Disponível em: https://www.scmp.com/news/hong-kong/society/article/2165872/why-wealth-gap-hong-kongs-disparity-between-rich-and-poor. Acesso em: 2 maio 2022.

[384] TUCKER, M. *Leading high-performance school systems:* lessons from the world's best. Alexandria: Association for Supervision and Curriculum Development, 2019; ORGANISATION FOR ECONOMIC CO-OPERATION AND DEVELOPMENT. *Strong performers and successful reformers in education:* lessons from PISA for the United States. Paris: OECD, 2011.

[385] BRAY, M. Private supplementary tutoring: comparative perspectives on patterns and implications. *Compare:* a Journal of Comparative and International Education, v. 36, n. 4, p. 515–530, 2006.

[386] SATO, M. Imagining neo-liberalism and the hidden realities of the politics of reform: teachers and students in a globalized Japan. *In:* WILLIS, D. B.; RAPPLEYE, J. (ed.). *Reimagining Japanese education:* borders, transfers, circulations, and the comparative. Oxford: Symposium Books, 2011. p. 225–246. p. 226; LEE, D. D.; PARK, C. Young South Korean women are turning to suicide in ever greater numbers: COVID-19 is just the start of their problems. *South China Morning Post,* 13 Dec. 2020. Disponível em: https://www.scmp.com/week-asia/people/article/3113655/young-south-korean-women-are-turning-suicide-ever-greater-numbers. Acesso em: 21 abr. 2022; TING, V. Hong Kong children overwhelmed by academic pressure, with suicide accounting for a third of young unnatural deaths, government review of Coroner's Court cases reveals. *South China Morning Post,* 31 May 2019. Disponível em: https://www.scmp.com/news/hong-kong/society/article/3012666/hong-kong-children-overwhelmed-academic-pressure-suicide. Acesso em: 21 abr. 2022.

[387] LEE, M.; LARSON, R. The Korean "examination hell": long hours of studying, distress, and depression. *Journal of Youth and Adolescence,* v. 2, p. 249–271, 2000; GOH, D. S. Why Korean students are obsessed with university admission. *Asia Times,* 23 Oct. 2019. Disponível em: https://asiatimes.com/2019/10/why--korean-students-are-obsessed-with-the-university-admission/. Acesso em: 20 abr. 2022.

[388] CHU, L. *Little soldiers:* an American boy, a Chinese school, and the global race to achieve. New York: HarperCollins, 2017.

[389] SAHLBERG, P.; DOYLE, W. *Let the children play:* how more play will save our schools and help our children thrive. New York: Oxford University, 2019.

[390] NG, P. T. *Learning from Singapore:* the power of paradoxes. New York: Routledge, 2017.

[391] TUCKER, M. S. (ed.). *Surpassing Shanghai:* an agenda for American education built on the world's leading systems. Cambridge: Harvard Education, 2011.

[392] CHU, L. *Little soldiers:* an American boy, a Chinese school, and the global race to achieve. New York: HarperCollins, 2017.

[393] ZHAO, Y. *Torture is not good education:* a response to WSJ's Why American Students Need Chinese Schools. 2017. Disponível em: https://nepc.colorado.edu/blog/torture-not-good. Acesso em: 2 maio 2022.

[394] RUSHOWY, K. More Ontario parents opting for private tutoring, survey finds. *Toronto Star,* 8 Dec. 2015. Disponível em: https://www.thestar.com/yourtoronto/education/2015/12/08/more-ontario-parents-opting-for-private-tutoring-survey-finds.html. Acesso em: 2 maio 2022.

[395] MAJOR, L. E.; MACHIN, S. *Social mobility and its enemies.* [London]: Pelican, 2018.

[396] HONORÉ, C. *Under pressure:* rescuing our children from the culture of hyper-parenting. New York: Harper One, 2009. p. 116.

[397] HELLER-SAHLGREN, G. *The achievement-well-being trade-off in education.* London: Centre for Education Economics, 2018. p. 13.

[398] HELLER-SAHLGREN, G. *The achievement-well-being trade-off in education.* London: Centre for Education Economics, 2018. p. 13.

[399] HELLER-SAHLGREN, G. *The achievement-well-being trade-off in education.* London: Centre for Education Economics, 2018. p. 18.

[400] HELLER-SAHLGREN, G. *The achievement-well-being trade-off in education.* London: Centre for Education Economics, 2018. p. 5.

[401] TRANTER, D.; CARSON, L.; BOLLAND, T. *The third path:* a relationship-based approach to student well-being and achievement. Toronto: Nelson Education, 2018.

[402] SEOUL. Gyeonggi-do Office of Education. *Gyeonggi Hyukshin Education,* Suwon-si, South Korea, 2019; GLOUDEMANS, P. *High achievement, with dignity.* 2019. Disponível em: https://www.bc.edu/bc-web/bcnews/nation-world-society/education/education-in-korea.html. Acesso em: 2 maio 2022.

[403] Reunião com Illugi Gunnarsson, Ministro da Educação, Ciência e Cultura, Reykjavik, Islândia, em 8 de junho de 2016.

[404] RONAY, B. Football, fire and ice: the inside story of Iceland's remarkable rise. *The Guardian,* 8 June 2016. Disponível em: https://www.theguardian.com/football/2016/jun/08/iceland-stunning-rise-euro-2016-gylfi-sigurdsson lars-lagerback. Acesso em: 2 maio 2022.

[405] MILKMAN, H. *Iceland succeeds at reversing teenage substance abuse the US should follow suit.* 2017. Disponível em: https://www.huffpost.com/entry/iceland-succeeds-at-rever_b_9892758. Acesso em: 2 maio 2022.

[406] Reunião de Pasi Sahlberg, da Universidade de New South Wales e Andy com o prefeito de Reykjavik, Dagur Eggertsson e sua equipe para desenvolverem uma perspectiva educacional para a cidade, em 5 de fevereiro de 2018.

178 Notas

407 Reunião com Lilja Dögg Alfreðsdóttir, Ministra da Educação, Ciência e Cultura, Reykjavik, Islândia, em 12 de outubro de 2019. A publicação oficial dos resultados da Islândia no PISA pode ser encontrada em ORGANISATION FOR ECONO-MIC CO-OPERATION AND DEVELOPMENT (2019) *Education GPS:* Iceland: student performance (PISA 2018). 2018. Disponível em: https://gpseducation. oecd.org/CountryProfile?primaryCountry=ISL&tres hold=10&topic=PI. Acesso em: 2 maio 2022.

408 Enquanto este livro era impresso esse documento normativo estava disponível apenas em islandês. STJÓRNARRÁÐ ÍSLANDS. Menntastefna samþykkt á Alþingi, 2021. Disponível em: https://www.stjornarradid.is/efst-a-baugi/frettir/ stok-frett/2021/03/26/Menntastefna-samthykkt-a-Althingi/. Acesso em: 2 maio 2022.

409 MUSTACHI, J. *The time to act is now:* Ontario children can't wait. Toronto: Ontario Campaign 2000, 2016. Report Card on Child and Family Poverty in Ontario. Disponível em: https://campaign2000.ca/wp-content/uploads/2016/11/Report-CardOntarioNov182016.pdf. Acesso em: 2 maio 2022.

410 FATHERS, F. *Overcoming the odds:* creating possibilities for youth in Windsor-Essex. Windsor: United Way Centraide, 2015.

411 DWECK, C. S. *Mindset:* the new psychology of success. New York: Ballantine, 2006. p. 7.

412 DWECK, C. S. *Mindset:* the new psychology of success. New York: Ballantine, 2006. p. 13.

413 DWECK, C. S. *Mindset:* the new psychology of success. New York: Ballantine, 2006. p. 12.

414 ORGANISATION FOR ECONOMIC CO-OPERATION AND DEVELOP-MENT. *Improving schools in Scotland:* an OECD perspective. Paris: OECD, 2015. Disponível em: https://www.oecd.org/education/school/Improving-Schools-in-Scotland-An-OECD-Perspective.pdf. Acesso em: 21 abr. 2022.

415 UNITED NATIONS GENERAL ASSEMBLY. *Universal Declaration of Human Rights.* Paris: United Nations, 1948.

416 Ver DIGNITY. *In:* LEXICO. c2022. Disponível em: https://www.lexico.com/ definition/dignity. Acesso em: 2 maio 2022.

417 SENNETT, R.; COBB, J. *The hidden injuries of class.* New York: Knopf, 1973. p. 121.

418 SENNETT, R.; COBB, J. *The hidden injuries of class.* New York: Knopf, 1973. p. 147.

419 SHANKER, S. *Calm, alert, and learning:* classroom strategies for self-regulation. Ontario: Pearson, 2013.

420 CLINTON, W. J. *Key propositions for building back better.* [*S. l.*]: Office of the UN Secretary-General's, 2006. (Lessons Learned from Tsunami Recovery).

Notas **179**

421 CLINTON, W. J. *Key propositions for building back better*. [*S. l.*]: Office of the UN Secretary-General's, 2006. (Lessons Learned from Tsunami Recovery). p. 1.

422 CLINTON, W. J. *Key propositions for building back better*. [*S. l.*]: Office of the UN Secretary-General's, 2006. (Lessons Learned from Tsunami Recovery). p. 1.

423 ORGANISATION FOR ECONOMIC CO-OPERATION AND DEVELOPMENT. *Building back better:* a sustainable, resilient economy after COVID-19. Paris: OECD, 2020. p. 2.

424 ORGANISATION FOR ECONOMIC CO-OPERATION AND DEVELOPMENT. *Building back better:* a sustainable, resilient economy after COVID-19. Paris: OECD, 2020. p. 5.

425 ORGANISATION FOR ECONOMIC CO-OPERATION AND DEVELOPMENT. *Building back better:* a sustainable, resilient economy after COVID-19. Paris: OECD, 2020. p. 1.

426 ORGANISATION FOR ECONOMIC CO-OPERATION AND DEVELOPMENT. *Building back better:* a sustainable, resilient economy after COVID-19. Paris: OECD, 2020. p. 1.

427 UNICEF. *Reimagining our future:* building back better from COVID-19. New York: UNICEF, 2020. p. 1.

428 UNICEF. *Reimagining our future:* building back better from COVID-19. New York: UNICEF, 2020. p. 10.

429 UNICEF. *Reimagining our future:* building back better from COVID-19. New York: UNICEF, 2020.

430 BAKKER, P.; ELKINGTON, J. *To build back better, we must reinvent capitalism:* here's how. 2020. Disponível em: https://www.weforum.org/agenda/2020/07/to-build-back-better-we-must-reinvent-capitalism-heres-how/. Acesso em: 2 maio 2022.

431 BAKKER, P.; ELKINGTON, J. *To build back better, we must reinvent capitalism:* here's how. 2020. Disponível em: https://www.weforum.org/agenda/2020/07/to-build-back-better-we-must-reinvent-capitalism-heres-how/. Acesso em: 2 maio 2022.

432 BAKKER, P.; ELKINGTON, J. *To build back better, we must reinvent capitalism:* here's how. 2020. Disponível em: https://www.weforum.org/agenda/2020/07/to-build-back-better-we-must-reinvent-capitalism-heres-how/. Acesso em: 2 maio 2022.

433 GRUBER, J.; MAUSS, I.; TAMIR, M. A dark side to happiness?: how, when, and why happiness is not always good. *Perspectives on Psychological Science,* v. 6, n. 3, p. 222–233, 2011. p. 225.

180 Notas

434 GRUBER, J.; MAUSS, I.; TAMIR, M. A dark side to happiness?: how, when, and why happiness is not always good. *Perspectives on Psychological Science*, v. 6, n. 3, p. 222–233, 2011. p. 225.

435 GRUBER, J.; MAUSS, I.; TAMIR, M. A dark side to happiness?: how, when, and why happiness is not always good. *Perspectives on Psychological Science*, v. 6, n. 3, p. 222–233, 2011. p. 225.

436 GEORGE, J. M.; ZHOU, J. Understanding when bad moods foster creativity and good ones don't: the role of context and clarity of feelings. *Journal of Applied Psychology*, v. 87, n. 4, p. 687–697, 2002. p. 687.

437 GASPER, K.; LOZINSKI, R. H.; LEBEAU, L. S. If you plan, then you can: how reflection helps defensive pessimists pursue their goals. *Motivation and Emotion*, v. 33, n. 2, p. 203–216, 2009. p. 203.

438 JEFFRIES, S. Bear Grylls: there's no point getting to the summit if you're an arsehole. *The Guardian*, 16 Feb. 2021. Disponível em: https://www.theguardian.com/tv-and-radio/2021/feb/16/bear-grylls-tv-adventurer-interview-you-vs--wild-movie-netflix. Acesso em: 2 maio 2022.

439 TORRES, F. *What is depression?* 2020. Disponível em: https://www.psychiatry.org/patients-families/depression/what-is-depression. Acesso em: 2 maio 2022.

440 EDSURGE RESEARCH. *Research eclipsed:* how educators are reinventing research-informed practice during the pandemic. Portland: EdSurge Research, 2020. Disponível em: https://d3btwko586hcvj.cloudfront.net/uploads/pdf/file/212/Research_Eclipsed_FINAL-1600884157.pdf. Acesso em: 2 maio 2022.

441 RUBIN, R. Facebook and IRS prepare for $9 billion US tax court fight. *The Wall Street Journal*, 8 Feb. 2020. Disponível em: https://www.wsj.com/articles/facebook-and-irs-prepare-for-9-billion-u-s-tax-court-fight-11581177600. Acesso em: 2 maio 2022.

442 LEVIN, T. *Elon Musk is once again the world's richest person, as Tesla's upward tear continues.* 2021. Disponível em: https://www.businessinsider.com/elon-musk--jeff-bezos-net-worth-worlds-richest-tesla-amazon-stock-2021-1. Acesso em: 2 maio 2022.

443 HYDE, M. In space, nobody can hear Jeff Bezos. So can Richard Branson go too? *The Guardian*, 11 June 2021. Disponível em: https://www.theguardian.com/commentisfree/2021/jun/11/space-jeff-bezos-richard-branson-amazon--virgin. Acesso em: 2 maio 2022.

444 CARRANZA, R.; BEUTNER, A.; JACKSON, J. We need a Marshall Plan for the Schools. And we need it now. *The Washington Post*, 13 Dec. 2020. Disponível em: https://www.washingtonpost.com/opinions/2020/12/13/we-need-marshall-plan-our-schools-we-need-it-now/. Acesso em: 2 maio 2022.

445 Ver HUBLER, S. University of California will end use of SAT and ACT in admissions. *The New York Times*, 21 May 2020. Atualizado em 15 maio 2021. Disponível em: https://www.nytimes.com/2020/05/21/us/university-california-sat-act.html. Acesso em: 24 abr. 2022; e OREGON DEPARTMENT OF EDUCATION. *Oregon's statewide assessment and accountability 2020–21 strategic waiver request.* [Salem]: ODE, 2021. Disponível em: https://www.oregon.gov/ode/educator-resources/assessment/Documents/Oregon_AssessAccountWaiverRequest_2020_21.pdf. Acesso em: 24 abr. 2022.

446 INTERNATIONAL COUNCIL OF EDUCATION ADVISERS. *Report 2018–20.* Edinburgh: The Scottish Government, 2020.

447 SHIRLEY, D.; HARGREAVES, A.; WASHINGTON-WANGIA, S. The sustainability and unsustainability of teachers' and leaders' well-being. *Teaching and Teacher Education*, v. 92, p. 1–12, 2020. Disponível em: https://dennisshirley.com/wp-content/uploads/2020/12/TATE-Sustainability-of-Well-being-.pdf. Acesso em: 2 maio 2022.

448 EDUCATION SCOTLAND. *Education Scotland launches new online 1:1 coaching and mentoring.* 2021. Disponível em: https://education.gov.scot/education-scotland/news-and-events/education-scotland-launches-new-online-1-1-coaching-and-mentoring/. Acesso em: 2 maio 2022.

449 Ver SAHLBERG, P. *Finnish lessons 3.0:* what can the world learn from educational change in Finland? 3rd ed. New York: Teachers College, 2021.

450 SHIRLEY, D. *The untapped power of international partnership for educational change:* the Norway Canada project (NORCAN). Oslo: Utdanningsforbundet, 2019. Disponível em: https://www.utdanningsforbundet.no/globalassets/var-politikk/publikasjoner/rapporterutredninger/international_norcan_report_2019.pdf. Acesso em: 2 maio 2022; SUNG, Y.; LEE, Y. Politics and the practice of school change: the Hyukshin school movement in South Korea. *Curriculum Inquiry*, v. 48, n. 2, p. 238–252, 2018.

451 HARGREAVES, A.; BOYLE, A.; HARRIS, A. *Uplifting leadership:* how organizations, teams, and communities raise performance. Hoboken: Wiley, 2014.

452 Os artigos, relatórios e capítulos de livros que utilizamos foram os seguintes: HARGREAVES, A. Austerity and inequality; or prosperity for all?: educational policy directions beyond the pandemic. *Educational Research for Policy and Practice*, v. 20, n. 1, p. 3–10, 2020; HARGREAVES, A. Large-scale assessments and their effects: the case of mid-stakes tests in Ontario. *Journal of Educational Change*, v. 21, p. 393–420, 2020; HARGREAVES, A.; SHIRLEY, D. *Well-being and success:* opposites that need to attract. 2018. Disponível em: https://www.edcan.ca/articles/well-being-and-success/. Acesso em: 17 abr. 2022; HARGREAVES, A.; SHIRLEY, D. What's wrong with well-being? *Educational Leadership*, v. 76, n. 2, p. 58–63, 2018; HARGREAVES, A. *et al. Leading from the middle:* spreading

learning, well-being, and identity across Ontario. Toronto: Council of Ontario Directors of Education, 2018.

[453] Estes artigos de opinião foram STRAUSS, V. The education technology students will need – and won't – after coronavirus. *The Washington Post,* 6 Aug. 2020. Disponível em: www.washingtonpost.com/education/2020/08/06/education-technology-students-will-need-wont-after-covid-19/. Acesso em: 2 maio 2022; HARGREAVES, A. *Is this how to make schools pandemic-proof?* 2020. Disponível em: https://www.tes.com/news/Covid-19-coronavirus-how-pandemic-proof-schools. Acesso em: 2 maio 2022.

Índice

A letra *f* após um número de página representa uma figura.

A

adolescentes, covid-19 e, 2, 68–69, 74
amor e pertencimento, necessidade de, 17*f*, 18–19
angústia, benefícios da, 138–139
ansiedade, benefícios da, 138–139
ansiedade por *status*, 83–84
apoios à saúde mental, acesso a, 46–48, 64–65
aprendendo a ser, 4–5
aprendizagem, quatro pilares do, 4–5
aprendizagem à prova de pandemia, 99–100
aprendizagem da criança integral, 35–41, 39*f*
aprendizagem em sala de aula-ao ar livre, 105–110
aprendizagem social e emocional (ASE) e controle, 23–28, 47–50, 136–138
austeridade, 86–90
autoadministração, CASEL, 24–25, 25*f*
autoatualização, xv–xvii, 17*f*, 18–19
autoconsciência, 24–25, 25*f*
autocontrole, 24–28, 130–132
autotranscendência, 18–19
avaliação, 55–61, 63, 65–67

B

Baby PISA, 120–121
bem-estar
    abordagem, exemplos de programas e políticas, 5–11
    aprendizagem, 4–5
    aumento da visibilidade e origem do, xvi–xvii, 63–64
    conclusão, 10–11
    dignidade e, 129–130
    domínios do, 10–11, 10*f*
    manifestações do, 1–2
    melhora, 14*f*
    preditores do, 63–65
    projeto de pesquisa, xv–xx
    questionando, 43–45, 62
    representando, 13–17
    responsabilidade coletiva pelo, 114–116
    termo de uso, xx–xxi, xvii*f*
    universal, movendo-se em direção ao, 144
    valor do, 1–2, 130–133

C

classe trabalhadora, problemas da, 38–39, 63–65, 68, 82–85
colapso financeiro (2007), 45–47, 87–88
consciência, 30–34, 35*f*, 49–50
consciência social, CASEL, 24–25, 25*f*
crescimento pessoal, exigências para, xv–xvi
crise econômica global (2007-2008), 45–47, 87–88
cultura jovem, digital, 68–69

184 Índice

D

depressão, 138–139
desamparo aprendido, 20–21
desempenho
    bem-estar com, abordagens para,
      125–126
    bem-estar e, exigência de desempenho
      para, 127–131
    bem-estar sem, 122–125
    conclusão, 132–134
    identidades dos alunos, integrando,
      128–130
    melhora no bem-estar, exigências
      para, 126–128
    pais e, 126–127
    pesquisas sobre, 117–118
    responsabilidade cívica, 127–128
    sem bem-estar, 117–123
    vs. saúde, escolha entre, xv
desigualdade da riqueza, 45–47, 63–65,
    71–72, 83–89
desigualdade econômica, 63–65, 79–84,
    80*f*, 81*f*, 82*f*, 117–118. *Ver também*
    socioeconomia do bem-estar
Doutrina da Prosperidade, xviii–xix, 116,
    141–144

E

Efeito Hawthorne (halo), 45–46
emoções
    papel positivo das emoções negativas,
      137–142
    positivas, Modelo PERMA, 21–24, 22*f*
empatia, 7–8, 24–25
Encarando a História e Nós Mesmos
    (FHAO), 5–8, 50
engajamento, Modelo PERMA, 21–24, 22*f*
escolas, comportamentos antissociais na,
    respondendo aos, xvii–xix
estima, necessidade de, 17*f*, 18–19
estudantes de maravilhas, 22–23

F

felicidade, 45–47, 51–55, 60–61, 79, 96–97,
    136–138

H

habilidades sociais, 24–25
herança indígena, conectando-se à,
    107–111, 128–130
hierarquia de necessidades, 16–20, 21*f*
Hierarquia de Necessidades de Maslow,
    17–20, 17*f*, 128–129

I

identidades visuais, aspectos negativos
    das, 68
      Índice de Felicidade, 118–119
Iniciativa Criança Integral (ASCD),
    38–40, 39*f*
inteligência emocional, 23–25, 47–48, 50

L

learnification, 3
luto e perda, respondendo a, 138–140

M

mal-estar
    produção do, 55–61
    superando, 126–128
medo, mobilização para mudar, 137–138
melhorando, significado, xxii–xxiiii
mentalidade de crescimento, 20–21, 28–31,
    48–50, 128–129
mentalidade fixa, 28–31
mentalidades, 28–31
modelo Colaborativo para Aprendizagem
    Acadêmico, Social e Emocional
    (CASEL), 23–28, 25*f*, 49–50
modelo de Cuidados Contínuos, 15*f*, 23–24
Modelo PERMA, 20–24, 22*f*
modelos de relacionamento, CASEL,
    24–25, 25*f*
mortes por desespero, 82–83
movimento de autoestima, 51–54
movimento do bem-estar, 69
movimento físico, saudável, 40, 111–112,
    122–124
Movimento Global de Reforma da
    Educação (GERM), 63–67, 114–116

movimento Vidas Negras Importam, 68, 70–71

N

narcisismo, 51–56
natureza, restauradora
    aprendizagem na sala de aula-ao ar livre, 105–110
    conclusão, 113–116
    Doutrina da Prosperidade e, 142–143
    herança indígena, conectando-se à, 107–111
    historicamente, 116
    levando as crianças para fora da sala de aula, 112–114
    movimento físico, saudável, 40, 111–112
    responsabilidade ambiental, criando, 109–110
    transtorno de déficit de natureza, 110–111
necessidades fisiológicas, 17–18, 17*f*

O

otimismo aprendido, 20–21

P

pandemia de covid-19
    adolescentes, consequências para, 2, 68–69, 74
    benefícios para os alunos, xv–xvi, 74, 94
    desigualdade econômica, efeitos da, 81–84, 87–88
    estudantes com necessidades especiais durante a, 71–73
    fechamento de escolas, efeitos do, 70–74
    reabertura de escolas, 74–76
    reconstruindo melhor a partir da, xxii–xxiii, 136
    rede Educação Integral, 37–39
    Resultados da, xv–xvi
    saúde mental e, xv–xvi, 72–74, 96–99

tempo em frente às telas, 68–69, 74, 97–99
testes pós-, 58–60, 63
uso digital durante a, 94–97
planejamento tecnológico, ético, 97–98
Política de Educação de Ontário, 2014-18, 8–11, 10*f*, 40–41
presenteísmo, 83–84
Programa de Zonas de Controle, 26–28
programa Raízes da Empatia, 7–8, 50
Projeto Alcançando a Excelência, xx–xxiii
prosperidade para todos, 89–90
psicologia positiva, 20–21, 45–51, 60–61

R

raiva, mobilização para mudança, 137–139
realização, Modelo PERMA, 21–24, 22*f*
reconstruindo melhor
    Doutrina da Prosperidade e, 141–144
    exigências para, 136–142
    significado de, xxii–xxiii, 135–137
Rede Educação Integral (WE), 37–39
rede Escuela Nueva, 50–51
relacionamentos, Modelo PERMA, 21–24, 22*f*
relações humanas, escolar de gestão de, 45–46
resiliência, 131–132
responsabilidade ambiental, criando, 109–110

S

satisfação com a vida, desempenho e, 117–119, 119*f*
saúde
    definição, 1
    desigualdade econômica e, 79–82, 81*f*, 82*f*
    sucesso vs., escolhendo o, xv
saúde mental
    crise global na, 67–69
    de grupos marginalizados e oprimidos, 19–20, 67–68
    desempenho e, 127
    dos pais, 19

186 Índice

engajando os estudantes na, 132–133
na hierarquia de necessidades, 19–20
pandemia de covid-19 e, xv–xvi,
72–74, 98–99
tecnologia digital e pandemia,
68, 96–97
Secretaria de Qualidade Educacional e
Prestação de Contas
teste (EQAO), 56–58
segurança, necessidade de, 17–18, 17*f*
significado, Modelo PERMA, 21–24, 22*f*
socioeconomia do bem-estar
austeridade na, 86–90
conclusão, 90–91
desigualdade e, 78–86, 80*f*, 81*f*, 82*f*,
126–127
introdução, 75–78
maior igualdade, 86–87
prosperidade para todos, 89–90
reabertura das escolas, 75
saúde mental e, 47–48, 64–65, 140–141
suicídio, 9, 19, 46–48, 69, 78, 119–120,
140–141. *Ver também* saúde mental

T

tecnologia
aprendizagem presencial vs., 100–101
aspectos negativos da, 68–69
avaliação de risco e gerenciamento da,
102–103
benefícios da, 93–95
conclusão, 102–103
Doutrina da Prosperidade e, 142–143
ética e transparente, 100–102

para aprendizagem à prova da
pandemia, 99–100
perigos da, 94–98
tempo em frente às telas, problema do,
68–69, 74, 97–99
tecnologia lixo, 102–103
tempo em frente às telas, problema do,
68–69, 74, 97–99
teoria da psicologia social
aprendizagem da criança integral na,
35–41, 39*f*
benefícios da, 75–76
conclusão, 41–42
consciência, 30–34, 35*f*
hierarquia de necessidades na,
16–20, 21*f*
mentalidades e, 28–31
modelo PERMA, 20–24, 22*f*
SEL e controle na, 23–28
teorias do bem-estar, 14–16, 15*f*
teorias, introdução às, 14; 16–17
teste NAPLAN, 56, 59–60
testes de alto risco, 55–56, 59
testes de risco médio, 56–58
tomada de decisão, modelo CASEL,
24–25, 25*f*
transtorno de déficit de natureza, 110–111

V

viés cultural, 60–62
VUCA (volatilidade, incerteza,
complexidade, ambiguidade), 66–69,
114–116